社會體育叢論

李興辰·金喜演

도서출판 진 영 사

社會體育叢論

李 興 辰 · 金 喜 演

2012년 4월 16일 초판인쇄
2012년 4월 18일 발 행
발행인 박 진 영
발행처 도서출판 진영사
인천광역시 부평구 갈산동 16-22번지
전화 : 032)505-4207
팩스 : 032)505-4206
E-mail : 0183734207@hanmail.net
등록 : 122-91-77317

ISBN 978-89-6541-078-2 93690
값 15,000원

머 리 말

우리의 현실은 기계화 문명으로 그 편리함이 최고조로 달하고, 삶의 질적인 면도 매우 높은 수준이 되었다. 자동차 이용이 많아져 걷기가 줄어들고 그 결과 운동량이 부족하게 되었으며, 음식의 맛을 추구하다 보니 조미료의 사용이 많아졌고, 칼로리 섭취량이 많아 비만을 불러왔다.

이러한 현실에서 산업화 기계문명이 우리에게 준 선물은 편리함이지만 그 반면 엄청남 문제점을 안겨주었다. 많은 사람이 운동이 부족해지고 영양과잉섭취로 인하여 비만을 가져와 체력이 저하되었으며, 정신적으로는 패닉상태가 되었다.

많은 사람들이 고달픈 현실 속에서 앞만 보고 달리다가 어느 날 그 자리에 서서 허리를 펴고 자신을 바라보니 이미 자기 몸이 '비가 새는 집' 이 되어 있다면 그 사회는 우리가 갈망하는 복지사회는 아닌 것이다. 복지사회라 하면 빈곤의 해결이나 노인문제, 의료문제 등 몇 가지 문제가 해결된 사회가 아니라 모든 사람의 안녕이 보장되는 것을 말한다. 가난한 사람에게 물질을 보조하고, 약한 노인을 돌보고, 아픈 사람을 치료해주는 사회는 이미 병든 사회이며, 그 제도는 사후(死後) 약방문과 같은 것이기 때문이다.

병전(病前)처방은 있다.

운동이라는 것인데 체계적으로 기초부터 차근차근 시작하면 신체적으로 건강해지고, 정신적으로는 안정을 찾아 행복해 질 수 있다.

운동은 보물창고에서 내가 원하는 보물을 무상으로 얻는 것이다. 운동에 매료되어 그 속으로 들어가면 갈수록 절경이요, 선경(仙境)이며, 내가 원하는 건강의 원천지기, 호원지기 등을 얻을 수 있고, 균형 잡힌 몸매도 선사받고, 삶의 대한 욕구도 충족시켜주며, 자기향상에도 큰 발전으로 이끌어 주는 영역이다.
이 같은 사회체육은 동호인이 꼭 필요하다, 가족, 직장동료, 또는 참여한 프로그램에서 만나는 동호인 등이 그들이다.

사회체육총론은 10장으로 구성하였다.

제 1장은 '체육 전반의 대한 이해'로 이집트와 메소포타미아로 시작하여 체육의 흐름을 정리하였고, 제 2장은 사회체육론을 다각도로 기술하였다.
제 3장은 세계 각국에 사회체육을 다루면서 정책과 운영 그리고 국민의 참여영역까지도 다루었고, 제 4장은 현대사회와 사회체육을 다루어 체육의 중요성을 부각토록 노력하였다.
제 5장에서는 사회체육지도의 필요성과 역할과 기능을 다루었고, 제 6장에서는 사회체육활동에 필요한 신체기능을 체계적으로 기술하였다.
제 7장에서는 사회체육 프로그램 계획과 운영 등으로 엮었으며, 제 8장에서는 미래사회와 사회체육의 변모과정을 살펴보았다.
제 9장에서는 운동이론과 운동방법론을 다루었고, 제 10장에서는 사회체육의 행정관리를 다루면서 정부 조직개편을 살펴보았다.
유난히 어려움이 많았던 辛卯年 한해를 보내는 끝자락에서 원고를 마쳤으니 한해를 잘 마무리하고 새로운 壬辰年을 맞아야겠다.
이 책이 발간될 수 있도록 물심양면으로 지원을 해주신 박진영사장님께도 감사의 마음을 전한다.

편저자 이흥진 · 김희연 씀

목 차

제1장 체육의 대한 이해

제2장 사회체육론

제3장 세계 각국의 사회체육

제4장 현대사회와 사회체육

제5장 사회체육활동의 필요한 기능

제6장 사회체육 지도자론

제7장 사회체육 프로그램 계획과 운영

제8장 미래사회와 사회체육

제9장 운동이론 및 운동방법

제10장 사회체육의 행정관리

제1장 체육의 대한 이해

1. 체육의 개념과 구분
2. 체육의 세기별 구분
3. 한국의 체육구분

제1장 체육의 대한 이해

1. 체육의 개념과 구분

체육은 신체적운동이 사람의 몸과 마음에 미치는 여러 가지 효과를 규명하는 인간과학이며, 더 나아가서 인간의 몸과 마음에 미치는 효과를 분석하는 생리학, 심리학 등 수많은 학문과 밀접한 관계를 가지고 있다.

특히 사회체육이란 용어는 70년대 후반부에 이르러 쓰여 지기 시작한 용어였고, 그 학문 및 개념이 우리의 생활 속에 자리하는 시기는 80년대 초기였다.

세계적으로 사회체육이란 용어가 사용되기 이전에는 체육이란 개념 속에 포괄적으로 함께하였고 특히 구분할 필요성을 느끼지 못하였다가 유럽 산업혁명 후 인구가 도시로 집중화됨에 따라 도시인과 노동자 그리고 그들의 자녀들까지 건강문제가 심각하게 대두되므로 경제, 사회전반에 걸쳐 건강한 사회를 만들기 위한 일환으로 운동 부족을 해소할 수 있는 신체퍼포먼스를 제기하고 이에 대한 대책으로 보건, 오락(여가), 스포츠 프로그램을 만들어 보급함으로 시작되었다.

또 다른 영역을 살펴보면 정치, 경제, 종교와 밀접한 관계를 가지고 있었다. 중세를 우리는 체육의 암흑기라고 하지만 정치·종교적인 기사단의 체육이 매우 활발하였고, B.C.776년부터 B.C.393년까지 293회나 지속되던 고대 올림피아경기가 로마황제 데오도시우스(Theodosius) 1세에 이르러 기독교를 국교로 선포함으로 올림피아경기도 이교도적 유물이라 하여 폐지된다.

체육은 이처럼 많은 사람에 의해 여러 가지 목적으로 사용되고 신체적 균형을 위해 교육, 예술, 정치, 종교, 미학, 레크리에이션의 수단으로 또는 군사적 목적으로 유효적절하게 사용되어왔다. 어떤 사회에서는 매우 중요한 수단이므로 환대를 받고, 어느 사회에서는 멸시를 받으며 그 영역이 약화되기도 하였다.

이 같은 역사적 사실을 통하여 문화가 태동하던 시기의 풍습, 제도, 놀이, 사상까지 살펴보고 그 특성을 연구함으로서 체육의 대한 이해를 돕고자 한다.

인간이 문화생활을 시작한 것은 지금부터 약 6,000년 전부터이다. '와쓰지 데쓰로'는 6,000년 세계사를 2,000년 간격으로 하여 3시기로 대별하고 있다.

첫째, 제1기 사막적 인간(고대)

둘째, 제2기 국가 성립기(중세)

셋째, 제3기 문화적 시기(근대)

제1기 (사막적 인간) 제2기(국가성립기) 제3기(문화적 시기)

| ------------------------------ | ------------------------------ | ------------------------------ |

B.C.4000 B.C.2000 A.D.0 A.D.2000

〈표- 1〉 한국 · 세계사 연표

연 대	한 국	세 계 사	비 고
B.C.7197 桓國 7세환인 B.C.3897			
B.C.5800경		*서아시아 농경문화 퍼짐	
B.C.4500경		*이집트 농경 · 목축 생활시작	
B.C.4300경		*남부 메소포타미아 우파르트 문화 일어남	
B.C.3897 倍達國 환웅 거발환 즉위			
B.C.3500경		*슈메르인 메소포타미아 진출	
		*이집트 나일강유역 도시국가 분립	
B.C.3300경		*슈메르 도시문명 시작	
B.C.3100경		*이집트 제1왕조시작	
B.C.3000경		*에게 문명시작	

연 대	한 국	세 계 사	비 고
B.C.2850		*메네스왕 상·하 이집트 통일	
B.C.2781		*이집트 태양력 창시	
B.C.2706	제14세 자오지 즉위		치우천왕
B.C.2679경		*중국 황제헌원 즉위	중국등장
B.C.1595		*바빌론 제1왕조 멸망	
B.C.1567		*이집트 제18왕조 신 왕국시대	
B.C.1500		*인더스문명 쇠퇴	
B.C.1320		*이집트 제19왕조 시작	
B.C.1230		*모세 이집트 탈출(출애굽)	이스라엘
B.C.1200		*트로이 전쟁	
B.C.1122		*은(殷)망하고 주(周)건국	중국
B.C.1004		*히브리왕국 건설 다윗왕 즉위	이스라엘
B.C. 469		*소크라테스 탄생(~399)	그리스
B.C. 239	북부여 해모수(解募漱) 스스로 임금이라 함		
	단군조선 47세 고열가 국호내림		
B.C. 220경		*진시황(秦始皇) 중국 통일	중국
B.C. 201경		*유방 진(秦)멸하고 한(漢)건국	중국
B.C. 140경		*로마 지중해 지배	
B.C. 95경		*사마천 중국사기(史記)완성	중국
B.C. 58	북부여 국호 내림		
B.C. 57	신라 건국		
B.C. 37	고구려 건국		
B.C. 36		*헤롯 1세 유대통치	이스라엘
B.C. 18	백제 건국		
B.C. 3		*예수 탄생	이스라엘
A.D. 676	신라 3국통일		
A.D. 918	고려 개국		

연 대	한 국	세 계 사	비 고
A.D.1392	조선 개국		
A.D.1910	한일합병(1910년 8월29일 대한제국 국호내림)		
A.D.1945	일제치하 해방(8.15)		
A.D.1950	6·25동란		
A.D.1986	아시안 게임 개최		
A.D.1988	24회 서울올림픽 개최		
A.D.2002	월드컵 개최		

1) 제1기 사막적 인간(고대) (B.C. 4,000 - B.C. 2,000)

이 시기는 나일(Nile)강과 유프라테스(Euphrates)강, 그리고 티그리스(Tigris)강 유역에서 활동이 시작되었던 시기이다. 이때에 이집트에서는 수영, 무용, 수렵, 레슬링 및 구기 종목 등이 다양하게 행하여 졌다. 메소포타미아시대의 찬란한 문명을 펼쳤던 유프라테스(Euphrates)강, 그리고 티그리스(Tigris)강 유역에서도 수영을 위시하여 궁술, 마술 등이 행하여 졌다.

찬란하였던 이집트문명에 대하여 바이블(The Bible)의 기록을 보면, 출애굽을 하는 이스라엘 지도자 모세라는 인물이 나오는데 “모세가 애굽 사람의 학술을 다 배워 그 말과 행사가 능하더라(행7:22).” 기록됨을 보아서 알 수 있듯이 학문의 높은 성취와 아울러 술(術)이라 하였으니 재능 및 기술 등과 연관된 기능도 상당히 진보되어 성행하였음을 알 수 있다.

(1) 이집트 체육

이집트의 역사는 나일강과 밀접한 관계를 가지고 발전하였다. 이집트하면 피라미드와 스핑크스를 연상케 하는 당시에는 최고의 문명발상지였다. 슈메르인의 여러 도시국가가 서로 세력 다툼을 할 때 군주들은 신의 보호와 혜택을 받기 위해 거대한 지규랏[1]을 쌓고 또 운하와 저수지를 만들었고, 특히 사후 세계의 영화를 누리고자 수많은 인력을 동원하여 스스로

묘소를 만들기에 이르렀고 피라미드가 그 위용을 드러내게 되었다.

'이집트는 나일강의 선물이다'라고 그리스의 역사가 헤로도투스(Herodotus: B.C.484~425)가 말했듯이 나일강이 이집트의 젖줄이었다.

헤로도투스는 '나일강의 범람과 관계가 있는 토지가 이집트이며 그 강물을 마시는 사람이 이집트인이다' 하였다.

나일강은 전체의 길이가 6,700Km에 달하는 강으로 세계에서 세 번째로 긴 강이며 한강의 10배가 넘는다. 나일강은 길이가 길지만 그 유역의 경작지역은 매우 좁다. 보통이 10Km이며 넓다 해야 20~30Km이다. 이집트는 B.C.1,500년경 이디오피아(Ethiophia)를 정복하고 동쪽 유프라테스강까지 그 세력을 확장하면서 최고의 전성기를 맞이했다. 그러나 제국의 세력영역은 차츰 줄어들면서 B.C.700년 경 앗시리아(Augustus)에게 정복당했다.

상·하 이집트가 통일체로 형성된 이후 이집트인은 대왕을 존칭하여 파라오(Pharaoh)라고 불렀고 강력한 중앙집권체제로 계급화되어 있었다. 왕은 神과 같은 위치에 있고, 군인은 특권계급으로 인정받아 세금 없이 토지까지도 소유할 수 있었다.

교육은 지식을 얻는 즐거움이나 문화의 올바른 인식보다는 생활 속에서 그들의 지위를 높이기 위한 실제적인 것을 구했다. 그러나 하위계급 대한 교육은 그리 없었다. 체육은 강제적이지도 않았고 교육과정에 정식으로 들어있지도 않았다. 자연적인 환경과 여유로운 생활의 상류계급은 매우 활동적이고 운동을 좋아했다. 그들은 종교심이 강하였으나 사색·신비주의 등에는 무관심했다.

스포츠 활동에서 수영이 가장 많이 보급된 스포츠이고 오우버 핸드 스트록(Over hand stroke)이 영법의 하나로 이 시대에 나왔고, 인공호흡(人工呼吸)을 하는 그림도 이때의 것이다. 집집마다 수영장이 있었고 특히 전투기술의 큰 역할을 담당했다. 군인계급에서는 수영·수렵과 아울러 각종

---

1) 지규랏 – 수메르 문명이 번창할 시기에 지어진 신전들은 지규랏(Ziggurats)이라 불리고 있다. 이 신전들은 진흙을 빚어 만든 벽돌로 지어졌으며 높은 사제들과 왕에게만 출입이 허용된 성스러운 곳이었다. 이 신전들은 모세가 십계명이 적힌 석판을 받았던 시나이 산(Mount Sinai)과 같이 성스러운 산(Holy mountains)으로 여겨졌다.

운동 능력을 키우기 위하여 스피드 능력 · 근력 · 유연성 · 민첩성 등의 운동을 실시하게 되었고 레슬링과 전투무용도 성행하였다.

특히 레슬링은 신년 제례행사에서 가장 중요한 위치를 차지했고, 무용도 많은 관심 속에서 행하여졌으며, 역도 · 봉 · 마상 창 게임 · 공 게임 등도 이루어졌다.

(2) 메소포타미아의 체육

세계 4대 문명발상지의 하나인 메소포타미아[2]는 기름진 풍토와 기후 조건이 매우 고무적이었다. 유프라테스(Euphrates)강과 티그리스(Tigris)강은 그 근원지가 터키의 아르메니아 지역의 산들이다. 아르메니아와 타우르스(Taurus)산맥의 남부에서 바르라드 부근까지를 북부 메소포타미아, 바그다드에서 페르시아 만까지를 남부 메소포타미아라 부른다.

이 지역은 현재 이라크, 시리아, 터키의 3개국이다. 고대 남부 메소포타미아는 바빌로니아이며, 그 북부를 악카드 지방, 남부를 슈메르 지방이라고 했고, 북부 메소포타미아는 대체로 앗시리아 지방에 해당되었다.

이들 도시국가들은 일광(日光)으로 건조한 벽돌을 사용하여 신전과 지규랏이 세워졌으며 여러 도시에 종교적 중심이 되었다.

교육은 대부분 실용적이면서 직업적인 성격을 띠고 있었으며, 사회에 진출하기 유리한 데에만 집중되었고, 사제(司祭)들은 청소년들을 문서나 왕의 공적을 기념하는 서사시와 점성학 · 번역 · 과학 등을 교육하였다.

이러한 사회적 배경이 있고 시대적으로 요구가 그다지 높지 못해 체육의 발달은 그리 활발하지 못했고 직업적인 훈련과 결합되던지 또는 체육이 실질적으로 도움이 될 때에만 평가하는 정도였다.

체육은 사제(司祭)에 의해 사원의 학교체육을 제외하면 조직적인 체육교육은 없었고, 오직 견습의 형식으로서 가장(家長)에 의하여 가정에서 행하

2) 메소포타미아(Mesopotamia) – 티그리스(Tigris)와 유프라테스(Euphrates) 강 사이를 고대 그리스인들은 Mesopotamia라고 불렀다. 그리스어로 Meso는 “사이”, Potamia는 “강”을 뜻 한다.

여졌다. 특권계급의 자녀들은 놀이와 수영, 궁술, 마술, 권투 등을 배웠다. 그리고 군인들이나 귀족들은 수렵에 필요한 기술을 습득할 수 있도록 궁술, 창던지기, 마술 등을 실시하였고, 특히 수영은 전쟁의 필수적 기술로 인정하여 한손 또는 두 손을 사용하는 영법이 성행하였다.

메소포타미아사람들은 수렵이나 전투적 스포츠는 매우 우수하였지만 교육적으로는 중요하게 여기지 않았다.

(3) 유대인 체육

The Bible에 의하면 이스라엘의 자손들은 아브라함(Abraham)의 후예로서 기원전(Before christ) 2,300년경 갈대스(Chaldees)의 우르(Ur)에서 이주해 왔다. 아브라함의 손자 야곱 때에 기근을 만나 이집트로 이주하고, 모세(Moses)의 영도력 아래 430년 만에 노예상태에서 대탈출(출애굽), 40년간 사막에서의 방황, 이스라엘 2대왕 다윗(David)때에 영토 확장과 모든 지역을 평정하였다.

다윗왕의 아들 솔로몬(Solomon)치하에서 이스라엘 정착 및 태평성대가 다윗시대 40년, 솔로몬시대 40년 동안 이어지다가 솔로몬의 아들 르호보암이 왕이 되면서 유대(Yudea)와 이스라엘(Israel)로 갈라지고 앗시리아(Assyria)와 바빌로니아(Babylonia) 등과 싸움에서 패배하므로 노예 또는 유랑의 길에 나서는 것이 유대인의 역사이다.

이러한 노예 또는 유랑에서 유대인들은 사회적·신앙적 사상에 나타난 굳건한 신앙의 정신이 형성되었다. 고대의 여러 종족들은 다신교였으나, 유대인들은 아브라함을 시작으로 하여 하나의 전지전능하신 하나님 유일신을 가지게 되었다. 이 유일신이 모든 신들의 덕성과 능력을 갖고 인간과의 관계에서 올바른 행실을 요구하였다. 유대교가 발전되어 감에 따라 여러 의식행사, 관습과 제반 전승들이 급속하게 자리 잡혔으며, 처음에는 구두로 전해졌으나 나중에는 문자로 기록되었고 바빌로니아 유수로부터의 귀환 이후 유대사람들의 경제적·신앙적 환경이 너무도 달라졌기 때문에 달라진 환경에 비추어 해석의 방법이 달라져야 했고, 이들 새로운 해석들과 주석들이 탈무드(Talmud)를 형성하게 되었다.

히브리사람들은 교육을 탈무드정신에 따라 자녀를 훈련시키는 일련의 과정을 엄격히 지켰고, 특히 청소년들에게는 "하나님을 두려워하라. 하나님의 계명을 지켜라. 이것이 모든 인간의 의무이기 때문이다"라고 가르쳤다.

이처럼 히브리인의 청소년 초기 윤리교육에는 유대인들의 지극히 존귀하신 여호와를 숭배하고 그의 계명을 따르며, 희생을 바치고, 제의(祭儀)를 적절히 행하도록 가르쳤다.

세월이 흐르고 지나면서 이 종족의 유일신인 여호와의 개념은 이 세상 만민에 의하여 숭상되어야 할 전지전능하신 여호와 유일신 사상으로 바뀌었다.

모세에 의하여 출애굽한 유대인들은 보편적 숙명의식 곧 신의 선택을 받은 민족이라는 의식으로 발전되었고, 이러한 종교적 사회적 이상은 히브리 교육제도에 초석이 되었다.

체육의 목적으로 유대인들은 종교적 이상을 구현하고 민족적 실재를 보존하기 위하여 몇 가지 체육 목적을 설정하였다. 그 목적의 핵심이 군사훈련이 주류를 이루었고, 그 밖에 여호와를 예배하는 무용과 위생학의 실천 할례가 있었다.

군사훈련은 고대 세계의 지리적 십자로에 위치한 군사적 절대 요충지여서 외부에 침입을 자주 받았던 나라에서는 필수적이었다. 특히 제례행사에서의 무용은 종교의식의 모형과 시민적 충성심을 강화하고 신앙적인 감정을 전달하는 수단이었다. 무용의 목적은 심미적(審美的)인 즐거움을 얻는 것이라기보다 종교적 감정을 활력 있게 표현하고, 그들의 민족정신을 응집시키는 단결심을 일으키자는 것이었다.

초기 히브리인들은 그리스인들처럼 체계적인 체육활동을 갖지 못하였지만 종교적 축일이나 사교적인 장소에서는 개인 대항전으로 힘과 기술을 겨루었다. 고대 히브리인들은 체력이 대단하였고, 특히 여자들은 산파 없이 출산할 정도였다(출애굽기1:19).

군사훈련은 주로 활쏘기, 칼 쓰기, 창던지기, 방패 다루기, 돌팔매질 등을 실시하였다. 돌팔매질을 보면 다윗과 골리앗의 싸움인데 이는 어린 목동의 장난이 아니라 전쟁무기였음을 알 수 있다.

아키바(Rabbi Akiba)의 말에 의하면 수영은 아버지가 자녀에게 가르쳐야 할 3대 의무 중에 하나였다. 수영으로 사울왕의 아들 요나단이 요단강을 건넘으로서 추적해오는 적을 피할 수 있었던 기록을 보아도 알 수 있다.

무용의 형태는 단순하였고, 꾸김없는 기쁨의 발로였다. 행렬성가와 윤무(輪舞)가 우세하였다. 초기 히브리 무용은 좁은 공간에서 움직이는 격렬한 발놀림, 정력적인 약동, 뜀뛰기 등으로 이루어져 매우 활기차고 생동감이 있었다.

체육지도방법으로 히브리인들은 운동근육의 단련에 관하여 체계적으로 가르치지 않았다. 다만 군사훈련의 경우는 예외였다.

그러나 아버지들은 자녀교육에 전심전력하였고, 체벌도 서슴치 않았다. "잠언에서도 이와 같이 체벌을 권고하면서도 또 한편으로는 현명한 사람은 한번 꾸짖는 것이 미련한 사람 백대 치는 것보다 낫다" 하였고, 탈무드 시대에는 버릇 길들이기가 별로 엄격하지 않았다.

2) 제2기 국가 성립기(중세) (B.C. 2,000 - A.D. 0)

제2기는 그리스와 로마의 전기와 동양의 인도와 중국에서 각각 독자적인 문화가 다채롭게 전개되던 시기이다. 특히 고대 그리스·로마의 문화가 직접 현대 문화에 대해 지도적 역할을 했다는 점은 매우 중요한 사실이다. 그리스에서는 30년의 내전에 빠지고 결국은 그리스가 마케도니아에 정복되고, 로마에 의하여 지배를 받게 되는 결과를 가져온다.

이 시기에 중국이나 인도, 한국 등지에 체육사적 의미는 다소 발견하였으나 중시할만한 영역은 못되었다.

그리스 도시국가(Polis)의 발전에 따라 인간형성을 위한 체육(고대 올림피아경기)을 행하였으며, 독자적 문화를 창조하였던 중국은 장구한 역사 속에서 중국 전래의 신체운동이 스스로 창안되고 발전하였다는 점은 매우 중요한 사실이다.

체육사상은 플라톤과 아리스토텔레스의 철학사상이 크게 반영되었기 때문에 르네상스를 계기로 유럽인에 의하여 근대 체육이 부흥되었으며 현대 세계체육의 주류를 이룰 수 있었다.

(1) 스파르타 체육

스파르타의 사회제도는 날이 갈수록 보수적이 되었다. 이는 국가가 군대의 힘으로 부흥하였는데 그 모체가 군사훈련에 있었기 때문이다. 초기의 사회는 부드럽고 밝고 세련되었으므로 자유의 분위기가 지배하였고, 문화 활동도 활발하였다. 그러나 통치형태가 군국화되어 가자 모든 분야의 진보는 뒤로 퇴보하듯 정지하였고 그 결과 스파르타의 예술, 문학, 과학, 철학 등 각 분야는 보잘 것이 없게 되었다.

기원전 8세기경 그리스 반도에 남반부가 정복될 때까지 스파르타 도시국가는 주변지역에 대하여 침략자였다. 국경이 확장되어감에 따라 피정복국민들의 숫자는 늘어갔고, 인구 분포는 피정복민 25만 여명이었고, 스파르타인은 삼분의 일로 나타났다. 이 같은 현실에 대처하기 위하여 전 스파르타 인들을 강인하게 만들고 군사적 계급제도를 만들어 사회적·정치적 우월성을 갖도록 하였다.

모든 시민은 오직 한 가지 직업을 가졌다. 그것은 군인으로서 국가에 봉사하는 일이었다.

B.C.800년경 리쿠르구스(Lycurgus)에 의하여 만들어졌다는 스파르타헌법은 교육제도를 규정하면서 국가를 유지하고 방어하기 위하여 인력을 지속적으로 공급하기 위한 제도의 중점을 두었다. 교육의 목표는 굽힐 줄 모르고, 건강하며, 공격적인 젊은이, 군대 생활에 엄격한 규율·전투의 고통과 불안을 참고 견디어 내는 인력을 양성하는 일이었다.

소년들이 군인으로 훈련받는데 반하여 소녀들은 건강하고 튼튼한 아이를 낳을 수 있도록 육체를 연마했다. 그들의 아기는 태어나기도 전에 국가에 바쳐졌다. 젊은 여성들에게는 부드러움, 보호하는 마음, 모성애 등을 개발되지 못하도록 막음으로서 전쟁에서 아들을 잃어버리는데 대한 두려움을 근절시키고자 하였다. 그러므로 여자들은 남편이나 아들이 전투에서 생명을 바쳤을 때 더 없이 큰 영광과 자부심을 느끼게 만들었다.

스파르타 인들이 점점 군국주의로 기울고 보수화 되어 감에 따라 지적이고 미적인 분야를 장려하던 시책이 자취를 감추었다.

스파르타에서는 국가가 어린이를 교육시킬 책임을 졌고, 교육은 파이도노무스(Paidonomus:監督)의 지도아래 운영되었다. 젊은이들은 입학 첫날 국가에 의해 병적(兵籍)에 등록되고 50세가 될 때까지 군대생활을 하는 동안 늘 따라 다닌다.

청년들은 20세가 되면 국가에 대한 충성을 맹세하였고, 30세가 될 때까지 군사훈련 외에 고정된 신체훈련을 받아야 했다. 30세가 되면 완전한 시민권을 획득하고 결혼을 할 수 있으며 의회의 한자리도 차지하게 된다.

스파르타의 여자교육도 남자 못지않았다. 소녀들도 20세가 될 때까지 지속되었고, 결혼 후에는 공적인 훈련은 받지 않았다. 올림피아경기는 청년들의 기술과 힘을 과시하는 기회가 되었는데, 승리가 최초로 기록된 것은 B.C.720년 아칸투스(Acanthus)가 마라톤에서 우승한 일이다. 그 후 올림피아 81회 우승기록 가운데 46개나 되었다. 그러나 50회 경기 이후부터 우승은 중단되었다. 스파르타의 쇠퇴기가 시작된 것이다.

스파르타의 교육과정은 대부분이 군사훈련이었다. 체조연습이 있었는데 초년생들의 교육주요 수단이었다. 그들은 달리기, 싸움하기, 뛰어오르기, 수영, 사냥, 레슬링, 하이킹, 권투, 구기, 안장 없이 말 타기, 원반과 창던지기, 판크라티움 등을 하였다.

체조는 몸을 해치는 과로를 피하기 위한 것으로 평가하였고, 모든 연습은 시간이 가면 갈수록 그 강도를 높였고, 판크라티움은 난폭한 경기로서 두 손을 맞잡고 발로차고 할퀴고 도려내는(gouging) 행위가 허용되는 종목이었다.

(2) 그리스 체육

소크라테스(Socrates)의 제자 크세노폰(Xenophon)의 저서에 의하면, 소크라테스는 "시민은 누구나 체육의 문외한이 되어서는 안 된다. 자신의 신체가 최선의 조건을 갖추어 언제든지 국가의 부름에 응할 수 있게 하는 것이 시민에 의무인 것이다.

육체의 美와 力은 단련만 하면 얻어지는 것이다. 그것을 이루지 못하고 늙어 버린다는 것은 얼마나 수치스러운 일인가, 신체를 쓸 때에는 항상 최고의 능률을 올릴 수 있도록 해야 한다. 지극히 신체적 조건을 필요로 하지 않는 사색이나 명상 같은 것을 하는 과정에 있어서도 건강이 정상적이 아닌 까닭에 중대한 잘못을 일으킬 수가 있다는 사실이다." 라 기록하고 있다.

플라톤(B.C.428-347)에게는 다른 이름이 있었던 것 같다. 그의 어깨 폭이 대단히 넓었기 때문에 씨름교사가 그를 애칭으로 플라톤이라고 부른데서 일반화되었다고 전해지고 있다. 플라톤은 그가 기술에서 신체단련이 관객을 즐겁게 하기 위하여 점차 직업화되고 투쟁화 되는 것을 크게 개탄하고 있다.

그는 저서 프로타고라스(Protagoras)에서 "멀지 않아 아동들은 운동 훈련 선생에게 보내진다. 그것은 그들의 신체가 고결한 정신의 보다 좋은 조력자가 되게 하려고, 또는 전쟁, 기타의 경우 신체가 허약하기 때문에 비겁한 행동을 하지 않게 하기 위함이다." 라고 하였다.

또 플라톤은 그 유명한 리버블릭(Republic)의 제 3권에서

> "운동훈련과 음악은 다 같이 유아기에 있어 깊은 관심을 가지고 지도되어야 하며, 그것이 그 어린이의 전 생애를 통하여 연속되지 않으면 안 된다. ······ 신체가 건전하다고 정신이 건전하게 되는 것이 아니고 정신이 건전하여야 신체도 건전하게 되는 것이다. 운동훈련은 어린이들을 의약에서 될 수 있는 대로 멀리하게 하는 것이다. 음악의 지도자나 운동훈련의 지도자가 목표하는 것은 인간을 개선하는데 있다고 믿는다고 하였다."

또 위대한 비극시인 유리피데스(Euripides, B.C.485-407 or 6)는 물론 운동훈련을 전혀 반대하는 것은 아니나 우승하기 위하여 운동경기를 찬양한다는 점에서,

> "그리스 전체에 퍼져있는 수많은 폐단 중에 운동가의 경쟁만큼 나쁜 것은 없다. ‥‥‥ 씨름을 위하여, 발의 속도를 빠르게 하기 위하여, 또 원반을 던지고, 상대의 턱을 강하게 치기 위하여 신체를 강하게 하고, 그래서 관(우승)을 얻는다 한들 그것이 조국에 무슨 소용이 있는가, 그와 같이 경기자들이 원반을 들고 주먹을 흔들어 올려 방패를 향하여 과연 잘 싸울 수 있을 것인가." 라고 그 당시 그릇된 자세를 혹평했다.

아리스토텔레스(Aristoteles, B.C.384-322)는 "신체교육은 지성교육보다 먼저 행하지 않으면 안 된다. 그것은 당연히 먼저 어린들의 운동훈련을 위하여 훈련자의 역량에 맡겨야 할 것을 의미한다. ‥‥‥‥‥ 어린이들이 사춘기에 달하기까지는 그의 성장에 장애를 주지 않도록 나쁜 음식을 금해야 한다." 라고 하였다.

그리스의 의학자 힙포크라테스(Hippokrates, B.C.460-377)는 신체훈련의 가치에 대하여 강조하면서 환자들이 병이나 허약으로부터 회복되는 수단으로 짐나지온(Gymnasium)에서 운동 할 것을 권하였다.

그는 또 "마사지(Massage)는 몸을 건강하게 강하게, 근육이 이완되어 가볍게, 그리고 몸이 긴장하게 연속적으로 하여 기력이 회복하도록 적당히 하는 것이 좋다."고 주장하였다.

소크라테스와 플라톤은 고전시대의 아테네시대를 동경하고 옛날로 되돌아가기를 바라는 사상이 강한(이상주의적) 철학자였다. 그들은 신체운동에 가치를 도덕적, 교육적인 견지에서 인정하는 동시에 신체적인 능력을 향상시키는 것은 국민과 시민의 의무라고 생각했다.

그들의 신체관의 대하여 살펴보면, 정신을 신체의 우위에 두어 신체를 정신의 가장 충실한 종으로 삼으려는 것을 이상으로 하였다.

아리스토텔레스와 힙포크라테스는 자연과학적인 입장에서 신체활동 실

시상의 주의와 효과에 대하여 기술한 철학자였으며, 유리피테스는 지난날 경기자의 한 사람임에도 불구하고 경기에 대하여 부정적인 태도를 명확히 하였다.

이것은 신체훈련에 대한 부정적인 태도라기보다는 퇴폐기에 들어선 경기에 대하여 공명할 수 없다는 태도로서 상상할 수 없는 일이었을 것이다.

그리스체육의 목적은 "행동의 인간"을 육성하는 일이었고, 더 나아가서는 균형있는 육체개발을 추구하였다.

(3) 로마 체육(B.C. 600경- A.D. 476)

그리스를 정복한 로마는 그리스의 문화를 수용하고 그 이론적인 지식을 응용하였다. 로마 정복자들은 실용적이고 근면한 사람들로서 천부적인 실천력을 가졌으나 그리스인들이 지녔던 심미적(審美的)능력은 결여되어 있었다.

로마인들은 새로운 철학사상을 개발하거나 새로운 학문적 개념도 발전시키지 못했다. 그러던 로마에서 황제 데오도시우스(Theodosius) 1세가 그리스도교를 국교로 받아들이자, 이스라엘의 문화가 수입되고 더 나아가서는 B.C.776-A.D.393까지 293회나 거듭되던 올림피아 경기를 이교도적 유물이라 하여 폐지시키는 결과를 가져오고 그리스도교의 윤리적 이상의 실현이 로마에 도움이 되었다.

고대 이태리 반도에는 여러 종족이 살았다. 그들 중 작은 라티움(Latium)족이 티베르(Tiber)강과 로마의 7개 언덕 부근에 자리 잡고 있었다. 이 조그마한 집단이 힘을 길러 이웃 종족을 정복하였고, 힘을 조직화하여 이태리 반도를 통일하였다. 그리고 역동적인 힘을 발휘하여 지중해 전체를 지배하기에 이르렀으며, 세력 팽창의 첫 걸음은 로마가 기원전 509년 북부에 메트루리아인들을 무너뜨렸고 기원전 275년까지 이태리 주요도시를 패배시켰다. 그리스 동부지역은 기원전 146년 로마에 합병되었다.

로마의 교육은 젊은이를 시민 군인으로 즉 효과적인 국가의 봉사하며 상업과 농업에서 부지런히 일하며 신들과 부모들을 공경하는 국민으로 훈련시키는 목적이 있었다. 이 목적을 위하여 로마인들은 젊은이들에게 전투태세의 완비, 명령에의 복종, 행동에 있어서의 절도, 신들에 대한 경의, 준법정신, 의사표시의 정확성 등을 주입시키기 위해 노력하였다.

체육의 목적은 오직 하나였다. 곧 젊은이들에게 전쟁 수행능력을 배양시키는 것이었다.

로마의 시인 버어질(Virgil:B.C.70 - B.C.19)은 체육의 목적을 다음과 같이 묘사하였다. "우리들은 아이들을 개천으로 끌고 가 냉수로 단련을 시킨다. 소년이 되면 폭풍우를 문제시하지 않고 사냥에 참가시켜 밤잠도 재우지 않고 사냥하게 하는데 말을 타고, 활을 쏘며, 기타 역경에 굴하지 않고 견디게 한다. 어른이 되면 곡갱이로 땅을 정복하게 되고 전쟁에 참가하게 되면 도시를 진동시킨다." 라고 하였다.

로마교육은 그리스의 교육과 대조적으로 로마의 경기와 운동은 힘세고 숙련된 전투원의 양성과 검투사[3]를 지향했을 뿐이었다. 형(型)의 아름다움이나 활동의 우아함은 문제 삼지 않고 전투에 필요한 활력과 무용(武勇)만을 중시하였다.

로마의 교육제도는 국가가 지도하지도 후원하지도 않았다. 스파르타 어린이는 병영에서 교육받았고, 아테네 어린이는 '팔레스트라'에서 성장하였다. 그러나 로마 어린이는 질서 있는 부모로부터 교육을 받았다.

에투루리아 인들로부터 전래되었을 것으로 보이는 축제와 놀이들은 예부터 로마인들이 빠뜨릴 수 없는 생활의 일부분이었다. 놀이 경기는 소박한 농경 축제일에 열렸으나 시대가 변화면서 종교의식이 가미되어 주요기능을 수행하게 되었다. 그 후 국가가 공식적인 경기대회를 개설하고 지원하고 경기를 주관하는 행정관을 임명하기도 하였고, 모든 시민이 참가하는 체전 동안에는 일상 업무는 모두 중단이 되었다.

로마의 어린이 체육을 보면, 굴렁쇠굴리기, 수레굴리기, 팽이치기, 글자

3) 검투사(gladiator) - 로마제국시기 원형경기장에서 사람과 사람 또는 사람과 맹수가 전투를 벌이는 경기에 참가한 이들을 말함. 로마가 정복한 고대 에투르리아인들의 풍습에서 유래됐다. 기원전 3세기경부터 帝政시기 제국전역에 퍼졌다. 검투사는 주로 전쟁포로 · 노예 · 범죄자가 대부분이었다.

맞추기, 인형놀이, 죽마타기, 목마타기, 장난감집짓기, 애완동물 갖고 놀기 등을 즐겼다. 그 외 지능에 필요한 놀이들이 가미되었고, 승부의 주사위놀이도 성행했다.

청소년들은 아버지들에 의하여 연병장에서 군대생활을 대비하는 운동을 하였다고 '플루타고(Plutarch)'는 소개했다. 카토(Cato)는 그의 아들에게 "창던지기, 백병전 그리고 말 타기 뿐 아니라 권투, 추위와 더위 견디기 그리고 급류의 강을 헤엄쳐 건너는 법"을 가르쳤다고 하였다.

젊은이에게는 전쟁에 관한 이야기, 영웅들의 행위, 전투의 성과, 전술의 습득을 열망하도록 자극했다. 젊은이들은 부모를 본받고 그 훈계를 따름으로서 전술을 배웠고, 전투가 소강상태 중에서도 중단 없이 지속되는 고된 훈련 프로그램에 참가하여 전술을 익혔다.

결국 로마인들의 체육 방법은 그들이 원하던 대로 억센 전사(戰士)들을 성공적으로 길러 내었다면, 3세기 후기 로마에서는 억센 검투사가 등장하고 일반적인 공식경기가 되어 1대1 또는 집단싸움을 벌이기도 하였다.

(4) 동양의 체육

① 중국 체육(B.C. 2679 : 황제헌원 즉위)

중국민족은 황하강 유역에 자리 잡고 큰 이동없이 그 사회의 문화와 전통을 지켜오고 있는 나라이다. 중국민족의 먼 조상의 기원은 분분하지만 황제헌원이 스스로 백의민족의 후예라 했다는 기록도 있다.

중국의 언어는 B.C.1500년경부터 언어를 사용하는 것으로 되어있고, 사마천(司馬遷:B.C.145~86)의 중국사기(中國史記) 즉 중국역사는 오제(五帝)[4]의 치세(治世)로부터 쓰여 졌다는 것이다.

중국 왕조를 나열하면 다음과 같다. B.C.2070~B.C.1600까지의 하(夏)왕조이며, B.C.1600~B.C.1046까지는 은(殷)왕조이고, B.C.1046~B.C.771까지는 주(周)

---

4) 삼황오제(三皇五帝) – 삼황: 상서수인(燧人) · 태호복희(伏犧) · 염재신농(神農),
오제: 황제(黃帝) · 전욱(顚頊) · 곡(嚳) · 요(堯) · 순(舜)

왕조였고, B.C.771년 평왕(平王)이 동쪽 낙읍(洛邑)으로 천도했을 때부터 전국 춘추시대라 하였으며, B.C.221~B.C.207까지는 진(秦)왕조, B.C.202~A.D220까지는 한(漢)왕조였다.

B.C.2600년경부터는 쿵푸라는 보건을 위한 체조술인 의료체조가 행하여졌다고 전해지며 이체조로 인하여 중국의 정적인 동작의 모체가 되었다.

고대 중국에서 발달된 스포츠를 보면 축국(蹴鞠), 각저(角抵), 수박(手搏), 격검(擊劍), 수렵(狩獵)등이 있었고, 즐기는 놀이를 보면 무용(舞踊), 투호(鬪壺), 육박(六搏)등이 행하여졌다.

예기(禮記)에 의하면 소년 · 소녀에 대한 교육은 13세 때 음악을 배우고 시가(詩歌)를 부르며 작(勺)을 한다.

15세가 되면 상(象)을 추고 사(射)와 어(御)를 배운다. 20세가 되면 예(禮)를 배우고 수피(手皮)와 순견(純絹)으로 된 옷을 입고 대하(大夏)를 춘다. 이 춤의 형식은 승려가 90일간 좌선하는 듯 종교적이면서 공격과 방어적인 무언적(無言的) 움직임이다.

중국사회에서는 육체적 활동을 제약하는 일이 많았다. 오직 서책에 몰두하고 고전의 학습에 열중하고 도교, 불교, 유교의 영향을 받아 명상적 생활을 강조함으로서 유년기의 육체단련은 사실상 제한을 받았다.

또 다른 시대에서는 학교가 세워져 의례(儀禮), 무용(舞踊), 궁술(弓術)등을 가르치기도 하였다. 소년이 8세가 되면 학교에 들어가 나이가 들면 상급반으로 승급하고, 여름이면 궁술, 무용, 음악 등을 배웠으며, 가을 겨울에는 독서, 수(數) 헤아림, 의례 등을 배웠다.

여성들의 지위는 남성보다 낮았다, 여성은 아버지 · 오빠 · 남편에게 복종하고 과부가 되면 아들을 따랐다. 각종 기록에 의하면 상층 계급의 여성이라 하여도 학교수업은 없었고, 궁중의 경우 구기놀이나 궁술을 배우기도 하였다.

특히 주대(B.C.1046~B.C.771 주(周)왕조)에는 관리를 선발하는 기준이 예(禮), 락(樂), 사(射), 어(御), 수(數)였으며, 무신(武臣)으로 등용되기 위해서는 아주 미약한 학문지식과 아울러 특별 시험이 있었다.

즉 무술시험, 무거운 물건들어올리기, 화살다루기, 검술 등이었다. 고대 중국에서는 궁술이 중요시 되었고, 여러 가지 형태의 활이 있었다. 기원전 1세기에는 +자형의 활이 사용되기도 하였으며 활쏘기시험과 시범경기가 자주 열렸으며 이때 은은한 음악으로 분위기를 고취시키기도 하였다.

전국춘추시대(B.C.494~)에는 투석(投石)이 군사훈련으로 채택되고, 검술의 변화가 있어 여러 종류의 검과 도가 만들어 졌으며, 궁술과 기마술도 성행하였다.

② 인도 체육

지구상의 4대 문명지 중 한곳인 인도의 인더스 문화(Indus Civilization)는 그 기름진 인더스강 유역에서 화려하게 꽃을 피웠다. 이 4대 문명이 이루어지는 곳들은 아열대를 포함한 온화한 기후와 큰 강가 비옥한 토지였다.

인더스문명은 이집트 제1왕조(B.C.3100년경)와 거의 같은 시기로 추정하는 가장 오랜 문명 발상지이지만 19세기에 이르기까지 세상에 잘 알려지지 않았다는 것이다. 인더스 문명의 유적이 1858년 영국의 철도건설을 위해 처음으로 발견되었고, 1920년경부터 인더스강 유역에서 동기시대에 속하는 옛 석조 도시유적이 발굴되어 인도역사의 새로운 연구의 장이 시작되었다.

인더스문명이 발견되기 전까지 인도의 역사는 브라만(Brahmans)의 경전인 베다(vada)에서 시작되었고, 문명을 지닌 아리아족이 B.C.2000년경 토착민인 드라비다(Dravidian)족을 밀어내고 갠지스강 유역에 도시국가를 건설하였다. 이때 드라비다인의 가족제도는 모계사회로 혈연이나 상속은 어머니를 따랐다. 후세의 인도사람의 이름까지도 어머니의 자식이라는 풍속을 남겼다.

새로운 땅에 정착한 아리아인은 B.C.1000년경까지는 베다의 종교, 곧 부라만교를 성립시켰고, 인도의 웅대한 자연에 접하여 은혜로움을 찬미하고 서정시 찬가를 집대성한 것이 리그베다이다. 여러 신(神)이 처음에는 하늘 · 해 · 땅 · 물 · 불 · 비 · 바람 등 자연신이었으나 신화가 변함에 따라 사람 신까지 만들어졌다.

B.C.1500년경 새로운 힌두교(Hinduism)가 등장하면서 카스트유지에 힘이 되었는데 그 내용을 보면, 최고의 계급인 부라만(Brahmans)은 자제를 교육하는 교육가나 승려로서 훈련받고 사회를 지배하게 하였고, 특권계급인 크샤트리아(Kshatriyas)는 군무나 정무를 위하여 교육하였고, 바이샤(Vaisya)는 상업이나 농사를 하도록 하였고, 가장 낮은 계급인 수드라(Sudras)는 노예로서 활용하였다.

특히 힌두교교리는 신체적 활동을 부정하였기 때문에 체육활동은 거의 없었다. 그러나 승려들은 정신수양과 심신의 '좌선'이 있었고, 특히 좌선시 호흡법도 여러 가지가 있었고, 지금 전해지는 요가(Yoga)도 그 일례이다. 그 외에도 군인들이 전투기술을 연마하기 위하여 궁술, 창술, 포승던지기, 도끼사용법 등을 실시하였다.

고대 인도 의료권위서인 차라카(Charaka)와 수스루타(Sustuta)등에는 육체운동 브야얌(Vyayam), 유욕(油浴) 마사지를 함으로서 건강이 유지되고 피로가 회복된다 하였다. 수스루타에서는 부야얌은 '혈액순환을 원활하게 해주고 피로를 회복시켜 주는 운동'이라 하였고, 차라카에서는 '질병을 막고, 비만을 예방하며 소화를 돕고 신체의 외양을 좋게 하고 노화를 방지한다.' 하면서 적극 권장하였다.

차라카에서 마사지의 기술을 보면 체력단련, 질병치료, 위생에 대하여 자세히 기술하고 있다. 윤활유를 바르고, 문지르고, 손으로 주무르고, 관절을 움직이고, 신체를 진동시키고, 손가락으로 두드리고, 부드럽게 애무하고, 땀을 흘리게 한다, 하였다.

인도의 무용은 오랜 역사를 가지고 있다. 힌두교신중에 하나인 시바(Shiva)는 무용의 신이었다. 무용에는 신을 위한 춤과 세속적인 춤이 있었다. 또 무용과 함께 음악도 배우고 글을 읽고 쓰는 훈련도 쌓았고, 건강을 위해서는 육체운동을 권장하였다.

3) 제3기 문화적 시기(근대) (A.D. 0 - 2,000)

문화적으로나 체육사적으로 커다란 가치와 성과를 거두었던 제2기(2,000년)의 장구한 시간을 경과하면서 문화 창조력이 쇠퇴하기 시작하고 바야흐로 체육적 의미에 암흑시대라 하는 제 3기 세계사가 전개된다. 중세는 현세를 죄악시하고 내세를 추구하였는데 이는 인간의 창조적 문화 예술을 부정하는 신(神)중심의 사회를 말한다. 그 이유로는 스콜라 철학을 들 수 있는데 이는 기독교교리를 합리화 시켜주는 유일사상이었다. 지중해 모든 지역을 지배한 로마황제 데오도시우스(Theodosius) 1세에 이르러 기독교를 국교로 삼게 되자 타 종교를 이교도적 유물이라 하여 B.C.776~A.D.393까지 293회나 지속되던 고대 올림피아 경기가 막을 내리므로 체육적 활성화가 퇴보하는 결과를 가져왔기 때문이다. 그럼에도 체육적 의미에서 볼 때 기사도의 체육이 있었다. 이 기사도 체육이 고대와 근대체육을 이어주었기 때문이다. 그러나 주목해야 할 것은 기사도 체육이란 주로 정치 · 군사적 목적으로 행하여졌다는 것이다.

제2기 말 구세력의 멸망 요인은 민족 대이동에 있었으며, 유럽 및 아시아에 걸친 초원지역에 있어서 풍토의 변화라고도 한다.

19세기에 이르러 체육사상의 부활이 체육실천에 부흥척도가 되었고, 국가들이 학교제도의 확립과 더불어 학교 체육을 보급시켰다.

1896년 프랑스에 쿠베르탱 남작에 의하여 근대 올림픽경기가 부활되었다. 근대 올림픽경기에 정신은 승리보다는 참가에 의의를 찾고, 국가주의보다는 국제주의를 신봉하며, 정치 · 사상 · 종교 · 인종 등의 차별을 배제하고 오직 국가 간의 친선과 평화를 도모하는데 두었다.

20세기에 들어서는 영국을 중심으로 근대 스포츠가 전 세계에 보급됨으로서 비로소 사회체육이라 용어가 등장하고 일반인들을 위한 체육종목이 보급되었다.

1917년 러시아 혁명이후 시작된 소련의 체육과 스포츠는 '생산과 방위'의 준비를 갖추는데 목적을 둔 소위 국방체육으로 확장하기에 이르렀고

1920년경 미국은 유럽대륙에서 들어온 체조와 영국의 스포츠를 잘 조화시킨 미국식 스포츠가 성행하였다.

1960년대에는 동서냉전시대에 돌입하면서 스포츠가 국력을 과시하는 척도로 사용되는가하면 스포츠를 통한 국가 간의 친선을 도모하려는 것보다 인간의 능력을 극대화하여 그 능력을 평가하는 스포츠의 과학화를 위한 학문적 연구가 대단한 성과를 나타내고 있다.

(1) 중세의 체육

중세의 새벽이 밝아올 때 로마사회는 도덕적으로 해이해져 그 웅장했던 대제국이 무너져 갔다. 로마 황제 네로(A.D.54~68)는 로마 시가지를 불을 놓아 도시를 불바다로 만들었고, 이 모든 죄를 그리스도 교도들에게 전가시켰고 헤아릴 수 없는 박해를 하는 등 도덕적 문란으로 인하여 국력은 쇠퇴하였다, 그들은 광활한 영토를 통치할 힘과 기술을 잃어 두려움과 공포의 휘말리는 그 시기에 그토록 박해하던 그리스도교는 하나의 공동체로 그 위력을 과시하고 무질서한 세계에서 지도력을 발휘하였다. 그리스도교회의 영향은 영혼을 양육하고 도덕의 재생을 추구하며 북방 민족의 호전적 성격을 부드럽게 하고자 노력하였다.

중세를 우리는 체육적 암흑시대라 하지만 그리스도교의 교리를 합리화시켜주는 스콜라 철학 등이 있었음을 중시하여 살펴본다.

① 그리스도교 체육

그리스도가 탄생했을 때 로마제국은 그 세력이 최고 절정에 이르렀으나 내부에서는 불화의 징조가 나타나고 있었다. 애국심·용감성 그리고 국가에 봉사라는 전기 로마의 덕목은 무너져 무의미한 개념이 되고 말았다. 이러한 절망의 시기에 그리스도교가 성공적으로 성장한 요인들을 보면, 그리스도교는 일부 철학과는 달라서 감정적인 호소력을 지니고 이해할 수 있는 구체적이고 명확한 개념이었고, 이상적인 신적(神的) 존재에 대한 사랑, 이웃에 대한 배려 등으로 오랫동안 사회에서 잊혀진 사람들의 마음과 가슴속에 희망을 심어주었다.

교회는 서(西)로마 제국의 사회를 지배하였는데 교회는 국가와 달리 타민족의 침입 이후에도 존재하였으므로 북방민족과 로마인들에게 대하여 두루 영도력을 발휘할 수 있었다. 그러나 종교지도자들은 체육의 경기자체를 탐탁하지 않게 여겼는데, 이는 수많은 제전이 이교(異敎)적 종교의식으로 행하여지고 원형경기장·투기장에서 이교적 광증(狂症)과 잔인성과 허무감에서 비롯된 것으로 여겼기 때문이다.

초창기 일부 종교지도자들은 수도원과 교리학교를 세웠고 그곳에서 체육을 정려하였다. 알렉산드리아의 글레멘스는 레슬링, 공놀이 그리고 걷기를 가치있는 운동으로 보고 심지어 여자들도 적당한 운동을 하는 것이 바람직하다고 믿었다.

갈리아(Gaul)에 살았던 5세기 종교지도자 시도니우스(Sidonius)는 소년시절 달리기, 수영, 그리고 사냥을 즐겼다고 기록하였다. 그리스도교 지도자들은 경기회 개최를 억제하고자 노력하였는데 그 일환으로 원형경기장의 행사에 참석하는 그리스도인들은 영성체(領聖體)를 할 수 없었다.

검투사들은 자신의 직업을 포기한다고 약속하기 전에는 세례를 받을 수 없었고, 무용은 초기 그리스도인들에게 종교적 표현의 한 수단이었다. 그들은 찬송가와 무용으로 교회의식을 거행하였는데 죽은 이를 위한 예식에서도, 장엄한 축제에서도, 여러 행사에서도 감사의 표현으로 춤을 추었다. A.D.554년 킬데버트(Childebert)는 그의 재임 중 무용을 금지하도록 법으로 규정하였고, A.D.744년 교황 자카리아(Zacharias)는 불경스런 공연을 금지하였다.

② 수도원 제도

수도원제도는 초창기의 교회와 모든 것이 일치 되었다. 수도자는 '정신적인 운동가'였다. 수도자는 영원한 구원을 준비하고자 규칙을 지키고 고된 훈련을 견디어 내었다. 수도자는 직업교육과 지적인 교육을 하였는데 그 교육의 모토는 아름다운 영혼을 가꾸는데 있었다.

초기의 수도원제도가 운영될 때 특히 동방에서는 수도자들이 육체적인 고행의 수단을 창안해 내느라고 경쟁을 벌이기도 하였다. 그러나 이 시대는 체육에 있어서도 빈약한 시기였다. 수도자들은 모든 신체활동과 운동이 세속적 쾌락을 추구한다고 비난하였다.

수도원들은 6~11세기에 존속한 유일한 학교였다. 그들의 생활 관습은 기도문을 암기하고 시편을 노래하고 신학을 공부하며 들판과 숲속에서 일을 하였다. 수도원 학교 지식프로그램은 7개의 교양과목으로 구성되었는데 그 중 삼학(三學: trivium)은 문법, 수사학, 논리학이며, 4과(四科: quadrivium)는 산수, 기하, 천문, 음악이었다. 그러나 체육활동은 수도원 교육과정에 포함되지 않았다.

③ 기사도제도와 체육

기사도(騎士道)교육에서 젊은이들은 봉건사회에 의해 형성된 전쟁, 종교, 여성에 대한 헌신 등에 관한 사회적, 도덕적 관습을 준수하도록 훈련을 받았다. 행동의 준칙을 받아들이는 것은 기사의 신분을 얻기 위해 필요한 하나의 절차였다.

장엄한 의식 가운데 기사 지망 청소년은 그의 군주와 신(神)과 부인에게 순종하고 순종할 것을 서약하였고, 둘째는 기사도의 종교적 서약은 교회를 방어하고, 가난한 자와 억압받는 자를 보호하고, 불의를 바로잡고 죄를 피하며 종교의식에 참가하는 것을 내용으로 하였다. 셋째로 부인 존경에 대한 서약은 부인을 보호하고 고아와 과부를 옹호하며 그의 부인을 위해 싸우는 것이다. 이 같은 봉사를 하는데 요구되는 덕행은 예절, 겸손, 친절, 그리고 자선이었다. 기사도에서는 이 밖에 사회적인 신분에 따른 품위, 예절에 관한 법과 종교의식에 대한 훈련도 포함되어 있었다.

기사도 교육에 목적인 전쟁 · 종교 · 부인존경은 일시에 생겨난 것이 아니었지만 이러한 이상은 1250~1350년에 가장 잘 실현되었고, 14세기 후반부터~16세기를 거치면서 쇠퇴하기 시작하였으며, 이 경향은 기사교육이 궁전에서 봉사하도록 선발 된 젊은이들에게 의전(儀典)훈련을 받았다. 기사도의 이상은 현실과 거리가 많았다. 편협하고 배타적인 계급제도 아래서 교육받은 기사가 지닌 이상은 자신이 속한 상류사회계급 속에서 실현되었고, 야만인들의 세계 안에서 개화된 그리스도교의 문명이 지닌 하나의 이상으로서의 역할을 하였다.

> "기사도는 기꺼이 수행하는 고상한 봉사의 임무를 세상에 널리 가르쳤다. 그리고 규칙에 따라 행동하는 용맹과 진취적인 정신을 고취하였다.
> 기사도는 또한 무용(武勇)을 교회에 대한 봉사로 승화시켰고 관용 · 신뢰 · 이타주의 · 예의 특히 부인에 대한 예의 등과 같은 덕행(德行)을 빛내주었다, ……기사도는 많은 약점을 가졌음에도 불구하고 중세 세계를 야만에서 문명사회로 끌어올리는데 대단히 유익한 공헌을 하였다."

기사도 교육의 핵심은 체육이었다. 이 과정에서 젊은이들은 무용(武勇)과 사회적 신분에 따른 품위를 지키고 스포츠의 기량을 익혔다.

그러나 그리스인과는 달리 중세의 귀족은 아름다운 조화가 이루어진 우아한 신체를 발달시키는데 큰 관심을 갖지 않았고, 전기 로마인이 가지고 있던 애국심도 갖질 않았다. 체육은 봉건 귀족들의 애호를 받았는데 그들은 군사적 의무를 완수하고 교회를 위해 싸우는데 있어서 체육이 필요했기 때문이다.

기사는 자신에 명예를 유지하기 위하여 항상 준비가 되어 있어야 했고, 대군주(大君主)를 따라 전쟁터에 나가고 십자군[5]에 참가했다. 정규 교육은 두 단계로 이루어졌다. 그 첫째가 7~14세의 시동(侍童) 또는 수습기사(修習騎士)의 단계와 두 번째는 14~21세까지의 종자(從者) 단계이다. 시동 단계를 졸업하는 청년은 어린이의 단도(短刀)를 버리고 종업식 직전 사제로부터 성인의 검(劍)을 선사 받았다. 사제는 그 칼을 축성(祝聖)한 뒤 칼의 사용에 대하여 주의와 훈계를 하였다. 시동 졸업생은 그가 기사로 발탁될 때까지 약 7년간 종자로 근무해야 했다. 기사 작위의 수여식은 종교

5) 십자군(十字軍) - 중세 유럽에서, 기독교도가 팔레스타인과 예루살렘을 이슬람교도로부터 다시 찾기 위하여 일으킨 원정. 또는 그 원정대. 종군자(從軍者)가 십자의 기장(記章)을 단 데서 유래됨

의식으로 거행되었는데 그 시기는 군사와 관련된 대축전 또는 부활절, 성령강림절 그리고 성탄절 같은 축일을 이용하였다.

작위수여식 전날 밤에는 목욕재계(沐浴齋戒)를 하고 동녘이 밝아올 때까지 기도를 드리는 것이 통례였다. 날이 밝으면 갑옷과 투구를 착용한 귀족들과 성직자에게 둘러싸여 장엄한 미사를 드렸다. 그 뒤 신입기사는 그의 영주 앞에 무릎을 꿇고 임무에 대한 훈시를 들은 그는 기사도의 이상에 충실할 것을 서약하고 나면 기사작위를 수여 하였다.

기사가 된 젊은이는 주교로부터 축복 받고 그 칼을 종교와 덕행을 위해 사용할 것을 축성받은 다음 보무도 당당하게 교회 문을 나서는 것이 의식 거행이다.

④ 스콜라철학과 체육

그리스도교 세계는 11~15세기에 지적각성(知的覺醒)이 일어났다. 교회의 가르침과 신앙은 크게 도전받은 적이 없었다. 그러나 십자군이 마호메트교 문화와 접촉한 결과 새로운 종교관과 아리스토텔레스의 학문과 변증법의 개념이 전해졌고 이러한 사상은 그리스도교 세계에서 자체의 주장을 내세우는 회의론을 자극하였고 지적인 활동을 촉진시켰다. 교회는 게시진리를 옹호하기 위하여 모든 합리주의적 시도를 적대시 해오다가 11세기에 이르러 바뀌었다.

신학자들은 교회의 교리를 이성으로 이해할 수 있게 설명함으로써 이단(異端)을 극복하고자 하였다. 이 철학적 과정이 스콜라 철학이다.

탁월한 스콜라 철학자는 스코투스 에리제나(Scotus Erigens), 안젤모(Anselm), 아벨라르도(Abeffllard), 베드로 롬바르도(Peter Lombard) 등이 있었다.

스콜라 철학자들을 교회의 신앙을 뒷받침하려고 열심히 노력하였다. 스콜라 철학은 꼼꼼하고 치밀하며 본질적으로 신학적이며 지적인 학문분야이고, 이 철학은 법률과 의학연구에 많은 영향을 주었다. 이 철학의 성행은 그리스도교 세계에서 학문적 활동이 활발하지 못했던 시기 이후에 비로소 높아지기 시작한 지적인 흥미를 정당화시켜주었고 학자들이 거의 없었던 당시에 많은 학자를 배출하였다.

스콜라 철학은 명백하고 한정된 지적목표에 몰두하면서 신체에 대한 금욕적 태도가 유지되고 있었으므로 체육에 대한 필요성은 주목 받지 못했다.

2. 체육의 세기별 구분

11세기는 수도원 중심의 교육제도였다. 그러나 수도원의 교육적 중요성이 점차 감소되기 시작하였다. 반면 성직자들이 운영하는 성당학교들이 서서히 그 역할 중심으로 부상하기 시작하였고 대학교의 전신과 같았다. 사실 대학들은 대개 대성당 학교로부터 발전된 것으로 보아야 하기 때문이다. 그러나 체육에 대하여는 모두가 무관심이었다.

대학은 하나의 독립단체인 법인(法人)으로 구성되었고, 국가와 교회 당국으로부터 많은 특혜와 면책의 특권을 받았다.

체육은 대학교 교육과정의 교과목도 아니었고, 학생들에게 스포츠와 게임을 권장하지도 않았다. 이것이 결국은 한가한 시간에 품위 없는 행동으로 큰 파탄을 초래한다.

학생들은 거리에서 거친 말다툼, 음주, 시민과의 싸움, 타국의 유학생과의 싸움 등으로 이어졌고, 1354년 학생들과 시민들이 싸움으로 시작된 그 유명한 성 스콜라스티카(st. Scolastica) 축일의 소동은 어느 술집에서의 말다툼이 일어나 끝내는 많은 학생이 다치고 일부는 살해되는 등 전쟁과 같은 싸움이 있은 후 종료됐다.

킹즈 칼리지(Kings College)의 학칙은 학생은 사냥에 필요한 도구를 가지고 있으면 안 되고, 주사위놀이, 당구 게임, 공놀이, 도박으로 악용되는 스포츠를 금지하였다.

성 안드레아(st Andrews)대학은 매사냥은 허용하면서도 축구는 위험하다는 이유로 금지하였고, 일부학교는 강에서 목욕하는 것도 규칙으로 제한하였다.

학자들이 의학을 보다 깊이 연구하기 시작했을 때 신체와 건강에 대한 큰 관심이 일어났으나 해부학과 생리학에 관한 발전은 이룩되지 못했다.

11, 12, 13세기 때까지 십자군의 원정으로 인해 자극을 받던 시기이다.

11세기~14세기 까지 수행하였던 체육활동을 살펴보면 다음과 같다.

영국어린이가 즐겼던 게임으로는 진지 빼앗기, 여우 찾기, 숨바꼭질, 목마 넘기, 조약돌(공기)놀이, 팽이, 홀짝, 곰 놀리기, 연날리기, 풍차놀이, 소경놀이, 눈 가린 술래가 자기 때린 사람 알아맞히기 등이 있었다. 이 어린이 놀이 중 진지 빼앗기 및 소경놀이는 어른에게도 인기가 있었고, 마을 단위에 축제 때는 눈 가린 두 사람이 서로 상대를 치는 놀이가 성행하기도 하였다.

닭싸움은 영국의 고대 스포츠였다. 12세기에는 왕족이 이 스포츠를 즐겼고 런던의 학생들은 성회례(聖灰禮) 수요일 바로 전인 화요일 닭싸움을 즐기기 위하여 학교에 닭을 가져오도록 허용하였다. 이 스포츠는 찰스(Charles) 1세의 재임 시(1625~1649) 너무나도 인기가 있었던 나머지 반다이크는 닭싸움을 관람하는 그림까지 그렸다.

12세기 윌리엄 핏즈스테펀(William Fitzstephen)은 12세기 런던의 어린이들이 즐긴 오락을 흥미 있게 설명하고 있다.

> "해마다 성주간인 화요일에도 우리는 모두 어린이가 되어 어린이 스포츠부터 시작하는데 소년들은 싸움닭을 그들의 스승에게 가져와 오전 내내 닭싸움을 즐긴다.
> 중식 후에는 모든 소년들이 운동장에 나가 공놀이를 한다. 학교의 모든 학생들은 손에 공이나 바통(baton)을 들었다. 고대의 부유한 도시사람들은 말 타고 나와 소년들의 스포츠를 관람하였는데 그들의 민첩한 행동을 보고 즐거움을 느낀다. 사순절(四旬節)의 매 금요일에는 소년들의 무리가 말을 타고 운동장에 나와 그 중 한사람의 지휘에 따라 움직인다.
> 그 때 시민들의 아들 기타 젊은이들은 끝이 무딘 창과 방패를 휴대하고 행군한 뒤 거기서 모의 전쟁을 해 보인다.
> 부활주일에는 소년들이 수상전 즉 보트 과녁 찌르기를 개시한다. 흐르는 강물위에 기둥을 고정시키고 그 기둥 위에 방패를 걸어둔다. 보트는 노를 없애

강물의 흐름에 따라 떠내려가게 한다. 보트의 한쪽에 소년이 올라서서 그의 창으로 기둥위에 방패를 찍을 준비를 갖춘다. 그가 창으로 방패를 힘차게 찍음으로 그의 창이 부서지는 반면 그가 물에 빠지지 않으면 가치있는 행위를 한 것으로 평가받는다. ················
여름철 휴일에는 젊은이들이 뛰기, 무용, 활쏘기, 레슬링, 돌 던지기, 방패다루기 등을 연습한다. 소녀들은 템버린(tambourine)에 맞추어 춤을 추었다. 도시의 북쪽 성곽을 적시는 늪지 또는 광야가 얼어붙으면 많은 소년들은 얼음판위에서 논다. ······· 일부는 뼈를 그들의 발바닥과 발뒤꿈치에 매달고 조그마한 막대기를 이용하여 얼음 위를 질주하는데 그 빠르기가 새가 공중을 나르듯 또는 화살이 활시위를 떠나 날아가듯 하였다.
이따금 두 사람이 각각 장대를 가지고 함께 달리다가 서로를 치니, 팔을 부러뜨린 사람과 다리를 부러뜨린 사람이 있다. 그러나 이런 운동 자체가 전시에 대비하는 것이므로 젊은이는 영광으로 여기고자 한다."

에드워드3세(Edward Ⅲ:1312~1277)때에는 토나멘트가 개최되었는데 여기서 백성들은 눈에 띄는 대로 무슨 짐승이든지 그 등에 올라타고 도리깨로 싸움을 벌였다. 프랑스에서는 시민들이 토나멘트, 자우스트, Pas d`Armes 등 다양한 명칭을 가진 경기회를 개최하였다.

이태리에서 13세기 전투적 성격이 강한 스포츠 곧 방패싸움, 지우오코 델 폰테, 팔리오, 지우오코 델 칼치오 등에 참가 하였다. 토나멘트와 비슷한 이 게임은 곤봉(mazza)과 방패(scudo)를 무기삼아 두 발로 서서 싸우는 경기였다. 관습상 곤봉과 방패전은 마을의 광장에서 열렸다.

"무리들은 음악에 맞추어 깃발을 흔들며 광장으로 들어왔다. 그들은 편을 갈라 자체의 보카(bocca)에 자리 잡았다. 그리하여 1대1로 겨루는 일련의 싸움이 시작되었다. 그들은 방패에는 사랑하는 부인의 얼굴이 그려져 있었고········ 과거의 기사들이 싸우던 방식대로 무기의 힘으로 타격을 가함으로 ······· 그 뒤 첫 번째의 나팔소리에 따라 출전자들은 횡대로 정렬하였다. 두 번째 나팔소리가 나자 공격태세를 갖추고 종대로 정렬하였다. ··나팔소리가 세 번째 울리자 전투는 개시되었다. ··· 싸움은 한 쪽이 패배할 때까지 지속되었다····"

하나의 경기를 뜻하는 팔리오(Palio)는 중세 이태리의 많은 공동체가 즐기는 스포츠였다. 팔리오라는 단어 자체는 기(旗) 또는 깃발을 의미한다, 팔리오는 대체로 승마경기였지만 달리기경주, 전차경주, 당나귀경주 등을 뜻한다.

15세기~16세기 독일대학교 모습은 1518년 모셀라 누스(Petrus Mosellanus)가 쓴 작품 「아동학(the Paedologia)」에 기록되어 있다. 비록 소년들이 체육이 정규 교육과정으로 이수하지 않았을 지라도 게임과 무용을 즐겼다 하였으며, 또 전투의 수단으로 그 중요성이 커진 활쏘기는 15~16세기를 거치면서 늘 성행하였다. 헨리 8세(Henry VIII, 1491년 6월 28일 ~ 1547년 1월 28일) 잉글랜드의 국왕(재위 1509년 4월 22일~1547년 1월 28일)는 3개의 법률을 통과시키면서 "···모든 군주는 낮은 활쏘기(low bows)훈련을 받아야 한다." 는 의무규정을 두었다.

또 야샴의 궁술 논문을 보면,

> "내가 밝히고자 애쓰는 궁술이 모든 사람들에게 얼마나 적합한가, 정신에 이익을 주는 얼마나 훌륭한 오락인가 그리고 육신을 위한 운동으로서 얼마나 건전한가 하는 점이다.
> 그 뿐 아니라 궁술은 천(賤)하지 않아 신사도 즐길 수 있고 비용도 많이 들지 않아 가난한 자도 지속할 수 있음을 밝힌다고 하였다,"

야샴은 이 책에서 궁술의 대한 여러 가지를 자세히 논하였다. 장비의 선택과 손질, 실수에 대한 여러 가지 주의사항, 활의 형태, 그리고 활쏘기의 적절한 방법과 기법에 대한 조언 등이었다. 1588년 활쏘기 부대가 스페인 무적함대의 궁수를 무찌른 뒤부터 활쏘기를 제2위의 지위로 승격하기도 하였다.

테니스는 15~16세기 동안 지속되었던 인기 있는 스포츠였다. 당시에는 손바닥을 사용하였고 공은 사람의 머리카락을 이용하여 만든 것이었다. 사람들은 테니스를 할 때 입는 보온용 스웨터(sweat shirts)입었고, 도박을 하기도 하였다.

이 인기 있는 스포츠를 귀족을 위하여 설비를 만들었고 헨리8세도 테니스를 무척 좋아했다. 그럼에도 헨리8세는 아무도 테니스장을 소유하지 못하게 금하고 1541년에는 긴 활의 훈련을 강화하기 위하여 '불법의 게임들' 속에 테니스를 포함하였다.

카드놀이는 유럽에서 13~14세기에 행하여졌으나 그 인기는 15~16세기에 최고조에 달했다. 카드는 손으로 만들고 채색한 수제품(手製品)이어서 굉장히 비쌌다, 엘리자베스 1세 여왕 때 카드 한 벌이 52장으로 압축되었고, 17~18세기에는 영국의 찻집과 사적인 클럽에서 카드놀이를 하였다.

펜싱을 살펴보면, 화기(火器) 전쟁에 투입되면서 군인들은 무겁고 투박한 갑옷 등을 버리고 레이피어(rapier:가볍고 긴 칼의 일종)를 착용하였으며, 레이피어가 남자들 사이에 싸움이 잦아졌는데 이는 펜싱학교들의 급속한 등장을 부추겼다.

무용은 유럽전역에서 그 인기가 매우 높았다. 사치스런 축제, 무도회, 발레 그리고 가면(假面) 무도회는 귀족과 그 부인들의 사회생활에서 가장 즐거운 부분이었다. 무용은 평민과 농민들 가운데서 성행하였고, 궁전에서는 궁전 품위에 맞게 수정되었다. 15세기 발레의 인기는 매우 높았고 특히 궁전의 사교생활 중 가장 우아한 측면의 하나를 드러내 주었으나 17세기 후반부에 이르기까지는 매우 미미한 모습이었다.

15~16세기 동안 특정 스포츠와 게임을 논의하는 서적을 살펴보면, 매사냥, 사냥 그리고 낚시였고, 궁술과 투계, 그리고 무용, 발레 등이었다.

16세기에 나타난 「개신교(改新敎, Protestantism)는 독일의 신학자 마르틴 루터의 종교 개혁으로 로마 가톨릭 교회에서 분리되어 새롭게 생겨난 교회들을 두루 일컫는 말.」의 주요 교단은 루터교(Lutheranism), 칼빈교(Calvinism), 성공회(Anglicanism)였다. 루터교는 북독일과 스칸디나비아에서, 칼빈교는 스위스에서 일어나 유럽전역에 퍼졌다.

초기 종교개혁자들은 체육을 강조하지 않았지만 체육의 가치는 더 크게 여겼다. 특히 루터는 어린이들은 서로를 사귀고, 음식과 음료가 건강에 중요하듯이 기쁨과 즐거움도 건강에 매우 중요하다고 인식하였으며, 퇴폐적인 잡기(雜技)에 참가하지 않게 하는 수단으로 체육이 지닌 가치를 높이 평가했다.

> "사람은 명예롭고 유용한 형태의 운동을 할 줄 알고 있어야 한다고, 선현들은 존경스럽게 안내하고 명령하였다. …따라서 나는……음악과 펜싱, 레슬링 등 기사 스포츠를 찬성하는 바이다. 그중 전자는 근심과 우울을 마음에서 몰아내주고 후자는 사지를 충분히 발달시켜 준다.…. "

루터는 개인이 노동 및 봉사에 전력을 다 할 수 있게 되려면 좋은 건강의 증진이 필요하다 주장하였다.

> "그리스도인이 자기 신체를 돌보는 것을 그의 임무로 삼는 것은 바로 이 목적을 위함이다. 즉 그리스도인은 육신의 건강과 복지에 힘입어 노동에 종사하고 재산을 획득 또는 유지하기 위하여 그래서 가지지 못한 이들에게 도움을 줄 수 있기 위해서이며, 이렇게 보다 강한 구성원은 약한 구성원을 도울 수 있어서 우리는 하나님의 자녀들이 될 수 있기 위하여 …그리스도의 법을 구현할 수 있도록 하기 위함이다."

스위스의 종교지도자 쯔빙글리(Zwingli)는 체육의 진가를 다음과 같이 인정하였다. "적절한 시간에 동료들과 같이 함께 즐기는 게임을 허용한다. 단, 그것들이 기술을 필요로 하고 신체훈련에 도움이 되는 게임들이어야 한다." 하였다.

칼빈은 사람들에게 정직한 게임들에만 참가해야 한다고 역설하였으며, 주일 예배 후 신자들이 모든 활동을 하지 못하게 금지했지만 정작 본인은 주일에 공굴리기를 하였음이 그의 후계자 녹스(John Knox)에 의하여 알려졌다.

16~17세기 때의 체육은 가톨릭 교육기관에서 크게 인정을 받았다. 게임과 스포츠와 무용의 대한 논문이 많기 때문이다. 사돌레토(Sadoleto)추기경은 놀이를 하고 싶어 하는 어린이의 억압하지 말 것을 부모에게 당부하였고, 그는 공놀이, 창던지기, 달리기, 말 타기 등 고대의 운동을 장려하였

고, 라살(Jean Baotiste de la Salle)은 초등학교들에는 건강과 체육이 고려되었다.

교사들은 하루에 두 번씩 어린이의 청결을 점검하였고 교실은 통풍이 잘 되도록 유의 하였다. 레크리에이션 시간에는 어린이들이 운동을 하여 신체를 발달시키고 굳세게 하도록 하였다.

17세기는 인간이 종교적 세속적 혼돈에 있던 시대이며 끊임없이 변화를 추구하던 시기이므로 이성과 권위, 자유와 제도적 억압사이에 투쟁이 있던 때이다. 1517년 10월 독일의 신학자 마르틴 루터(Martin Luther: 1483-1546)의 종교개혁 후 18세기까지를 계몽시대[6](啓蒙時代)라 하여 상인들의 위상이 높아졌고, 역동적인 사람들은 항해를 하여 신대륙들을 발견하고, 예술과 문학 분야의 눈부신 발전이 이룩되었다. 그러므로 17세기 말에는 세계가 지적인 호기심과 과학적인 관심으로 약동하고 있었다.

계몽시대 기조(基調)가 된 관념을 구체화한 존 로크(John Locke, 1632~1704)는 신앙의 자유와 인간의 정치적 권리에 관한 견해가 근대교육에 확고한 영향을 주었다. 그의 견해에 의하면 마음이란 태어나기 전부터 지식과 신념으로 만들어진 것이 아니고 경험에 의하여 인생이 서서히 물들어가는 백지(白紙: tabularasa)라 하였다. 그의 백지 이론은 어린이를 작은 어른으로 보는 낡은 개념을 깨뜨리고 어린이의 자연적인 성장에 바탕을 둔 교육의 길을 열었다.

18세기 계몽시대(啓蒙時代)는 교육의 많은 발전이 있었으며, 코페르니쿠스(Copernicus), 부라에(Brahe), 케플러(Kepler) 가 자연의 대한 연구에서 발견한 우주의 진리를 설명함으로서 그 영향을 받은 로크(Locke), 볼테르(Voltaire), 루소(Rousseau:1712~1778) 등의 활약이 있게 되었다. 루소에서 비롯된 교육적 자연주의는 근대문명에 많은 영향을 미쳤다.

---

6) 계몽시대 – 18세기 프랑스 계몽 시대에, '백과전서'의 집필과 간행에 참가하였던 계몽 사상가들을 통틀어 이르는 말. 가톨릭교회와 절대 왕정에 반대하는 개혁을 지향하였으며, 이성적 · 합리주의적 태도로써 근대적인 지식과 사고 방법을 전파하여 프랑스 대혁명의 사상적 배경이 되었다. 디드로, 달랑베르, 볼테르, 케네, 마르몽텔(Marmontel, J.) 등이 대표적 인물이다

루소의 유명 저서로는 「정치계약론(Discourse on Political Economy, 1755)」 「에밀 :Emile, 1762」 「폴란드통치론: (Consideration on the Government of Poland, 1773)」 등이 있다.

교육에 대한 그의 생각과 철학은 「에밀」에 담겨져 있다. 그 내용은 한 아이가 태어나 성장하고 결혼할 때까지의 교육과정을 그린 것이다.

이러한 자연주의 사조(思潮:한 시대의 일반적인 사상의 흐름)는 프랑스 혁명이후 까지는 프랑스에서는 받아들여지지 않았고, 18세기 말부터 독일의 교육자들이 이 관념에 따라 교육을 시작하였다.

바세도우(Johann Bernhard Basedow: 1723~1790)는 독일의 교사로서 루소의 영향을 크게 받았다.

바세도우의 주요 교육서인 「교수법서(Das Methodenbuch)」와 「초등교육서(Das Elementarwerk)」에는 교육적 개혁에 대한 그의 관점이 잘 나타나 있다.

근대 체육의 아버지로 추앙받는 구츠무츠(Johann Friedrich Guts Muths, 1749~1839)는 살쯔만 학교의 교사였다. 구츠무츠의 탁월성은 약 50년 동안의 교직 생활을 통하여 교육과 체육에 관하여 집필한 업적이 대단하다.

그 첫 번째가 「청년을 위한 체조(Gymnastics for the Young, 1793)」, 두 번째가 「게임들(Games, 1796」이었다. 첫 번째는 근대체육의 바탕을 형성한 것이고, 두 번째는 105개의 게임을 기술발달의 순서에 의한 자연적인 분류법을 나열한 책이다.

계몽시대에는 신체가 학문적 관심 대상이었다. 의학자들은 해부학과 생리학을 연구하기 시작하였고, 운동에 관하여 그리고 운동에 건강과 신체에 미치는 영향에 대하여 연구한 논문들이 많이 나왔다. 1705년 풀러(Francis Fuller)의 「의료체조(Medicina Gymnastica)」가 간행되어 수차례 재판되었다.

1700~1720년 사이에 호프만(Friedrich Hoffman, 1660~1742)은 「신체에 가장 좋은 약인 운동에 대하여(On motion the Best Medicine for the Body)」, 「운동과 신체 활동의 견줄 데 없는 이익 및 건강유지를 위해 이를 이용하

는 방법(the Incomparable Advantages of Motion and of Bodilu Exercise, and How They Are to Be Enployed for the Preservation of Health」 등이다

프랑스의 의사인 티소(Clement Joseph Tissot, 1750~1826)는 「체육 의학과 체육 외과의술: 운동과 다양한 신체활동을 질병의 치료에 이용하는 문제에 대한 시론(試論)(Medical and Surgical Gymnastics: An Essay on the use of Motion and of Different Exercise of the Body in the Cure of Disease)」을 발표했는데 이 책도 여러 언어로 번역 출판되었다.

자연주의는 건강과 체육을 크게 강조하였다. 루소는 "신체훈련은 소홀히 여기는 수가 많지만 사실 가장 중요한 교육부분이다. 그것은 어린아이를 건강하고 튼튼하게 만들어줄 뿐 아니라 도덕적 효과도 가져오기 때문이다.

그러나 이점은 일반적으로 전혀 등한시되거나, 틀린 말로 이루어진 여러 가지 계율을 가르침으로서 이를 추구하였다." 하였다.

자연주의적 체육 개념에는 아이들에게 충분한 기술 가르치기, 가치 있는 레크리에이션 제공하기, 각종사태에 대응할 수 있도록 신체강화하기, 그리고 동료들과 어울려 놀고 일하는 과업 가르치기가 포함되었다.

루소가 주장하기를 "우리가 생각하는 법을 배우기 위해서는 지능의 도구인 우리의 팔, 다리, 우리의 감각들 그리고 우리의 신체기관들을 활동시키지 않으면 안 된다. 그리고 이러한 도구들을 잘 이용하기 위해서는 그 도구들이 지니고 있는 신체가 건강하고 튼튼하지 않으면 안 된다, 하였다. 모두는 아니지만 많은 교육자들은 다음과 같은 루소의 주장에 깊은 감명을 받았다. "당신이 담당한 학생의 지능을 개발시키고자 하는가? 그렇다면 지능을 지배하는 힘을 개발하라, 학생들을 선량하고 현명하게 만들기 위해서는 그의 신체를 항상 운동시키고 신체를 건강하고 튼튼하게 하라. 그를 튼튼한 사람으로 만들면 그는 얼마 안가서 이성적(理性的)인 사람이 될 것이다." 이러한 논의는 체육을 필수적인 부분으로 복귀시키는데 크게 기여를 하였다.

3. 한국의 체육구분

한국의 근대 체육은 기독교 선교사들에 의하여 소개되고 자리를 잡게 되었다. 하나 당시의 정부 관리들은 스포츠에 대한 이해부족과 유교사상 등을 내세웠고 국민들에게 보급함을 꺼려하는 현상도 있었다. 그 결과 현대적 스포츠가 자리 잡기까지는 매우 오랜 시간이 소요되었고 체육 후진국으로 20세기를 맞이하였다.

우리나라의 체육적 근원을 어디에 두어야 하는지 모두가 고민하고 있는 현실이지만 부분적으로 조금씩 있는 자료들을 모아 정리하면 다음과 같다.

우리민족의 체육영역을 살펴보면, 옛 부터 전해오는 유희(遊戱)와 무예가 있어 시대마다 찬란히 꽃피웠다.

B.C.7197~B.C.3897에는 우리 최초의 나라(桓國)가 있어 기무(氣武)수련으로 강인한 무인세력을 형성하였다.

배달국(倍達國)으로 이어져(B.C.3897~B.C.2333) 치신득도(治身得道) 무병장수(無病長壽)하였는데 이는 기무수련으로 도(道)에 이르러 장수하였다(桓檀古記 三聖記全 下 17쪽)는 기록이다.

여기서 기무수련이란 '지감(止感)이니 모든 삿된 생각을 끊는 것이고, 금촉(禁觸)이니 삿된 것을 보지도 듣지도 접하지도 않는 것이며, 조식(調息)이니 숨을 고르게 쉬는 것, 이라 하였다.

단군조선(B.C.2333~B.C.238)에 이르러서 늘 지속되어오던 이 아름다운 문화가 해를 거듭하면서 폐단이 발생하였다(한단고기桓檀古記 · 규원사화揆園史話).

> "신시(神市)이후 신교(神敎)로 성스럽게 교화시킨 효과가 해를 거듭할수록 더욱 깊어갔다. 그 신성한 풍속이 천하에 널리 퍼져서 만방이 신교의 성스러운 교화를 사모하여 삼신(三神)을 추앙하고 숭배하였으며 ……그러나 말년에 이르러 폐단이 생기기시작하여 옳지 못 한데로 빠지게 되었다. 그리하여 갈수록 괴상하고 허탄한 낭설이 퍼져 연(燕), 제(薺)의 바다위에 방사(方士)에게서 까지 나오게 되었다."

이는 중국으로 전해졌던 기무수련(氣武修鍊), 즉 삼법수행(三法修行)이 기록된 삼황내문경(三皇內文經)을 황제헌원이 자부선인[7]께 받아 수련을 행할 때는 정도였으나 그 득도의 고행을 멀리하고 쉽게 얻을 수 있는 술로 빠졌다는 기록이다.

단기고사(檀紀古史)를 보면, 「기자조선(箕子朝鮮) 번한(番韓) 제38세 가색(可索)임금 3년(무신B.C.373), 봄(春)에 방사 노식이 술서(術書) 40여 종류를 바치며 아뢰기를 연단(鍊丹) · 복기(伏氣) · 태식(胎息) · 잠신(潛神) · 유술(柔術) · 기합술(氣合術) · 벽사(辟邪) 등이 다 호신술(護身術)이라 하였다. 임금께서 그것은 제왕의 할 일이 아니며 일시적으로 위급을 면하기 위한 술법(術法)이니 장군부에 보내어 참고하라」 하였다. 여기서 연단(鍊丹) · 복기(伏氣) · 태식(胎息) · 잠신(潛神) · 유술(柔術) · 기합술(氣合術) · 벽사(辟邪) 등을 살펴보자, 연단(鍊丹)이니 단전(丹田)수련법이요, 복기(伏氣)라 하였으니 氣운영법이요, 태식(胎息)이니 숨쉬기요, 잠신(潛神)이라 했으니 몸을 숨기는 방법이요, 유술(柔術)이니 유연한 무술동작 연마요, 기합술(氣合術)이니 기를 합하는 것이요, 벽사(壁邪)이니 사악을 물리치는 것이라 사료된다.

이러한 영향으로 인하여 신라 · 고구려 · 백제 삼국이 견제하고 싸우면서 그 주축이 된 무예가 기무수련(氣武修鍊) · 삼법수행(三法修行)의 도(道)가 아니고 기(技)와 술(術)의 무(武)였다. 그리고 힘(力)이 가세된 기록이 삼국사기(三國史記) · 삼국유사 (三國遺事)에 나타난다.

「삼국사기 권4 지증왕(智證王:신라22대)의 이름은 지대로(智大路)이며, 왕은 몸이 크고 담력과인(膽力過人)이다.」하였고,

「삼국유사 신라본기 권4 지중마립간조을 보면, 지철노왕(智哲老王)의 이름은 지대로이다. 왕은 생식기가 길어 일척오촌(一尺五寸)이나 되어 결혼할 상대가 없으므로 3도에 파견하여 짝을 찾게 하였다.」하였다.

---

7) 자부선인(紫府仙人) - 자부선생이라고도 한다. 복희씨와 함께 공부한 발귀리(發貴里)선인의 후손이다. 나면서부터 신령한 道를 얻어 공중을 날아오르기도 하였다. 〈三皇內文經〉을 지어 임금께 바쳤으며 해와 달의 운행을 측정하여 오행수리(五行數理)를 고찰하였으며 칠정운천도(七政運天圖)를 만들었다. 유의자의 학문도 자부선인으로부터 나왔다.

삼국유사에서는 왕의 생식기가 길어 일척오촌이나 되었다고 기록한 문장을 삼국사기에서는 담력과인이었다는 식으로 나타내고 있는 것이다.

삼국사기 권1 신라본기에 신체를 묘사한 기록 중 신장에 대한 기록들이다.

남해차차웅 신장 대(南解次次雄 身長 大)

탈해이사금 급장 신장 구척 풍신수랑(脫解尼師今 及長 身長九尺 風神秀郎)

아달라이사금 신장 칠척 풍준유기상(阿達羅尼師今 身長七尺 豊準有奇相)

실성이사금 신장 칠척오촌(實聖尼師今 身長 七尺五寸)

진평왕 신체장대(眞平王 身體長大)

진덕왕 자질풍녀 장칠척 수수과슬(眞德王 資質豊麗 長七尺 垂手過膝).

이러한 기록은 왕에게만 국한되었는데 이는 왕을 미적(美的)으로 표현한 것으로 「풍준유기상」 혹은 「수수과슬」은 중국 고대사서(史書)등에도 나오는 문구이기도 하다.

이 용어들을 분석하여 보면 극히 추상적이며 미사여구(美辭麗句)로 가득 차있음을 알 수 있다. 그 용어를 살펴본다.

「풍신수랑 미의채(風神秀郎 美儀采), 형신석아(形神奭雅), 유군자지풍(有君子之風), 자질풍려(資質豊麗), 의표영위(儀表英偉), 자표영특(姿表英特), 골표영기(骨表英奇), 유이기억(幼以岐臆), 의의영특(儀衣英特), 자표웅위(姿表雄偉), 골법사장부 (骨法似丈夫)」 여기서 주목하여 볼 것은 자질풍려와 골법사장부는 여성을 수식한 문구이다. '자질풍려'는 진덕여왕의 용모와 모습의 아름다움을 묘사한 것이고, '골법사장부'는 진성여왕을 차기 왕으로 추대하려는 정강왕(正康王)의 말(言)로 난세에 꼭 필요한 사람으로 여장부를 뜻한다.

용모의 관한 묘사로는 탈해이사금의 「상모준이(相貌俊異), 거칠부조(居柒夫條,), 상여연령경응시(相如燕領頸膺視)」등의 표현이 있는데, 준이(俊異)란 말은 일반사람보다 뛰어나다는 의미이며, 거칠부(居柒夫)는 제비의 턱과 매의 눈초리는 장군의 상(像)으로 알려졌다.

"한자 문화권에서의 신체묘사는 이처럼 용모의 묘사에 있어서도 알 수 있듯이 그리스·로마 고전시대의 표현된 미(美)와는 다른 점이 많다. 그리스인이 묘사한 신들은 인간의 아름다운 얼굴을 가지고 있음에 반하여 한자문화권에서는 상상 이상의 표현이 성립되어 「불범(不凡)」 「비범(非凡)」이란 묘사가 많음이 특징이다."

삼국유사를 살펴보면, 화랑들의 도의적 성정과 충효에 다른 공적활동이 나타나 있다. 「상마이도의(祥磨以道義) 상설이가악(相說以歌樂) 유오산수(游娛山水) 무원불실(無遠不室)」이라 하여, 서로 도의를 닦고 서로 노래와 음악을 즐기며 아무리 멀어도 아니 가는 곳이 없다, 하였음을 볼 때에 신체능력의 우수성과 신체기술에 탁월성만을 추구한 것은 아니었다.

유희(遊戲)와 무예(武藝)의 관한 기록이 문헌에 등장하는 시기가 고려 제28대 충혜왕(1315~1344)때이다. 고려사절요(高麗史節要) 前 권35, 「충혜왕 3년5월조에는 행상춘정관수박희(幸賞春亭觀手搏戲)라 하여 왕이 상춘정의 나가 수박희를 구경하였다」는 기록이다.

동사강목(東史綱目)에는 「충혜왕 3년2월조에는 "왕이 날로 황음(荒淫)을 일삼아 출입의 절제가 없고, 호종하는 불량배들이 매에게 먹인다는 핑계로 닭과 개를 다투어 빼앗기도 하였으며, 총관 이수산(李壽山)과 마보(馬步)를 겨루기도 ··"」라는 기록을 보아, 충혜왕이 직접 수박희를 하였음을 밝히고 있다.

고려 때의 유희(遊戲)와 무예(武藝)를 보면 유교정치체계의 등장으로 문무양반(文武兩班)이 각축하는 가운데 강예제(講藝濟)가 설치되어 무예가 학문으로 체계적인 교육이 이루어졌고, 수박·각저(脚抵) 등이 문무상반의 상예로 또는 군사들의 무재(武才)로서 발달하였다.

조선시대 때에 무예(武藝)와 유희(遊戲)가 급격히 몰락한 것은 왕권강화의 정책에 의하여 사병(私兵)이 혁파되고 관계의 개혁이 단행된 것을 들 수 있다.

조선시대의 과거시험의 기관이라고 할 수 있는 사숙(私塾)과 성균관을 비롯한 학당, 향교가 있었으나 그 어느 교육기관에서도 무예를 가르치지 않았음을 사서(史書)를 통하여 알 수 있다.

무관을 뽑는 무과(武科)는 시험과목으로 궁술 · 창술 · 격구 · 수박 등의 무예와 경서 · 병서가 부과되었다.

유자광(연산군4년 무오사화의 주인공)은 건춘문의 갑사였으나 무예가 출중한 사람이었다. 세조실록에는 「수십 사람의 머리 위를 단숨에 뛰어넘고 굵은 기둥을 오르고 내리는 것이 원숭이와 같이 날렵했다.」고 적고 있다.

세조실록(世祖實錄)에는 「향리나 관노들이 수박을 잘하는 자를 군사로 뽑는다는 말을 듣고 서로 다투어 수박을 하였다.」는 기록에서 알 수 있듯이 조선 초기에 등장하는 무예는 고려 때와 마찬가지로 수박(手搏), 각저(角抵), 각술(脚術) 등이 무인들과 일반인 사이에 크게 성행하던 시기였다.

언제부터인지 명확하지는 않지만 육례(六禮) 교육방법이 있었으니 예(禮), 락(樂), 사(射), 어(御), 서(書), 수(數)이다. 여기서 먼저 접하는 예(禮)와 락(樂)은 품성과 정서를 위한 교육이었고, 사(射)와 어(御)는 무예연마였고, 서(書)와 수(數)는 일상생활에 필요한 교육이었다.

1919년 자산 안확(安廓:1886~1936)의 조선무사영웅전(朝鮮武士英雄傳)에는 「근래에는 청년들이 씨름보다 소이한 박희를 행함이 있던 바 소위 택견이라는 것이 그 종류이다.」하였고, 1921년 최영년(崔英年)의 해동죽지(海東竹枝) 송학 유희편의 비각술(飛脚術)이란 글이 있다. 「백기신통비각술(百技神通飛脚術), 백가지 신통한 비각술이라 하여 주석을 따랐는데 "옛 풍습에 각술이라는 것이 있어서 이는 서로차고 거꾸러뜨린다. 이에는 세 가지 방법이 있는데 최하(最下)는 다리를 차고, 잘하는 자는 어깨를 차고, 비각술이 있는 자는 상투를 떨어뜨린다.」하였다.

권박(拳搏)이라고도 하고, 각저(角抵) 또는 상박(相搏)이라고 하여 서로 뒤섞인 명칭으로 기록되고 있으나 각저는 오늘날 씨름과 같다.

후일에는 기술의 진보로 인하여 유술(柔術)이 되었다. 이 유술의 관한 자료를 보면, 인체 근육의 혈맥(血脈)을 박동하여 죽이기도 하고, 어지럽게도 하고, 벙어리가 되게도 하는 삼법(三法)이 되었다, 하였다.

이 유술의 근본은 수박이니 우리의 기예였고, 지나(지금의 중국)의 전해져 턱견이 되고 왜(倭)의 전해져 유술이 되었음을 말한다.

고대로부터 이어져 즐겼던 유희(스포츠)를 간추려보면 다음과 같다.

축국(蹴鞠) - 삼국사기 제6권 문무왕조에 다음과 같은 글이 실려 있다.

> "유신이 춘추공과 축국을 하였는데 유신이 춘추의 옷자락을 밟아 떨어뜨렸다. 유신이 말하기를 '우리 집이 가까우니 가서 옷자락을 달자' 하고 함께 집에 가서 주연을 베풀고 조용히 보희를 불러 바늘과 실을 가지고 와서 꿰매라, 했다.
> 보희가 무슨 일이 있어 나오지 못하고 그 아우가 나와서 달세, 그녀의 수수한 단장과 날씬한 몸에 어여쁜 얼굴빛은 사람을 비추었다. 춘추가 보고 기뻐하여 이에 혼인을 청하여 성례를 하였던바 곧 태기가 있어 사내아이를 낳으니 이가 문무왕이다."

이 축국은 한 사람 또는 2~10인이 손을 제외한 온몸을 이용하여 공을 땅에 떨어뜨리지 않고 오래 차는 것을 겨루는 것이다. 한사람이 하는 것을 '일인장(一人場), 두 사람은 이인 장, 열사람은 십인 장이라 한다.

격구(擊毬) - 고려사 제13권, 예종5년 경신조에 다음과 같이 나타나 있다.

> "임금이 중광전 남루에 행차하여 신기군사의 격구를 보고 차등 있게 상을 내렸다."

연대는 A.D.1110년으로 당시 한자 문화권의 여러 나라에서 성행하였으며, 조선조 세종7년 4월에 올린 글을 보면,

> "삼가 옛 제도를 생각하오니 한나라의 축국, 당나라의 격구는 모두 황제의 축국이란 오랜 제도이온데 놀이를 빙자한 무술연습입니다. 전조에서 성행한 격구놀이는 사실 여기에서 유래한 것입니다. 격구를 잘하는 자는 기사(騎射)에 능하며 창과 검 까지도 잘 씁니다. 지금부터는 무과의 시험과목으로 할까 합니다."

당대의 격구는 위에 글과 같이 군대의 중요한 체육종목으로 이용되었다.

궁시(弓矢) - 삼국사기 제14권, 고구려 모본왕 4년 조에 다음과 같이 나타나 있다.

> "왕이 날이 갈수록 포악해져 항상 사람을 깔고 앉고 누울 때에는 사람을 베고 누웠다. 밑에 사람이 혹 움직거리면 사정없이 죽였다, 간하는 신하가 있으면 만궁으로 그를 쏘았다."

신라의 화랑관창이 나이 16세에 기마와 만궁에 능하여 왕의 무장으로 출전하였다는 글이 삼국사기 관창전에 실려 있고, 삼국유사에는 선사자(善射者)와 용(龍)이 결합된 설화도 보이고, 삼국사기, 세종실록지리지, 동국여지승람 등에서도 여러 곳 기록되어 있다. 용은 최고 통치자를 상징함이 고려 태조 왕건의 개국설화에 용과 선사자가 등장하고, 조선의 태조 이성계도 마찬가지이다. 용비어천가(龍飛御天歌)의 글은 다음과 같다.

> "태조는 큰 초명적(哨鳴鏑)쏘기를 좋아하셨다. 화살대는 대나무를 쓰지 않고 호로 하였고 깃은 학의 깃털을 꽂아 넓고 길었다. 고라니 뿔로 초(哨)를 만들어 크기가 먹는 배만하고 촉이 무겁고 길었다,………."

이 활쏘기의 참뜻은 선사자를 가른다기보다는 궁시를 통한 인륜의 도(道)를 밝히는 것을 목적으로 한 것과 상통한다.

석전(石戰) - 돌을 던지며 싸우는 것으로, 고려사(高麗史)에서는 석전희(石戰戲)로 불리워지기도 하였고, 조선실록(朝鮮實錄)에서는 척석희(擲石戲)라고도 하였다. 석전은 고대부터 돌팔매질 형태로 사냥하던 풍습이 있어 자연히 세습되었다.

삼국사기 고구려 제2대 유리왕 편에도 기록이 있고, 고려사에도 기록이 있는데 석전이 얼마나 성행하였던지 충목왕 원년(1354) 5월 초에 '단오 척석희(擲石戲)를 금지한다.' 하였고, 조선조에서도 조선실록(朝鮮實錄) 태종 원년 5월 계사(癸巳)조 기록은 다음과 같다.

> "나라 풍속 5월 5일에 넓은 길에 모여 돌을 서로 던져 싸워 승부를 겨루는데

이를 석전이라 한다."

세종 11년 6월 무인(戊寅)조에는

"단오일의 척석희는 있었는데 나라에서 이를 금지하여도 능히 멈추게 할 수가 없었다."

기록을 보아 알 수 있듯이 석전은 사냥에 유용한 것이며 더 나아가서는 싸움의 기술이며 무기로 이용되었다. 임진왜란(1592.4)때 권율장군의 행주대첩 기록을 보면 행주치마로 돌을 날라 왜군을 물리치는 성과를 보아 알 수 있다.

각저(角抵) - 씨름으로 고대시대부터 한자문화권에 존재하였다. 각(角)은 서로의 힘을 비교한다는 뜻이고, 저(抵)는 서로 부딪힌다는 뜻이다.

지금의 씨름과 같은 형태는 아닐 것이 분명한 것은 각저의 그림이 무인(武人)의 무덤에 그려져 있기 때문인데, 무덤의 그림은 피장자가 생전에 애호하거나 즐겼던 것을 그린 것으로 전해지기 때문이다.

그렇다면 각저는 무술의 일기(一技)일수도 있다.

이 그림이 묘사되어 있는 무용총의 그림을 가지고 태권도에서는 태권도 수련모습이라 하며, 택견에서는 택견 대련으로 보고 있다.

이 장면은 무예도보통지(武藝圖譜通志) 24반 무예 권법(拳法) 대련보(對錬譜)동작에서 서로 마주보고 취한 과호세(跨虎勢)모습과 매우 흡사하므로 무예동작의 일기(一技)이거나 약속대련의 모습으로 보아야 할 것이다.

조선은 제27대 순종(1909)때 '한일합병 실행의 관한 방침'이 통과되므로, 1910년부터 36년간 일본의 침략과 지배를 받다가 1945년 일제치하에서 해방이 되었다. 이 지배시기에 우리는 전래되던 스포츠(격구 · 연날리기 · 팽이돌리기 · 제기차기 · 자치기 등)와 무예와 체육영역 모두가 소멸되는 안타까운 시기였다.

1945년 해방을 맞이하며 서양의 스포츠가 물밀듯이 밀려와 새로운 스포츠시대를 맞이하므로 학교체육이나 일반 사회체육도 민주화의 체육으로 전개되었다. 8월17일 우리나라의 체육인을 총망라한 조선체육동지회가 씩씩한 정신과 몸을 길러 신생 민주국가에 이바지하자는 모토아래 발족하였고, 일제 탄압으로 해체되었던 모든 체육단체가 부활하기 시작했다.

조선 체육회는 미군(美軍)과 9월30일 첫 행사로 친선 농구경기를 거행하였고, 10월24일부터 4일간 해방경축 종합경기대회를 개최하기 시작하여 체육계는 활기가 넘쳤다. 그러나 정당 · 사회단체가 속출함에 따라 좌우파가 대립하고 극심한 사회성 혼란이 시작되자 1946년 4월15일 다음과 같은 성명을 발표하였다.

> "조선 체육회는 삼천만 민중의 체육을 대표하는 기관인 동시에 우리들의 공기이다. 그러므로 이는 개인의 체육회가 아니요 한 단체에 종속된 체육회도 아닌 것이다. 만약, 체육회의 회원이나 간부로서 정치적 색체를 가진 사람이 있다면 이는 개인적인 문제이고, 체육회로서는 하등 관계할 바 아닌 동시에 회(會) 자체가 색체를 갖게 되는 것은 절대 아닌 것이다. 그러므로 조선체육회는 불편부당임을 이에 성명함."

이와 동시에 6월6일 제14회(영국런던: 1948.7.29~8.14)올림픽을 위하여 위원회를 결성하고 6월20일 올림픽위원회의 승인을 받고 정식으로 초청받아 복싱과 역도에서 동메달 2개를 따는 결과를 가져왔다.

발전을 거듭하던 시기에 뜻하지 않던 6 · 25동란이 일어났고, 1950년 6월25일부터 1953년 2월까지 근 3년간 체육계는 휴면 상태가 되었지만 3월8일 서울운동장에서 서울 체육회 주최의 3 · 1절 경축체육대회가 개최되고 본 궤도를 찾기 시작했다. 특히 1952년 제15회(핀란드헬싱키: 1952.7.19~8.3)에는 전쟁 속에서도 선수단(인원20명, 선수21명)을 파견하여 동메달 2개(복싱1, 역도1)를 획득하였다.

이러한 체육이 자리를 잡아가는 때에 삶의 현장은 노력에 비하여 소득이 매우 작아 궁핍에서 벗어나지 못하였고, 60년대 초에는 GNP가 90달러도 되지 못했다. 하루 종일 노동에 시달려 깡말랐고 배불리 먹지 못하는 현실이므로 체육이라는 개념이 현실적이지 못했고 일반인 체육참여는 극소수였다.

우리가 걸어온 시대별 스포츠의 현주소를 살펴보면 다음과 같다,

1970年代 : 프로레슬링과 복싱을 T.V를 통하여 구경하며 환호하던 시기

1980年代 : 고교야구와 실업축구를 운동장에서 관람하던 시기

1990年代 : 사회체육이 각처에서 발아되고, 구기 종목 인기가 상승하던 시기

2000年代 : 익사이팅한 스포츠가 성행하고, 개인플레이 종목의 활성화 시기

이상과 같이 시대적 변천이 매우 많았음을 볼 수 있다.

연구문제

1. 체육사상을 제1기, 제2기, 제3기로 나누어 구체적으로 설명하시오.
2. 슈메르 문명에서 지규랏을 설명하시오.
3. 이집트 및 메소포타미아의 체육의 종목을 나열하고 그 운동의 장점을 자세하게 논하시오.
4. 유대인의 체육과 이집트 및 메소포타미아의 체육의 연관성을 설명하시오.
5. 그리스와 로마체육의 공통점을 자세히 기술하시오.
6. 동양에서 중국과 인도와 한국체육의 공통점을 나열하고 서양체육과 비교 분석하시오.
7. 중세를 체육의 암흑기라 하는 이유를 자세히 서술하시오.
8. 기사도는 무엇이며, 기사도 교육의 핵심이 무엇이었는지 체계적으로 서술하시오.
9. 유럽 각 나라 체육계에서 이름을 빛낸 인물과 체육의 특이점들을 비교 설명하시오.
10. 우리나라의 체육흐름과 시대적 특징을 서술하시오.
11. 우리나라의 1970년대 이후의 체육 변천사를 열거하고 자세히 설명하시오.

제2장 사회체육론

1. 사회체육의 개념
2. 사회체육의 정의
3. 사회체육의 이해
4. 사회체육의 필요성
5. 사회체육 관련 용어

제2장 사회체육론

1. 사회체육의 개념

사회체육은 이 시대가 갈망하는 건강의 바로미터이며, 인간회복사회운동이다.

즉, 사회체육은 신체운동이 사람의 몸과 마음에 미치는 여러 가지 효과를 규명하는 인간과학이기 때문이며, 마음의 갈등과 사회적 문제를 회복하게 하는 것과 증가하는 여가를 보다 알차고 즐거워지도록 유도하며, 건강증진을 도우므로 각종 질병을 예방하는 목적이 있기 때문이다.

이러한 사회체육이 범국민적 운동으로 확산되기 위해서는 사회체육의 장(場)이 잘 펼쳐지고 자발적 참여가 이루어지도록 해야 한다. 건강의 수단인 신체활동이 생활에 있어서 얼마나 중요하고 가치 있는 것인지에 대하여 구체적이고 현실적인 이해와 사회체육의 본질과 그 역할을 인식시킴이 절실히 요구된다.

우리사회는 체육활동에 아직도 그릇된 편견을 가지고 있다. 유교문화가 아직도 존재하고 양반의식이 있어, 나이가 많을수록 몸을 움직이는 신체적 퍼포먼스(Perfomance) 보급률이 매우 낮고 참여도 역시 저조한 실정이다.

정책적으로도 문제가 있다. 1990년대까지 우리나라 체육은 학교체육 및 우수선수 육성에 중점을 둔 엘리트체육 위주여서 일반 국민에게는 체육이 매우 생소하였지만 충분한 홍보와 지원이 이루어지지 못했다.

그러므로 사회체육의 활성화를 위해서는 다음과 같은 목표에 역점을 두고 홍보하여야 할 것이다.

첫째 : 국민 모두에게 사회체육의 중요성을 인식하게 하고

둘째 : 다양한 프로그램을 개발 보급하고

셋째 : 분야별 운동의 효과를 알 수 있도록 전문지식을 교육하고

넷째 : 정치와 상관없이 늘 관심을 갖고 적극 지원해야 할 것이다.

체육은 많은 사람들에 의해 여러 가지 목적으로 사용되고 신체적 균형을 위해 교육 · 예술 · 정치 · 종교 · 미학 · 레크리에이션의 수단으로 또는 군사적 목적으로 사용되어 왔다. 그러기에 어떤 사회에서는 매우 중요한 수단으로 환대를 받고, 어떤 사회에서는 천대를 받았는데 가장 큰 이유는 체육을 정치적으로 이용하였기 때문이다.

2. 사회체육의 정의

사회체육의 용어를 보면, 영문으로는 'Sports For All'이라 하며, 동양권에서는 사회체육 · 생활체육 · 평생체육 · 국민체육 등으로 사용하고 있어 그 의미가 조금씩 다름을 알 수 있다.

사회체육의 발원지인 유럽에서의 사회체육 목표를 보면, 그 나라 특성과 국민적 정서에 맞추어 'Sports For All Movement'라 하여 국민생활 질적 향상에 목표를 두고 있으며, 모두가 자발적인 참여를 하고 있는 사회운동이다.

그러나 우리 현실의 사회체육은 엘리트체육에 비교할 때 그 비중이 작고 더 나아가서는 자발적 참여가 이루어지지 않아 그 역할을 충분히 담당하지 못하므로 사회체육 불모지로 인식되고 있는 실정이다.

1975년 채택된 'Sports For All' 운동은 아동에서부터 노인에 이르기까지 모든 사람이 성별, 인종, 종교와 상관없이 체력향상과 건강증진을 위하여 실시하는 운동이므로, 모든 여가활동 및 신체활동의 총체를 스포츠로 정하고 이를 보급, 발전시키고자하는 목표를 가지고 있다.

여기에서 'Sport'는 단순한 규칙에 의하여 진행되는 경기적 스포츠만이 아닌 신체적 · 정신적 · 사회적 건강에 기여하는 신체퍼포먼스 일체를 말한다.

그러므로 사회체육이란 사회구성원이 일과 휴식과 윤리에서 여가시간(휴식)을 보람되게 활용함으로 창출하는 사회적 노력의 총체를 뜻하는 것이다.

3. 사회체육의 이해

삶의 목적이란 개인의 성취감과 마음의 평안과 행복감 이상일 것이며, 신체적으로는 증대하는 여가를 보람되게 하고 더 나아가서는 창조적인 활동으로 삶의 질을 높이고 삶에 대한 고민에서 벗어나 보람된 삶을 영위하는 것이다.

이러한 삶의 목적까지 이끌어주는 여러 영역이 있겠지만 분명한 것은 정신적·신체적 모두를 충족시켜주면서 본인 스스로 참여하여 즐겁고 행복해질 수 있는 영역으로는 사회체육분야일 것이다.

사람은 운동을 시작하므로 정신적 안정이 이루어지고, 신체적으로는 성숙·강인하여지고, 사회적으로는 스포츠동호인을 수평적으로 만나 순수하게 교제하고 협력하게 되므로 사회성원으로 그 역할을 잘 감당할 수 있기 때문이다.

인간은 누구나 행복하고 보람되게 살려고 한다. 여기서 행복하고 보람된 삶이란 단지 물질적인 풍요로움에 의한 것만이 아니라, 건강하고 즐거운 삶을 말한다. 행복해지기 위해서는 일과 휴식과 윤리가 본질적으로 균형을 이루며, 삶 자체에서 공유하고 생활 속에서 실현될 때 가능하여지기 때문이다.

재론하면, 신체적 균형유지, 건강유지, 정신적 만족, 정서적 안정, 성취감, 만족감을 이루게 될 때 우리는 그것을 행복 또는 즐거운 삶이라 한다.

그러나 현대인들은 체육활동에 어떠한 의미를 부여하지 않고, 단순한 신체활동정도로 인식하여 형식적이거나 대수롭지 않게 여기고 있어 그 결과 운동부족으로 인한 체력저하, 더 나아가서는 성인병을 부르는 고혈압·고지혈증·당뇨·비만의 현상을 겪고 있다.

이 같은 현상의 주범은 기계문명인데 기계 산업이 우리에게 풍요로움을 준 것은 사실이나 반면 활동의 양은 줄어들고 경제적 풍요로 늘어난 여가 시간을 비생산적인 활동으로 소모하여 생활윤리는 추락하였고, 그 결과 사회적 병리현상을 부추겼다. 이 같은 추세는 선진국들도 모두 겪은 내용이지만 지금 우리의 현실은 선진국의 그것과는 매우 다르다.

선진국에서는 이러한 현상에서 벗어나기 위하여 '체력은 국력'이라는 슬로건 아래 오래전부터 사회체육(Sports For All Movement)을 정책적으로 추진하여 빠른 시일 안에 사회병리와 질병과 수명연장에 크게 기여했으나 우리는 정책적 뒷받침도 모자라고 풍습의 문화도 문제가 있는 현실이다.

우리의 풍습문화는 서구 사회와 다르게 아직도 유교(儒敎)문화가 존재하고, 남존여비(男尊女卑)와 양반의식(속담에 양반이 물에 빠져도 개헤엄은 안치고, 자기 집에 불이 나도 경박하게 뛰지 않는다. 하였다) 등으로 사회체육 보급률이 매우 늦고 참여도 역시 저조한 실정이다.

모든 인간은 태어나면서부터 인간의 가치, 존엄성, 행복의 추구권과 권리를 부여받았다. 행복의 우선이 건강이라면 사회체육은 인간 모두에게 건강할 권리 회복운동인 것이다.

즉, 사회체육은 건강한 사람, 병약한 사람, 운동에 소질이 없는 사람, 부유한 사람, 가난한 사람, 남녀노소 구분 없이 원하는 모든 사람들에게 개방된 체육의 민주화 운동이다. 정신적 빈곤이라는 현실은 물질에 풍족함은 있으나 서로의 상호작용이 제대로 이루어지지 않아 무리 속에는 있지만 홀로 있는 것 같은 현상을 말한다. 이 같은 현상은 사회체육을 행하면 치유될 수 있음을 말한다.

급격한 과학문명 안에서 신체를 이대로 방치하며 안락한 생활에 빠져 산다면 30~40년 후에는 제대로 서서 걷기가 불가능해 질수 있다고 경고하는 학자도 있다. 매우 의미 있는 일침이라 생각된다. 인간의 심성이 나약하여서 앉으면 눕고 싶고, 누우면 자고 싶어 한다는 옛말이 있다. 과거에는 몇 리(5리: 2km)는 걷고 달리며 생활을 하였는데 이제는 근거리도 자동차를 이용하고 있지 않은가?

이러한 기술의 고도화로 인하여 현 사회는 긍정적인 면과 부정적인 양면성을 가지게 되었다. 부정적 측면이 강하여, 아름다운 상호작용이 깨어졌지만 사회체육으로 복원이 가능하다.

더욱은 정보의 증가와 대중매체의 영향이 매우 크다. 대중매체로 인하여 부정적 행동이 조직화되고 점점 자아의식은 없어지고, 인터넷 발달로 세계 어느 곳에 무슨 일이 있고 어떠한 신체운동이 성행하는지 한눈에 볼 수 있다. 여기에서 문제가 발생한다. 인터넷을 통하여 얻어지는 체육의 각종지식이 검증 없이 마구잡이로 행하여지고 부작용을 초래하고 있기 때문이다. 또 어린아이들은 텔레비전과 컴퓨터로 인하여 머리는 좋아지고 체격은 커졌으나 체력은 뒤떨어지는 현상을 가져오기도 하였다.

1970년대 말(末)부터 서구의 체육활동이 미국과 일본을 거쳐 우리에게 전해지므로 우리나라도 체육활동에 대한 인식이 높아졌고, 이제는 우리를 위한 Sports For All Movement 을 정립하여 정책을 세우고 시설을 늘리며, 지도자를 양성하며, 훌륭한 프로그램개발이 많이 보급되고 있다.

그러나 아직도 무너지지 않는 영역이 있는데 직장에서의 체육활동이다. 직장체육도 과거에 비하면 많은 변화가 있지만 아직도 초보단계를 벗어나지 못하고 있나. 사실 업무에 능률을 높이기 위해서는 업무적 스트레스를 없애야 하는데, 가장 바람직한 것은 운동으로 땀을 흘리고 기분전환을 하는 것이다.

속담에 '아침생활이 즐겁지 않은 사람과는 사업도 같이 하지 말라'는 옛말이 있다. 이는 건강한 몸이라야 생활의 즐거움을 찾을 수 있기 때문이다.

운동은 보물창고에서 내가 원하는 보물을 무상으로 얻게 한다. 운동에 매료되어 들어가면 갈수록 절경이요, 선경(仙境)이며, 내가 원하는 건강의 원천지기, 호원지기 등을 얻을 수 있고, 균형 잡힌 몸매도 선사받고, 삶의 대한 욕구도 충족시켜주며, 자기향상에도 큰 발전으로 이끌어 주는 영역이다.

사회체육은 동호인이 필요하다, 가족, 직장동료, 또는 참여한 프로그램에서 만난 동호인 등이다.

가족이라면, 온 가족이 함께 참여할 수 있는 종목을 선택하고 프로그램을 작성하여 실시하여야 한다. 그러나 우리의 현실은 가족이 한자리에 모이기가 어렵다. 중학생만 되면 진학이라는 멍에를 메고 고행의 길을 가므로 부모들은 늘 불안하며 고달프고, 대학에 진학을 하고 나면 그때는 성인(成人)이 되어 자기의 일에 몰두하기 때문이다. 그렇지만 시간을 쪼개고 할애하여 체육활동을 해야 한다.

우리도 서구와 같이 가족단위의 운동 프로그램이 다양하게 개발되어 30~50분 정도는 재미있고 신체에 유익한 시간을 가질 수 있어야 한다.

시설확충에도 전력을 쏟아야 한다. 유럽과 미국의 사회체육정책을 본받아 일시적 성과를 위한 정책이 아닌 지속적 투자의 계획이어야 할 것이다. 1986년 아시안게임, 1988년 서울올림픽의 성공적인 개최로 성숙한 체육선진국이라는 자부심으로 1990년 3월 국민체육진흥계획인 호돌이 계획을 세워 시설확충을 위한 1차 시설설립이 있었다. 그 결과 만족할 만한 수준은 아니지만 市·郡·區에 체육·문화시설이 세워졌고, 지역사회 체육이 활성화되었다.

당시의 호돌이 계획은 사회체육을 통하여 모든 국민이 즐겁고 건강하게 생활할 수 있는 국민복지 실현을 위한 종합계획은 다음과 같다.

첫째 : 국민 누구나 쉽게 체육활동에 참여할 수 있도록 가까운 동네에 체육시설을 확충하고 처음으로 체육활동에 참여하고자 하는 사람을 지도해 주는 사회체육지도자를 양성한다.

둘째 : 어린이에서부터 청소년, 성인, 노인, 직장인, 주부 등이 각기 자기 취향에 맞는 체육 종목을 선택할 수 있도록 프로그램을 개발하여 지원 보급한다.

셋째 : 체육활동은 혼자 하는 것보다 여러 사람이 어울려서 활동할 때 그 효과가 증대하므로 활동 종목별, 동호인 조직 결성을 유도하고 지원한다.

이 같이 참신하고 알찬 체육진흥 계획이 모두 다 이루어지지는 않았지만 많은 결실을 가져왔다. 요소요소에 체육시설이 세워져 많은 국민이 체육문화 활동에 참여하고 있으며, 다양한 체육프로그램이 만들어져 보급되었고, 사회체육 동호회가 결성되어 사회가 밝은 모습으로 변화되고 있다.

그러나 아쉬운 점은 사회체육지도자 양성과정이 원대한 계획 아래 시작은 되었으나 중도에 그 계획이 무산되어 사회체육지도자 영역은 자취를 감추고 말았다. 그 결과 다수의 체육문화센터에는 종목의 전문가는 있으나 양질의 사회체육지도자는 부재현상이다.

체육정책은 국민의 안녕을 위한 것이다. 그러기에 베이컨은 '비가 새는 집에 사람이 기거할 수 없듯이 병약한 신체에서는 건전한 정신을 기대하기 어렵다.' 하였다. 개인이나 집단이나 지역사회에 있어서 인간의 가장 큰 욕망이 건강이라면 베이컨의 그 평범한 말을 우리는 되새겨 보아야 할 것이다. 인간의 존엄성과 가치를 보장 받기 위한 요건이 건강이기에 그 건강이 없는 삶속에서는 꿈과 이상을 실현할 수 없기 때문이다.

많은 사람들이 고달픈 현실 속에서 앞만 보고 달리다가 어느 날 그 자리에 서서 허리를 펴고 자신을 바라보니 자기의 몸이 '비가 새는 집'이 되어 있다면 그 사회는 우리가 갈망하는 복지사회는 아닌 것이다. 복지사회라 하면 빈곤의 해결이나 노인문제, 의료문제 등 몇 가지 문제가 해결된 사회가 아니라 모든 사람의 안녕이 보장되는 것을 말한다. 가난한 사람에게 물질을 보조하고, 약한 노인을 돌보고, 아픈 사람을 치료해주는 사회는 이미 병든 사회이며, 그 제도는 사후(死後) 약방문과 같은 것이기 때문이다.

그러기에 복지국가에서는 국민의 건강을 위하여 최대의 투자를 아끼지 않는다. 우리가 말하기를 '잘되는 집에는 아픈 사람이 없고, 흥하는 회사는 재해가 없다.' 하였듯이 나라의 안녕은 온 국민이 건강하고 행복한 것이다.

이제는 사후(死後) 약방문을 쓰지 말고, 병전(病前) 약방문인 사회체육을 활성화하여야 할 것인데, 그러기 위해서는 다음의 몇 가지를 고려하고 실천해야 할 것이다.

첫째 : 시설확충과 양질의 사회체육지도자 양성이다.

(읍·면·동 또는 큰 동네마다 체육센터를 세워 사계절 언제든지 양질의 체육지도자 지도 아래 운동을 할 수 있도록 하여야 하며, 등산로 또는 동네어귀에 운동기구를 설치하여 청소년들에게 제공하여야 한다.)

둘째 : 프로그램 개발이다.

(우리의 자존과 장점을 살리고 남녀노소 모두가 참여하여 즐길 수 있는 프로그램 개발이다. 유럽은 체조요, 중국은 태극권이요, 일본은 수영이오. 인도는 요가라면 우리도 우리 특징의 대표적인 프로그램이 개발되어야 한다.)

셋째 : 변함없는 정책과 분야별 지원이다.

(단발성 정책은 멀리하고 백년대계(百年大計)로 세워야 하는 정책이 필요하며, 분야 요소요소의 꾸준한 지원이 있어 그 효과가 극대화 시켜야 한다.)

넷째 : 장애인을 위한 관심과 시설 투자가 있어야 한다.

(장애인은 신체여건과 체력이 약하므로 치료도 할 수 있고 신체개선도 이룰 수 있는 프로그램개발과 장애인 전용시설이 곳곳에 있어야 한다.)

4. 사회체육의 필요성

급격한 사회구조 변화로 친화적인 생활환경이 물질만능주의로 변화되어, 현 사회에는 많은 문제점이 제기되면서 사회체육의 필요성이 더욱 높아지고 있다.

생활환경을 보면, 기계문명으로 인하여 삶의 질이 풍요로워진 반면 육체적 움직임이 적어졌고 정서적인 면에서는 개인적 플레이가 형성되었다. 이러한 생활이 자유가 있고 아주 행복한 삶 같아 갈채를 보냈지만 끝내는 맘몬주의(Mammon: 물질적 부요와 탐욕을 뜻함)를 불러오게 되어 풍요 속에 빈곤과 같이 무료하고 무엇인가 부족하고 고독함을 느끼게 하였다. 이러한 현실을 탈피하기 위하여 개·개인 입장에서는 재미있고 건강한 삶을 추구하게 하고, 집단은 집단대로 협동심과 집단의 가치를 부각시키는 사회체육영역을 활성화시키기에 이르렀다.

제1장에서 살펴본바와 같이 역사 속으로 거슬러 올라가면 처음에는 단순한 몸놀림이 점차적으로 온 몸을 이용하는 퍼포먼스로 발전되었고 다양한 놀이 문화가 형성되었으며, 더 나아가서는 각종 운동 프로그램이 분야별로 이루어졌음을 알 수 있다.

생활 속에서 이루어지던 단순한 동작들이 그 형틀을 만들고 유지하매 맵시있게 동작을 가다듬어 무용으로 발전되고, 손에 들고 있던 그 무엇이 동작의 역동성을 불러와 각종 무기기법(武器技法)을 낳았고, 단순하지만 새로운 틀을 만들어 서로가 경주하게 되므로 고대 그리스에서는 B.C.776~A.D.393까지 올림피아경기가 이루어졌고 체육의 놀라운 발전을 가져왔다. 그 후 종교적 영향으로 중단되었다가 A.D.1896년 근대올림픽경기가 부활되면서 엘리트 체육으로 발전의 발전을 거듭하였다. 이 근대 올림픽경기가 체육을 주도하면서 체육은 선택된 사람들의 전유물같이 인식되었으나, 유럽에서 산업혁명 후 국민건강을 위하여 Sports For All Movement 운동이 전개되고 그 효과를 거두면서 20세기 초 여러 나라로 전파되었다.

이 운동은 시간이 경과되면서 비약적인 발전을 하게 되고 이 개념이 사회 속에 깊숙이 자리 잡은 나라들은 그 효과를 톡톡히 보기에 이르렀다.

'체육'의 사전적 정의를 보면

첫째 : 건강한 몸과 온전한 운동능력을 기르는 일, 또는 그것을 목적으로 하는 교육

둘째 : 학교교육에서 운동경기의 이론이나 실기를 가르치고 체력향상을 꾀하는 것, 덕육, 자육이라고 정의하고 있다.

영문표기로는 Physical Education이라고 하며, 이에 대한 학자들의 체육목적관을 살펴보면 다음과 같다.

J.E Nixon은 '체육은 근육조직을 통하여 왕성한 활동을 일으켜 주는 교육적인 면에서 이루어지는 학습과정'이라 정의하였고

J.E Williams는 '체육은 개인의 건강을 관리하고 건강에 대한 지도를 하며

건강한 습관과 태도를 형성하려는 일련의 교육 곧 체육이란 신체활동을 통한 교육의 수단'이라 하였다.

Cozens는 '체육은 활발한 근육활동과 그에 따른 반응 그리고 그 반응에 따른 개인적 결과에 관계되는 모든 교육과정' 이라 하였다.

J.F Williams는 '체육의 목적은 개인이나 집단에게 숙련된 리더십을 길러주고, 신체적으로 유익하고 정신적으로 만족스런 자극을 주어 사회적으로 건전한 방향에서 행동할 수 있는 기회를 갖도록 하는데 있다' 하였고

아베시노부(阿部忍)는 '체육이란 개개의 적절한 운동학습에 의해서 현재 및 장래의 사회생활에 충분히 적응할 수 있는 강건함을 육성하는 것' 이라 하였고

가와무라히데오(川村英男)는 '신체활동이란 본질적으로 인간 행위라는 입장에서 체육의 목적은 인간이다.'라고 하였다.

이와 같이 체육이란 엘리트와 사회체육이 구분 없던 시기에도 신체활동을 통하여 이루어지는 전인교육으로서 실천과학이고, 실행수업이며, 체험으로 배우는 학문교육임을 알 수 있다. 그러므로 체육의 가장 중요한 목적은 인간이 신체활동을 통하여 인격형성과 인격도야를 도모함에 있다 하겠다.

체육의 목표를 보면,

뷰처(Bucher)는 '명확하고 정확하게 설정된 체육목표는 체육지도자로 하여금 그들이 성취하고자 하는 것을 보다 잘 이해할 수 있도록 하여 주고, 아울러 교육에 있어서 체육의 가치를 더욱 분명히 이해할 수 있도록 하여 어떤 문제에 직면했을 때 올바른 결정을 내리게 해주고 일반인에게 체육을 보다 잘 이해하게 할 수 있는 지식을 주어야 한다.' 하였다.

많은 학자들이 제시한 체육목표를 종합하면 다음과 같다.

첫째 : 신체적 발달(Physical Education)

둘째 : 인지적 발달(Cognitive development)

셋째 : 정서적 발달(Emotional development)

넷째 : 사회적 발달(Social development)

이상의 네 가지 체육목표는 뷰처(Bucher)의 설명처럼 매우 중요한 이론으로 요약하면 다음과 같다.

첫째 : 신체적 발달

신체적 발달은 신체의 다양한 조직을 발달시켜 개인의 체력을 증진시키는데 그 목적이 있다. 이와 같이 체력이 증진되면 오랜 시간동안 활동이나 작업을 계속할 수 있고, 피로를 낮출 수 있다.

이 같은 성과도가 온 인류, 모든 인간의 가장 절실한 소망일 것이다. 우리 몸의 조직발달은 매우 중요한 요소인데, 한 예로 소화기관을 살펴보면, 배설 및 체온조절 등의 기능을 수행하는 단순한 조직 같지만 이 기관이 신진대사를 원활히 하면 활력이 넘치는 일상생활을 영위할 수 있음과 같다.

근육 또한 건강생활과 매우 밀접한 관계가 있다.

건강의 필수조건이 신체의 모든 근육이 적절히 작용하므로 모든 기관이 활발한 자극을 받아야 하며 또 신체의 발달이 고루 이루어져야 가능한 힘을 덜 들이고 효율적으로 목표를 달성할 수 있게 된다. 즉 적은 힘을 가지고 아름답고, 우아하고, 민첩하고, 유연하게 움직일 수 있도록 신체의 기능을 신장(伸長)시키는 것, 이것이 신체적 발달이다.

둘째 : 인지적 발달

이 목표는 신체의 대한 지식, 사고능력, 그리고 각종 이해력을 다루는 것이다. 체육의 주제가 신체 퍼포먼스라고 볼 때 인지적 발달은 움직임을 통하여 개인문제 해결, 판단력, 창의력, 사고력 등을 촉진시키는 것을 말한다. 이 영역 내에서는 운동의 규칙, 작전의 이해, 응용력 등 주요 내용을 다룬다.

'머리가 좋아야 운동을 잘 한다' 는 말도 인지적 발달을 말함이다. 즉 인지적 발달은 인간에 두뇌를 여러 각도에서 발달시킴을 말하는데 이 영역은 체육활동을 통하여 더욱 증진이 이루어진다.

셋째 : 정서적 발달

인간은 감정의 동물로서 '슬프면 소리가 늘어지고, 기쁘면 소리가 짧고 간결하며' 동작 또한 마찬가지로 '슬프면 힘이 없고 기쁘면 경쾌해진다.'

스포츠 활동 시 발생하는 그 감정의 배경을 보면 성공했을 때의 기쁨, 실패했을 때의 슬픔, 강한 상대와 마주할 때 느끼는 공포감, 불안감, 초조감 등이 그것이다.

정서적 불안은 신체적 활동을 통하여 해소됨으로서 감정을 안정화 시킬 수 있다. 모든 사람들의 1차적 기본욕구는 소속감, 자존심, 인정, 애정 등이다. 이것들이 충족되었을 때 그 사람은 사회적으로 모든 일에 잘 적응할 수 있게 되지만 불만이 해소되지 않을 때에는 반사회적 성격이 발달하게 된다.

그러므로 체육활동을 통하여 성공을 경험하고 더 나아가 자신감을 갖게 되고 자기가 성취하는 일에 대하여 행복감을 얻게 되는 것이 정서적 발달이다.

넷째 : 사회적 발달

인간을 사회적 동물이라고 한다. 아리스토텔레스는 인간이 집단을 이루고 살면서 질서를 유지하며 삶을 영위하므로 '인간은 사회적 동물'이라 하였다. 이는 어느 누구도 혼자 살 수 없으며, 나(I)라는 존재는 우리(We)라는 집단 안에서 그 존재가 의미되기 때문이다. 따라서 내가 행복해지려면 이에 앞서 '우리'라는 집단이 행복해야 하고 우리가 행복하려면 '나'라는 존재가 행복해야 하는 것이다.

체육의 근본이 경쟁이지만 내면의 참 뜻은 화합과 협력의 기회를 제공하고 공동의 목표를 위해 노력하고 개인의 의무와 책임완수의 의식을 갖게 하는 것이 포함되어 있다. 그러므로 체육에서의 경쟁은 단순한 대결이 아니라 합의된 선의의 경쟁이고 대결인 것이다.

그러나 체육활동에서 몇 가지 요인들이 강조되어야 더 알찬 사회성 발달의 접근이 된다.

(1) 기술과 기능이 부족한 동료를 이끌어주며 도움을 주어야 하고

(2) 다른 사람의 의견을 존중하여야 하며

(3) 집단의 목표를 위하여 자기의 욕구를 자제해야 하며

(4) 사회변영을 위하여 협동적 생활을 영위하며

(5) 나보다 집단을 중시하는 것, 등이 바람직한 사회성 발달이다.

이상과 같은 이론을 살펴볼 때 학자들이 제시한 체육목표는 엘리트 체육만이 아닌 사회체육에도 적용되어야 할 이론임을 알 수 있다.

1) 사회체육의 역할

모든 나라의 문화개념은 서로 다르다. 그 문화 형성에 따라 민족성이 나타나고 그 문화의 영향으로 우리는 가치를 평가한다. 체육활동에서도 그 문화의 영향을 받는다. 즉 역동적인 힘이 있고 미래를 위한 설계가 있는 나라는 체육활동이 활발하고, 나태하고 게으르면 그 반대의 현상을 가져오기 때문이다.

그 문화를 살펴보자. 1960년대 우리는 '가나'와 거의 같은 수준의 나라였다. 그러나 40년이 흐른 후 두 나라의 판도는 엄청남 차이로 벌어졌다. 우리 경제규모는 세계 10위권인데 비하여 '가나'는 우리의 15분의 1 수준이다.

미국의 정치가「사뮤엘 헌팅턴」은 그 이유를 문화에서 찾았다. 한국국민은 열심히 일하고, 절약하고, 교육에 열정이 있고, 미래를 위한 투자를 하는데 비해 '가나'는 이 같은 문화가 없었다는 것이다.

우리나라가 1960년대 1인당 GNP가 100달러 미만이었지만 2000년대에 이르면서 20,000달러에 이르렀고 아울러 생활이 많이 변했다.

생활패턴이 서구를 닮아 의식주에 변화가 있어 고지방, 고단백질 등을 섭취하면서 과잉영양으로 죽음의 사중주[8](deadly quartet)라는 비만증 · 고지혈증 · 당뇨병 · 고혈압 등을 가져왔다.

이들 하나하나의 증상은 가볍더라도 네 가지 증상이 겹쳐지면 위험도가 가속적으로 증가하고 동맥경화가 진행하여 심근경색, 뇌경색, 혹은 협심증이라는 병이 일어나 수명을 위협한다.

---

8) 죽음의 사중주 - 비만증, 고지혈증, 당뇨병, 고혈압으로 4개의 요인이 갖추어진 상황의 위험성을 지적하는 명칭인데 미국의 학자들이 1980년경 발표하였다.

우리나라에서도 죽음의 사중주 증상이 점차 늘고 있는 실정이다.

체중이 조금 초과되고 콜레스테롤이나 중성지방이 약간 높으며, 혈당 110~120, 혈압 150~160 등 각각의 상태로는 약물까지 복용할 단계는 아니지만 이러한 증상이 겹치게 되면 촉매제가 되어 큰 질병이 될 수 있기에 '죽음의 사중주'라 부른다.

1인당 GNP가 20,000달러에 이르자 경제협력개발기구(OECD, Organization For Economic Cooperation and Development)의 가입함에 따라 격주로 주5일근무가 시작되었고(2012년부터는 주5일근무가 정착), 향락산업이 상당히 비대해졌다. 이러한 생활로 인하여 신체의 운동량이 현저히 줄어들어 건강유지에 필요한 최소의 운동량도 확보되지 못하는 상태가 되었다.

그러므로 이제는 사회체육이 그 빛을 발하도록 정책 · 지역행정 · 체육시설확보 · 프로그램개발 · 양질의 지도자 등을 갖추어야 한다.

5. 사회체육 관련 용어

사회체육과 관련된 퍼포먼스와 용어를 살펴보면 다음과 같다.

스포츠, 여가(레저), 레크리에이션, 놀이, 게임 등이 있다. 다양한 용어의 혼동을 막기 위하여 다음과 같이 정리한다.

1) 스포츠

스포츠는 놀이 또는 유희에서 출발하여 발달한 것이다.

스포츠의 어원은 'disportare' 또는 'desportare'였으며, 오락 · 위안 · 희열 또는 각자를 즐겁게 한다, 또는 유쾌하게 나돌아 다닌다는 뜻이었다. 그 후 철자 'di(de)'가 없어져 'sport'가 되었다 한다.

스포츠의 어원과 그 뜻을 정리하면, '일에 시달릴 때 기분전환으로 어떤 활동을 한다.' 는 의미이다.

다음은 학자들의 스포츠에 대한 견해와 정의이다.

Lawther은 '스포츠란 쾌감과 여가선용을 위하여 활동 그 자체를 추구하거나 또는 보편적으로 일정한 전통적인 형태 혹은 일련의 규칙에 따라 수행되는 다른 확실한 신체활동' 이라 하였고
Kenyon은 '스포츠란 놀이나 게임보다 더 체계화되고 고도의 조직성을 띤 경쟁적인 활동으로서 특히 신체의 일부분만을 구사하는 행동이나 운동에 그치는 활동이 인간의 모든 행위가 동원된 신체활동' 이라고 하였고
임번장은 '스포츠는 동기 유발된 개인들의 의해 이루어지는 활발한 신체발현을 포함하거나 비교적 복합적인 신체기능을 구사하는 제도화된 경쟁적인 활동'이라 하였다.

그렇다면 스포츠는 기분전환으로 실시하는 즐거운 활동으로서 일련의 규칙에 따라 이루어지는 상호 경쟁적인 신체활동이 된다.

특히 스포츠는 신체활동 자체로 끝나는 것이 아니라 제도화된 게임으로서 조직적 · 기술적 · 상징적 · 교육적 영역에서 사회화되어 있고 스포츠 내에서의 인간 활동이 환경에 따라 조직화되거나 또는 위계적으로 분화되어 가는 사회과정이라 할 수 있다.

스포츠는 유희적이고 비 노동적이기 때문에 이해와 승부를 초월하여 페어플레이 정신이 함양되어야 한다.

이상의 내용을 살펴볼 때 '스포츠는 비생산적이며 현실과는 분리된 세계에서 행하여질 뿐만 아니라 그 결과를 예측할 수 없고 규칙에 의하여 통제되고 기량에 의하여 결과가 결정되는 경쟁' 이라 정의할 수 있다.

2) 여가(레저: Leisure)

여가를 레저라고도 한다.

용어의 사전적 해석을 보면, 여가란 '일이 없어 남는 시간' 이라 하였고, 레저는 '일이나 공부 따위를 하지 않아도 되는 자유 시간, 또는 그 시간을 이용하여 쉬거나 노는 일'로 정의하였다.

그러므로 노동과 대비적 관계에 있으며 어떠한 하등의 간섭 또는 구속을 받지 않는 자유로운 시간이라는 뜻이다.

여가의 어원은 그리스어의 'scole'와 라틴어 'Licere'에서 유래되어 '자유'와 '학습'의 의미를 가지고 있다.

학자들의 견해를 살펴보면,

J.B. Nash는 '여가는 노동, 수면과 아울러 기타 필요한 활동으로부터 벗어난 자유 시간에 관련하고 있다' 하였고

M.H. Neumeyer는 '여가는 어떤 생활을 하는 기회이며, 여가는 활발한 활동이든 활발치 않는 활동이든 간에 일상생활의 필요성에 의해서 요구되는 것이 아니다' 하였으며

Max Kaflan은 '여가는 일에서 해방된 시간, 자유 시간, 나 자신의 시간, 자기의 취미를 즐길 수 있는 시간, 휴양' 이라 하였다.

상기의 견해를 살펴보면 학자들의 여가에 대한 정의가 다소 다름을 알 수 있다. 그러나 여가에 대한 정의는 '일에서 벗어난 시간, 누구의 간섭이나 구속을 받지 않는 나의 시간, 나의 취미생활을 즐길 수 있는 시간'으로 해석할 수 있다.

따라서 여가의 본질을 정리하면 다음과 같다.
첫째 : 일 또는 일상생활에서 벗어나 자유로운 행위의 시간
둘째 : 심리적으로 즐거움을 향유하는 것
셋째 : 누구의 간섭도 참견도 없이 내가 하고 싶은 생활을 하는 것

그러므로 '여가란 생존에서 벗어나 누구의 간섭도 받지 않고 자유로운 시간을 즐기므로 일상생활에 스트레스를 해소하고 즐겁고 행복한 마음이 되는 자발적인 행동'이라 정의할 수 있다.

3) 레크리에이션

레크리에이션(Recreation)이란 '일상생활에서 벗어나 피로를 풀고 새로운 힘을 얻기 위하여 함께 모여 놀거나 어떠한 행위로 즐기는 일' 이다.

레크리에이션은 문예 부흥기에 있어서 인간개조의 필요성을 부르짖었던

시기에 만들어진 용어로서 일에 쫓기는 인간의 여가를 위하여 마련된 활동을 뜻한다.

레크리에이션은 두 가지의 뜻을 가지고 있다. 리 크리에이션(Re-creation)과 레크리에이션(Recreation)으로 이 두 가지의 발음처럼 그 뜻이 서로 다르다. 전자는 개조(改造), 재창조, 새롭게 만들다(Making a new)라는 뜻이며, 후자는 오락, 위안, 취미. 유희, 휴양 등 매우 다양한 의미와 뜻을 가지고 있다.

레크리에이션(Recreation)의 필요성을 보면, 도시화된 생활 속에서 잊어버린 나의 사고(思考)와 감정을 어떻게 하면 흥미롭게 재창조할 것인가를 다른 무엇과 연계하여서 창출해야 하는 중요한 영역이고, 자아(自我)를 발견하여 내 존재가치를 보람되게 하는 것이다.

이러한 의미에서 레크리에이션의 핵심을 설명하면 다음과 같다.

첫째 : 이완(Relaxation)
일상생활에서 오는 여러 가지 긴장(Tension)에서 벗어나게 해야 한다. 긴장에서 이완으로, 속박에서 자유로운 기분으로 전환하여 만족과 희열을 갖게 하는 것.

둘째 : 사귐(Friendship)
인간은 고독하다, 그리고 인간은 이기적으로 변해가므로 언제, 어디서나, 누구와도 대화하며 커뮤니케이션이 이루어지도록 해야 한다.

셋째 : 만듬(Creation)
모든 일을 스스로 만들고 성취에 기쁨을 만들 수 있는 바른 태도와 행동은 새로운 일을 찾아내는 것이 미래를 여는 열쇠이기 때문이다.

넷째 : 도와줌(Service)
이해하는 마음, 미래를 추구하는 의지, 이웃을 도와주는 손길과 믿음은 용기와 화평이 넘치는 사회를 만들기 때문이다.

더 나아가서 레크리에이션의 효과를 구분하여 보면 다음과 같다.

(1) 개인적 효과

① 여가 선용
② 자아 발견 및 대인관계 개선

③ 민주적 성품 함양
④ 창의성과 능력개발
⑤ 사회적응력 발전

(2) 사회적 효과

① 국민의 기풍쇄신
② 부정적 시각해소
③ 문화생활의 수준 향상

이 같이 바람직한 현상은 레크리에이션으로 인한 것 중 일부에 해당하는 것이겠고 그 가시적인 효과는 더 다양할 것이다.

4) 놀이 및 게임

인간은 스스로 유쾌하고 자유롭고 즐겁게 살아갈 줄 아는 유희인(遊戲人: Homo Ludens)이다.

따라서 유희란 자유롭게 즐기는 놀이로 보아 현실에서의 탈피이고 보상, 휴양이라는 인간의 욕구에서 출발한 것이다.

셔튼과 스미스(Sutton-Smith)는 놀이를 다음과 같이 정의하였다.

① 놀이는 활동 자체가 목적이다.
② 놀이는 노동과 달리 자발적이다.
③ 놀이는 즐거움을 위한 활동이다.
④ 놀이는 조직화가 결여되어 있다.
⑤ 놀이는 현실적 갈등이 존재하지 않는다.
⑥ 놀이는 행위의 동기가 과잉 표현되기 쉽다. 하였으며,

Edwards는 '놀이란 임의의 시간적 · 공간적 한계 내에서 그리고 일상생활의 역할, 관심사 및 영향에서 벗어나 분리된 개별의 활동이다. 또 놀이는 그 자체의 한계와 맥락에서 요구되어지는 것 이외에 진지하고 의도적이며 현실과 분리된 개별의 활동' 이라고 하였다

게임은 놀이가 발달하여 보다 조직화되고 역할이 분화된 형태의 활동이다. 즐거움추구의 개별성과 무질서한 속성을 지닌 놀이라는 초보적 활동에 조직화를 위하여 규칙과 보수화를 위한 경쟁적 개념이 도입·적용된 활동이 게임이다.

그러나 원시시대에도 우리가 논하는 게임과는 조금 다른 성격의 게임이 존재했다. 사냥이라는 게임인데 사냥물을 잡으면 배부르고 못 잡으면 배가 고픈 생존경쟁의 게임이다.

그러므로 게임은 개념이 다른 두 종류로 분류하여야 한다. 게임은 인간이 생활 속에서 상대적으로 성립되는 근원적 활동이며 문화인의 원천이 되는 건전한 놀이에서 접근하여 사람을 보다 바람직한 영역으로 이끌게 하여야 한다.

> Loy는 '게임은 단순 혹은 복합적인 신체기능, 전술, 확률에 의하여 결과가 결정 지워지는 놀이 형태의 경쟁' 이라 하였고
> Ibrahim은 '게임은 양쪽 혹은 그 이상의 상대 사이에 미리 정한 승부에 결정기준에 의한 조직적이고 경쟁적인 신체 운동적 놀이' 라 하였다.

이상의 내용을 종합하여 보면, '놀이란 일정한 시간과 공간을 설정하여 서로가 합의된 규칙을 가지고 서원들의 욕구를 충족시키는 활동'이고, '게임이란 단순 혹은 복합적인 신체기능, 전술, 확률이 서로 합의된 결정기준에 의한 조직적이고 경쟁적인 활동'이라 정의 할 수 있다.

연구문제

1. 사회체육의 개념을 자세히 서술하시오.
2. 사회체육의 정의를 설명하시오.
3. 사회체육의 역할이 중요하다면 그 내용을 자세히 서술하고 설명하시오.
4. 사회체육 관련 용어를 분류하여 자세히 설명하시오
   1) 스포츠
   2) 여가 및 레크리에이션
   3) 놀이 및 게임

제3장 세계 각국의 사회체육

1. 국가주의 교육과 체육
2. 국가별 사회체육

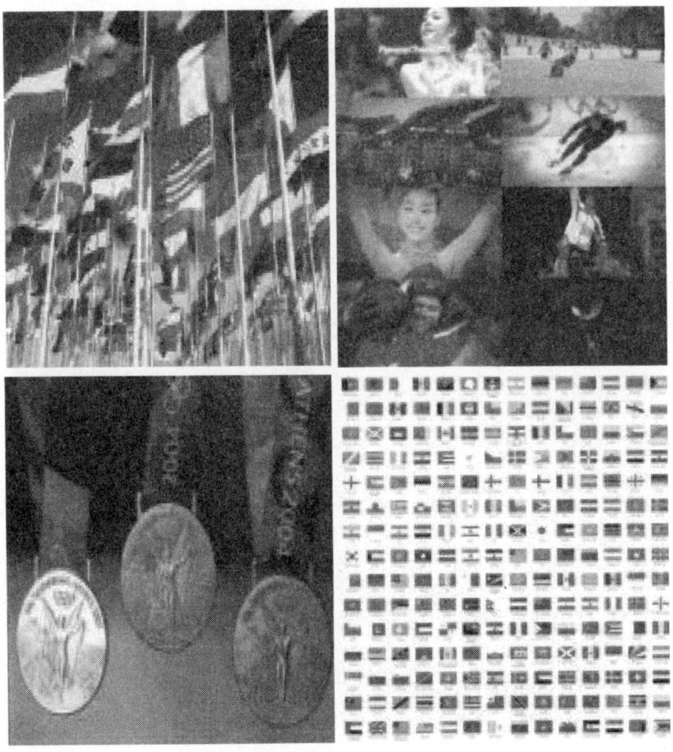

제3장 세계 각국의 사회체육

1. 국가주의 교육과 체육

국가주의의 기원은 고대국가에서도 찾을 수 있으나 18세기 후반부터 그 윤곽이 확실해지고 20세기를 들어서면서 전 세계적으로 퍼져갔다.

특히 유럽에 있어서 국가라는 정치적 개념과 조국이라는 애착이 강하게 형성된 것이 이 시기이다.

우리 한국도 고대부터 나라를 사랑하고 애국하여야함을 근본으로 하는 사상이 늘 있어 왔음이 문헌에 등장하지만, 특히 삼국시대(B.C.57~A.D.917)의 고구려 조의선인(皁衣仙人)이나 신라의 화랑(花郞)에서 가장 먼저 요구하던 것이(忠 · 孝 · 信 · 勇 · 仁) 나라에 충성(忠誠)하는 것이었다.

국가주의란 애국의 발로가 되고 충성심을 근거하는 그 민족 특유의 문화사상이다. 인구가 늘고 부족이 더 큰 단위로 형성되어 나라(國)가 이루어지고, 서로 경쟁하여 뺏고 뺏기는 약육강식(弱肉强食)이 형성되매 나라를 수호하기 위하여 단결력을 요구함이 애국의 발로인 나라사랑 사상이다.

봉건주의 시대에서는 이루어지지 않던 이러한 사상이 강력한 왕조 국가가 나타나 국가주의 과도기를 형성하였으며, 십자군의 출현은 유럽인의 단결을 촉구하였는데 특히 프랑스에서 더욱 두드러졌고, 기독교와 이슬람교 간의 전쟁은 스페인에서 국가주의 감정을 불러일으키는 요인이 되었다.

특히 19세기 후반부터~20세기에는 독재 주의적 정부도 자유주의의 정부와 마찬가지로 국가주의라는 이념을 배후에 두고 애국적 단결을 요구하였고, 산업혁명도 국가주의 고조에 큰 역할을 하였다. 즉 애국심을 자극하여 국가 간의 경쟁을 유도하였고, 국가의 재산을 보호하고 또한 이익을 창출하기 위하여 국가의 요청에 기꺼이 응하여 일신을 바치는 국가주의가 형성되었다.

유럽의 이러한 풍토가 산업발전을 이끌었고 민주적 사회제도의 보급과 아울러 민족의식이 높아지고 국민운동이 발전함과 동시에 경제사상의 변화와 급속도로 발달하는 근대과학 등 여러 가지에 기인하였다.

이와 같이 국가주의 교육은 국가가 관리하고 유지하는 교육제도를 만들어 시행하였고, 이러한 교육제도 안에 체육도 국가유지에 필요한 체력이나 기술을 발달시키기 위하여 편성하였다.

체육의 사회적 가치는 강인한 체력을 바탕으로 주어진 일을 완수하므로 애국이 되며 공동체 함양을 위한 수단으로 인정하는 것이었다.

2. 국가별 사회체육

1) 독일

독일(獨逸, Deutschland: 도이칠란트).

정식명칭은 독일연방공화국(獨逸聯邦共和國).

북쪽으로 덴마크와 북해, 발트 해, 동쪽으로 폴란드와 체코, 남쪽으로 오스트리아와 스위스, 서쪽으로는 프랑스, 룩셈부르크, 벨기에, 네덜란드와 국경을 맞대고 있다. 독일 영토는 356,755(서독248,577 · 동독108,178)㎢이며, 인구는 2010년 1월 기준으로 8,180만 여명으로 유럽 연합에서 인구가 가장 많은 나라이며, 이민자 인구가 세계적으로 세 번째로 많다.

고대의 여러 게르만(German)족이 살던 독일 땅은 게르마니아로 알려져 있었다. 게르만족은 A.D.476년 서(西) 로마를 침공하여서 점령하고 서 유럽의 지배자가 된다. 게르만족의 로마침입은 로마문명을 파괴하고 지적 암흑시대로 몰아 넣었고, 이와 같은 상태가 오랜 기간 동안 지속되어 학문은 거의 금지되었다.

그러나 게르만의 침입은 약화된 로마인들 피에 청신한 게르만족의 피를 수혈해준 결과가 되어 이 새로운 활력으로 인하여 민족의 생기를 되찾아 고대 문헌을 중심으로 그리스 · 로마의 문예(文藝)를 부활시키는 계기가 되었다.

따라서 체육역사에 게르만족의 이동은 그들의 체력이 얼마나 우수하고 용맹무쌍함을 가졌던가를 알 수 있게 하였으며 그 기세가 근대체육의 원동력이 되어 오늘의 발전을 이루게 하였다.

16세기에 독일은 마틴 루터(Martin Luther, 1483~1546)에 의하여 루터교회가 로마 가톨릭으로부터 분리된 종교개혁(Reformation)의 핵심부로 자리잡았다.

민족주의자인 얀(Fredrich Jahn, 1778~1852)은 1811년 베를린 교외에서 노천체육관을 열어 경주 · 도약 · 투기 · 등반 · 턱걸이 등 인내력과 투쟁정신을 형성시키는 유희적인 운동을 자연스럽게 가르쳤다.

독일인의 근면정신은 얀의 애국정신 교육으로 인하여 국가가 위기에 처했을 때 전 독일인의 공동체 의식을 높이므로 가능하였다. 독일은 제2차 세계대전(1939~1945)으로 인하여 황폐되었을 때 국민들에게 심어진 애국심과 근면성이 불굴의 혼으로 나타나 기적을 일구어 냈다.

19세기 초 독일은 크고 작은 독립된 군주주의 성격을 가진 300여개의 군주국과 교회령, 그리고 자유시로 나누어져 있었다. 이러한 현상에서 우여곡절 끝에 비스마르크(Otto von Bismarck)의 지도하에 1871년 통일 독일 제국을 이룩하였다.

이후 독일은 국가주의적 야망을 충족시키고자 1914년 유럽의 여타 제국과 제1차 대전을 일으켜 패한 뒤 바이마르 공화국(1919~1933)이 수립되지만 오래가지 못하고 나찌즈의 제3공화국으로 이어진다.

국내의 정치적 변천 속에서도 체육활동은 이어져 정치적 이념과 결합된 국가주의 체육활동으로 전개되었다. 1806년 예나에서 나폴레옹 군대에 참패한 이후 얀의 애국적 지도아래 체조운동을 통하여 청소년들에게 애국심과 통일에 대한 의지를 심어주었다.

그는 체육지도자이며, 자유주의 투사로서 그리고 민중의 수호자로서 국민들의 존경을 받았으며 독일체조협회의 아버지로 추앙을 받고 있다.

(1) 사회체육발현과 정책

독일은 제2차 세계대전(1939~1945)이 끝나고 1949년에 연합군 점령지 경계선에 따라 동독과 서독으로 분단되었다.

패전 후 분리된 서독은 민주복지 국가건설에 모든 힘을 기울려 교육제도에 개선이나 산업국가로서의 국민건강증진, 여가생활의 창조적 선용 등 다각적으로 문제를 해결하기 위하여 종합장기 계획을 세우고 이를 추진하였다.

이러한 종합장기계획 중 핵심적인 영역은, 첫째가 교육으로 1949년 공화국 기본법이 제정된 이래 교육위원회가 교육의 제도나 행정의 내용을 통일시킴으로 혼란은 점차 시정되었고, 1969년에는 연방정부에 교육과학성이 창설되어 학제개혁을 이루었다.

교육행정제도는 1964년 각 주의 교육상 상설회의에 의해서 함부르크 협정이 제정되고 비로소 주(州)를 통일하는 학교제도도 확립되어 교육의 장기 계획이 이루어짐을 말한다.

종합장기계획 중에 또 다른 하나는 국민체육진흥계획에 바탕을 둔 황금프랜(Golden Plan) 15년 계획이다. 이미 오래전부터 분야별 전문가들에 의해 추진되어온 계획과 같이 스포츠의 기본 권리를 주장하면서 독일 산업사회가 안고 있는 건강의 위기와 인간성 상실을 회복하는 길은 오직 '사회체육운동(Sport For All Movement)을 범국민적으로 추진하는 것'뿐이라고 판단함에서 비롯되었다.

1960년 황금프랜(Golden Plan) 15년 계획은 독일국민의 건강증진을 목적으로 국민이면 누구나 적어도 한 가지 이상의 스포츠를 즐길 수 있도록 체육관을 건설하는 사업으로 '독일 올림픽협회'가 추진하게 된 근본 배경 뒤에는 다음과 같이 심각한 사회 환경이 있었다, 기록하고 있다.

첫째: 오늘날 거의 두 명 가운데 한명의 어린이가 학교에서 만성 착란 증세를 일으키고 있다. 그리고 그 증상은 4년마다 10%씩 증가하고 있다.

둘째: 이 같은 만성착란증세가 학교를 졸업한 일반인에게도 나타나고 있다.

셋째: 1957년 산업에 종사하는 근로 청년들 가운데 순환계질환, 비만, 다리질환, 신경질환, 신경분열 등으로 요양을 필요로 하는 남자가 31.2%, 여자가 34.4%로 급격히 증가하고 있다.

넷째: 이직 원인 중 심장, 혈관 등 순환계 질환으로 퇴직하는 자가 이직 전체 중 약 42%로 가장 많다.

다섯째: 중년기 성인(30-50세) 또는 산업종사자 가운데 골격, 순환계질환으로 치료를 요하는 사람이 약60%에 달하고 있다.

여섯째: 심장, 순환계질환이 독일에서의 모든 사망원인의 제1위를 차지하고 있다.

이 같은 현상은 운동부족이 그 원인으로 판명되어 취학 전후 어린이의 체육교육과 학교체육의 강화, 사회체육진흥 등을 골자로 하는 15년 장기계획을 추진하기에 이른 것이다. 15년 장기계획이 큰 성과를 거두고 황금프랜(Golden Plan)이 끝난 1975년도에 발표한 시설현황을 보면 운동장은 49,958개소, 실내 대체육관 21,775개소, 실외수영장 2,713개소, 실내수영장 2,960개소, 어린이 놀이터 42,806개소였으며, 총 소요경비는 174억 마르크(약80억불)이었다.

체육영역에서 나타난 그 효과로는 전국 모든 지역 내의 학교체육이 강화되고, 체조 · 스포츠클럽 회원수가 5,267,600명에서 8,235,200명으로 증가하였다.

독일 통일 이후 현재에는 2600만 회원이 전국적으로 8만 6천개가 넘는 스포츠클럽에서 자신의 스포츠 활동에 대한 욕구를 충족시키고 있으며, 매년 50만 명의 회원이 새로 클럽에 가입하는 등 증가 현상을 보이고 있다.

현재 독일의 스포츠클럽을 중심으로 이루어지고 있는 사회체육은 일반인의 생활 속에 자리 잡은 문화적 삶의 한 형태로서 그리고 국민건강의 증진과 적극적이며 건전한 여가선용의 한 분야로 사회적 순기능을 인정받으면서 사회적으로 위상을 확고히 정립하였다.

특징적 운동으로는 개인욕구를 충족시킬 수 있도록 다양한 프로그램이 있으며, 가족단위로는 체조, 단체로는 구기 종목 중 축구의 인기가 높다.

2008년 현황에 의하면 독일의 사회체육지도자는 클럽에 소속되어 자원봉사 활동을 하고 있다. 89,300여개의 클럽에 약 280만 명의 자원봉사자 중 약 100만 명 이상이 사회체육지도자로 활동을 하고 있는 것으로 집계되고 있다. 지도자교육은 체육아카데미와 소규모의 체육학교에서 실시하고 있고, 동·서독이 하나가 된 후 사회체육지도자가 자원하여 봉사하는 것이 관례가 되었다.

요약정리

- 사회체육참여형태: 국가시책(애국정신 고취)
- 체육참여인구: 전 국민을 대상으로(공동체의식)
- 체육시설현황: 8만9천개 이상의 시설
- 정책: 1957년 체조연맹발족, 1960년 황금프랜(Golden Plan) 15년 계획
- 특징적 운동: 체조와 구기종목(축구)
- 교육기관: 체육아카데미와 소규모의 체육학교에서 실시
- 체육지도자 양성: 각 연맹
- 프로그램개발: 1990~2000년 신 황금계획(시설확충·프로그램개발)

2) 영국

정식명칭은 '그레이트브리튼과 북아일랜드 연합 왕국(United Kingdom of Great Britain and Northern Ireland)' 약칭은 'UK 또는 영국.'

영국은 유럽 대륙 서쪽 북대서양에 위치하고 있으며, 영토는 244,820㎢이며, 최대의 섬인 그레이트브리튼은 크게 런던을 중심으로 한 잉글랜드, 에든버러를 중심으로 한 스코틀랜드, 그리고 카디프를 중심으로 한 웨일즈 지방으로 나뉘고, 두 번째로 큰 섬에는 북아일랜드와 아일랜드 공화국

(별개의 국가)이 위치하고 있다. 아일랜드는 19세기 들어 본격적이고 지속적인 독립운동의 결과로 제2차 세계대전 후 1949년 완전 독립하였고 벨파스트를 중심으로 하는 북아일랜드만 남아 있어 잉글랜드 · 웨일즈 · 스코트랜드 · 북아일랜드 4개 지방으로 이루어졌다.

인종은 앵글로색슨족, 켈트족이며, 종교는 성공회 50%, 로마가톨릭교 11%, 기독교 및 기타 39%로 나타나 있다.

영국의 역사를 보면, 잉글랜드의 유목민족이었던 색슨족이 871년에 앨프레드 대왕을 시작으로 잉글랜드 왕국이 시작되었다. 앨프레드대왕 때부터 왕이라는 칭호를 사용하였으며, 899년 에드워드가 왕위에 오른 뒤 잉글랜드의 군주로는 9명이 더 올랐었다가 마지막 용맹왕 에드먼드 2세 때에 덴마크의 왕들과 잉글랜드의 정통왕권에 대한 논쟁이 일어났고 덴마크 왕들이 잉글랜드의 왕을 겸했다.

1042년에 색슨족이 왕권을 복원했고 참회 왕 에드워드 3세를 포함해 3명의 왕이 오른 후 노르만 정복으로 색슨족이나 다른 국가가 아닌 왕조와 왕가라는 말을 썼다.

특히 찰스 2세는 1675년에 상무부(Lords of Trade)라 불리는 새 기구를 만들어 제국적인 개혁안을 제시하도록 했다.

상무부의 권유에 따라 1679년에는 매사추세츠에 대한 지배력을 강화하기 시작했다. 매사추세츠로부터 뉴햄프셔에 관한 권한을 빼앗고, 뉴햄프셔를 왕령 식민지로 독립시켜 자신이 직접 총독을 임명했다.

그 이후 연합되었던 잉글랜드, 스코틀랜드, 웨일스가 하나의 국가로 통합된 이후에는 그레이트브리튼 왕국으로 합쳐졌다.

(1) 사회체육 발현과 정책

영국 국민은 일찍부터 스포츠를 즐겨 실외운동 분야가 발달하였기 때문에 요소요소에 운동장 및 유희장이 설치되어 각종 스포츠가 성행되어 왔다. 이들은 개인 활동보다는 단체 활동을 즐기며 상호협력하고 규칙을 자발적으로 준수하는 스포츠맨십을 발휘하고 있다.

이처럼 오랜 전통의 체육활동을 통해 전 세계가 즐기고 있는 축구 · 골프 · 테니스 · 럭비 등이 창안되어 근대체육을 이끌게 되었다.

1930년대에는 레크리에이션의 기관이 전국적으로 그 역할을 담당하였고, 소년 숙박소협회도 설치되었는데 이 협회는 250여개의 숙박소를 설치하여 소년, 소녀의 레크리에이션 활동에 크게 공헌하였다.

1940년대부터는 공립학교에서 체육을 윤리교육의 일환으로 채택하여 스포츠맨십을 신사도정신으로 생활 속에 자리 잡게 하였다. 그러나 스포츠의 격을 두었기 때문에 승마와 폴로는 상류층 자녀의 전유물이 되었고 계급에 맞는 운동종목으로 자리하게 되므로 상류계급이외에는 그다지 체육활동이 활발하지 못 했다.

이와 같은 전통을 계승 발전시키기 위해 1960년 체육 레크리에이션 중앙회가 서독의 '골든플랜'과 같은 체육발전 장기계획을 수립하여 발표하였다. 그리고 구체적인 실천을 위해 스포츠자문위원회(국회의원 · 문교차관 · 과학차관 등)를 구성하고 지역사회가 요구하는 체육시설확장과 지도자 양성 등을 추진하여 사회체육진흥을 도모했다.

1965년 스포츠자문위원회가 설립된 이후 정부는 매년 스포츠시설 설립을 위해 70~80억 원 정도를 각종 스포츠 민간단체에 지원하므로 곳곳에 스포츠시설 설립되어 지역주민들에게 개방되었다.

영국에서의 스포츠는 전통적인 스포츠클럽과 근대 스포츠클럽으로 이루어져 있다. 전통적 클럽은 19세기부터 조직된 축구 · 크리켓 · 럭비 등이다.

특히 영국은 국가가 조직한 체육단체 조직은 없고, 스포츠 정책을 민간단체인 스포츠협의회에 대행시키고 있는데 자발적으로 운영이 잘되고 있다. 때문에 지금도 올림픽을 승리위주가 아닌 참가의 의의를 가지고 있는 나라이다.

그러므로 케임브리지와 옥스퍼드에서는 오전 중에는 수업에 열중하고 오후에는 적극적인 사회체육활동을 하고 있다.

주요 체육 사업을 살펴보면, 1980년에는 '신체 장애인을 위한 사회체육' 있었고, 1983년은 '50세 이상을 위한 사회체육' 등 해마다 캠페인 주제를 정하여 사회체육 사업을 하는 특징을 가지고 있다.

스포츠협의회 재원은 각주(州)로부터의 보조금, 출판이익금 및 각종 보조금으로 충당하는데 년 간 약 3~4백억 원 정도이다.

스포츠 민간단체 중 그 활동이 두드러진 체육 레크리에이션 중앙회는 '지역사회스포츠 상(Community Sports Leaders Award)'이라는 지도자 양성 프로그램을 만들어 지역사회 스포츠자원지도자 훈련활동을 사업우선 순위로 추진하여 높은 호응을 얻고 있어 많은 사람들이 지도자를 위한 프로그램참가를 갈망하는데 이는 사회체육지도자는 사회적으로 인격지도자로 매우 존경을 받기 때문이다.

영국은 정부가 만든 사회체육 조직은 없다. 모든 사회체육은 클럽을 중심으로 전개되고, 연관되어지는 기구와 조직으로는 '체육 레크리에이션 중앙회' '전국 운동장협회' '체육교사협회' '1978년 설립된 레크리에이션과 레저연구 합동위원회' '스포츠의학과 스포츠과학 자문회의' 등을 들 수 있다. 시설관리 및 정비의 주체적인 역할은 행정기관과 민간단체가 맡고 있으며, 시설 관리 보수비용은 정부 보조금과 기부금으로 충당한다. 기부금제도는 유럽각국에서 펼쳐지는 '노블레스 오블리주[9](noblesse oblige)' 정신에 있다.

지도자 훈련 관리는 체육 레크리에이션 중앙회가 담당하고 있으며, 약 500개의 사회체육지도자 과정에서 년 간 10,000명 이상을 훈련하고 있다. 이 밖에도 체육단체, 지방교육국, 민간단체 등에서 여러 종류의 지도자를 양성한다.

영국에서 인기 있는 실외종목은 수영 · 골프 · 낚시 · 볼링 · 축구 · 경마 · 테니스 · 캠핑이며, 실내운동은 수영 · 당구 등이고, 특히 여성의 사회체육으로는 에어로빅이 증가 추세에 있다.

---

9) 노블레스 오블리주(noblesse oblige) – 높은 사회적 신분에 상응하는 도덕적 의무를 뜻하는 말이다. 초기 로마시대에 왕과 귀족들이 보여준 투철한 도덕의식과 솔선수범하는 공공정신에서 비롯되었다.
초기 로마 사회에서는 사회 고위층의 공공봉사와 기부·헌납 등의 전통이 강하였고, 이러한 행위는 의무인 동시에 명예로 인식되면서 자발적이고 경쟁적으로 이루어졌다.

영국의 사회체육은 인격적인 성장과 생활의 질을 높이기 위한 체육활동으로 만이 아니라, 태도 · 예의 · 페어플레이 정신 등을 강조하여 신사도와 운동정신이 결부되도록 요구하고 있다.

요약정리

- 사회체육참여형태: 국가시책과 개인주의
- 체육참여인구: 전 국민 대다수가 참여
- 체육시설현황: 지역 스포츠클럽과 민간단체의 체육시설 다양
- 정책: 1963년 체육발전 장기계획을 수립, 해마다 캠페인 주제를 정함, 1980년에는 '신체 장애인을 위한 사회체육' 있었고, 1983년은 '50세 이상을 위한 사회체육' 등
- 특징적 운동: 수영과 축구(축구 · 골프 · 테니스 · 럭비 등이 창안되어 근대체육 주도)
- 교육기관: 레크리에이션협회와 체육교사협회
- 체육지도자 양성: 상기 단체에서 년 간 12,000명 교육
- 프로그램개발: 체육심의위원회와 레져연구 합동위원회

3) 덴마크

정식명칭은 덴마크(Kingdom of Denmark).

이 나라는 왕정제이면서도 진보적이고 민주적인 풍토에서 농업과 목축을 주로하고 있으며, 사회복지 정책이 잘 되어 있고, 유럽에서 체육이 부흥했을 때 새로운 운동을 전개한 나라이기도 하다.

영토는 43,094㎢이며, 인구는 약 5,500,000명이고, 종교는 루터교가 국교로 인정되어있으며, 그 외에 감리교, 구세군, 로마가톨릭 등이 있다.

덴마크는 오래전 빙하가 북쪽으로 이동, 광범위한 툰드라 지대가 형성되면서 순록을 사냥하는 유목민들이 정착했던 것으로 추정한다. 그 후

구 · 신석기시대(B.C.~B.C.1,500), 청동기시대(B.C.1,500~B.C.400) 및 철기시대(B.C.400~)를 거친 후 A.D.500년경 농경을 주로 하는 앵글족 및 유트족이 처음으로 집단을 형성하였다.

국가형성기(바이킹시대) 6세기~10세기 사이에 바이킹이 유틀란트 반도를 중심으로 원시 왕정국가를 형성하면서 스웨덴남부, 영국동부, 심지어 지중해연안까지 진출하는 위세를 떨쳤으며, 특히 9세기경에는 영국 북부지역을 점령하기도 하였다. 그리고 826년 최초로 기독교가 전래되었고, 1014년 스벤왕이 잉글랜드를 정복하고 잉글랜드 왕을 겸하였으며, 1028년에는 노르웨이 왕으로 추대되어 '북해제국(앵글로 스칸디나비아 대제국)'을 구축했다.

1660년 덴마크의 프레데릭 3세는 귀족세력과 대립하는 도시부르주아 및 루터교 성직자와 결합하여 왕위에 세습제를 승인받고, 1665년에는 국왕의 절대주권을 승인받아 절대군주제를 확립하였다.

1788년 농노제가 폐지되고, 1797년 자유무역의 원칙이 세워졌고, 나폴레옹 전쟁에서 영국함대의 공격을 받고 나폴레옹 편에 서게 된 덴마크는 영국, 러시아, 스웨덴 등 동맹국과 싸운 끝에 1814년 킬 조약에 의해 노르웨이를 스웨덴에 할양하므로 400여년의 지배 종지부를 찍었다.

1842년에는 입헌적 대의정치를 주장하는 국민자유당이 결성되어 1849년 프레데릭 7세는 자유주의자들의 요구에 따라 전제정치를 포기하고 자유헌법을 성립시켜서 입헌군주제를 수립했다.

(1) 사회체육 발현과 정책

8세기 말에서 11세기 중반까지 덴마크의 역사는 바이킹 시대였다.

바이킹(Viking)은 스칸디나비아 출신의 해양 상인들을 일컫는다. 스칸디나비아 제어에서는 비킹이라 발음한다. 유럽과 북아메리카 북동쪽 해안 각지에 정착하여 약탈하고 무역하는 등으로 활발한 활동을 하였고, 일반적으로는 해적 또는 전사(戰士)로 알려져 있다.

덴마크는 바이킹 시대만큼 '만인을 위한 스포츠(Sports for everyone)'가 잘 발달된 때도 없었다. 모든 국민들은 스포츠의 필요성을 절실히 느꼈으며 국가는 정책적으로 체육을 권장했다.

이 시대의 이쓰롯(Ithrott)이라는 바이킹 왕국의 말은 오늘날 영어의 '스포츠(Sports)'와 비슷하게 사용되었는데 이 말은 본래 근면, 활동과 힘, 인내를 합하여 만들어진 단어이며, 정신적 · 육체적으로 습득되어지는 모든 교육(수공, 방직, 음악, 작문, 의술 등)을 의미한다.

그러나 이러한 바이킹 시대의 문화, 체육, 철학을 바탕으로 발전한 스포츠는 중세 암흑기를 지나는 동안 한갓 귀족계급이나 기사들의 오락물이 되어 버렸다.

덴마크의 체육발전은 나흐테갈(Franz Nachtegal)로부터 시작되었다고 한다. 나흐테갈(1777~1847)은 1799년 코펜하겐에 사립 체조장을 개설하였고, 1804년에는 덴마크 육 · 해군의 조직적 훈련을 목적으로 체육 사범학교가 설립되어 초대 교장이 되었다. 1823년 체조 장학관이 되어, 전 덴마크의 군대와 민간체육을 총괄하였다.

1909년 크누센(K. A. Knudsen)에 의하여 코펜하겐대학에 해부학, 생리학, 체조이론을 정립하였으며, 체조의 유명한 지도자 유카(H. G. Junker), 닐스 북(Niels Bukh), 탐센(Else Thomsen), 크로(Ann Krogh) 등의 의한 체육발전에 대한 공로는 지대하다.

특히 20세기 초 닐스 북에 의하여 체조가 체계화되어 현재 덴마크에서 행하여지고 있다.

북부지역에 있는 덴마크는 스웨덴, 노르웨이, 핀란드 등과 같이 여름철 해가 무척 긴 것이 특징인데 오후 10시까지도 적극적 체육활동을 많은 사람이 한다. 덴마크에서 사회체육으로 많은 사람들이 즐기는 종목은 체조 · 핸드볼 · 축구 · 테니스 등이다. 그 중에 체조가 가장 큰 조직력과 동호인을 가지고 있는데 이는 1804년 나흐테갈이 체조를 군(軍)교육에 필수로 하여 육군체육학교를 창설한 것이 계기가 되었다. 각 지방에서 5년마다 전국적인 체조 대회가 열리는 것을 보아 알 수 있듯이 덴마크는 체조가 생활의 일부가 되어있다. 이 체조로 인하여 덴마크 노인들은 허리가 굽은 노인들이 거의 없다는 할 정도이다.

덴마크 사회체육 시설로는 학교체육시설을 들 수 있는데 겨울 동안에 행하여지는 각 클럽의 체조는 학교 체육관에서 이루어지기 때문이다.

체육시설로는 다목적 체육센터가 인구 5천명 당 1개정도 설치되어 전국에 약 1천개나 있고, 축구장은 6천여 개소, 핸드볼 장은 약 3천여 개소, 테니스장은 약 3천여 개소가 있어 사회체육활성화의 기본이 되고 있다.

이 모든 체육센터 및 클럽은 더하면 전국에 약 8천 개소나 되면 체육인구는 전체인구의 60%인 3백만이 넘는다.

덴마크의 사회체육지도자현황을 보면, 각종 클럽의 지도자 중에는 국민체육고등학교 출신이 많은 데 체육지도전문가가 아니라 직장인으로서 일과 후 각 클럽에서 지도자 활동을 하기 때문이다.

사회체육 전담기구로는 1896년 설립된 덴마크 체육연맹이 있는데 여기에는 아마추어 운동회원이면 누구나 가입할 수 있다. 아마추어 규정을 잘 만들어 지킴으로 세계적으로 인정을 받는다.

현재 이 연맹에 가입되어 있는 체육개별 연합체는 궁도·배드민턴 등 다양한 종목으로 구성되어 있고, 단체연합체로는 근로자체육연맹, 군인체육, 사설체육클럽 등 5개의 연합체가 있고, 그 외 체조청소년연맹, 사격체조연맹, 직장체육연맹 등이 사회체육발전에 일조하고 있다.

요약정리

- 사회체육참여형태: 국가가 정책적으로 체육을 권장
- 체육참여인구: 전 국민 대상
- 체육시설현황: 도시스포츠클럽과 민간가정, 약 8천 개소
- 정책: 1947년 체육연구소 창설, 체육지도자 무보수로 4년 봉사
- 특징적 운동: 체조와 스키
- 교육기관: 각 단체에서 교육, 특수체육교사 양성
- 체육지도자 양성: 체육대학 및 체육개별 연합체
- 프로그램개발: 정부지원으로 대학 및 각 기관

4) 프랑스

정식명칭은 프랑스 공화국(共和國, 프랑스어: République française 레푸블리크 프랑세즈).

프랑스는 서유럽의 본토와 남아메리카의 프랑스령 기아나를 비롯해 여러 대륙에 걸쳐 있는 해외 레지옹과 해외 영토로 이루어진 국가로서, 영토는 551,458㎢이며, 인구는 약 6천만 명이다.

민족 대이동 후 5세기에 프랑크 왕국이 성립하여 백년전쟁(1337~1453)이후 왕권이 신장되었고, 17~18세기에는 유럽의 지도적 위치에 군림하였다. 1789년의 혁명으로 공화정이 성립되었고, 1958년 이후 드골에 의해 제5공화정을 거쳐 지금에 이른다. 기계 · 귀금속 · 섬유 · 화학 · 건축 공업이 발달하였고 유럽굴지의 농업국이며, 주민은 라틴계로 대부분이 가톨릭이다.

동쪽은 이탈리아 · 스위스 · 독일, 북동쪽은 룩셈부르크 · 벨기에와 접하고, 북서쪽은 영국해협이며, 서쪽은 대서양, 남쪽은 지중해와 스페인으로 이어진다.

9세기부터는 노르만인의 침략이 활발해졌으며, 한때 파리가 위험한 지경에 빠지기도 하였다. 이 무렵에는 지방호족에 의한 봉건적 분권주의가 점차 진전되어 카롤링거왕조는 쇠퇴하였고, 마침내 카페왕조가 창시되고 프랑스 왕이 됨으로서 프랑크왕국이 멸망하고 프랑스역사가 시작된다.

카페왕조 초기의 영역은 파리주변 부분이었다. 각지에서는 귀족이 세력을 다투었고, 왕권에도 대항하였다.

이 때문에 프랑스에서 봉건사회가 성립되었으며 그와 동시에 그리스도교가 비약적으로 발전하였다. 클레르몽 종교회의(1095)를 계기로 십자군이 결성되었고, 로마네스크에 이어 고딕 양식의 교회가 장중한 모습을 나타내었다. 프랑스 제후, 기사가 중심이 된 1차 십자군(1096~1099)은 예루살렘 왕국을 건설하였고, 제2차 십자군(1147~1149)에 루이7세, 제3차(1189~1192)에는 필리프2세(재위:1180~1223)가 참가하였다. 필리프2세는 영국의 플랜태저넷가(家)와 싸움을 벌려 실지왕(失地王) 존으로부터 노르망디 · 멘 · 앙

주 · 푸아투를 회복하였다. 필리프2세의 손자 루이9세는 성왕(聖王: Saint Louis, 재위: 1226~1270)으로 불렸는데 그의 정책은 '법에 의한 평화'를 기본으로 '봉건제도하의 왕권'을 완성시키고 파리조약, 아미앵의 중재로 해묵은 영국 · 프랑스 사이에 분쟁을 해결하는 한편 법조행정과 문화발전에도 힘을 기울려 파리를 서유럽 문화의 중심지로 만들었다.

(1) 사회체육 발현과 정책

프랑스는 오랜 역사 속에 찬란한 문화유산과 예술의 보고를 이루고 있는 나라로, 연중행사와 축제일이 많은 데, 축제에는 갈라(Gala)와 경마가 연중행사로 열려 국민들에게 즐거움을 선사하고 특히 자전거 경기(Tour de France)는 큰 인기가 있어 약 1,500명이 4,000km의 거리를 주파하는데 수십만 명이 도로변에서 구경하고 응원함으로 사회체육을 알리고 그 현장으로 불러 모으는 역할을 한다.

프랑스의 사회체육은 전 국민이 자신의 자발적인 의지에 의해 자유롭게 참여할 수 있는 스포츠클럽을 지역 · 직장 · 학교 등 필요한 곳에 설치 확장해 나가는 것을 기본적인 정책방향으로 하고 있다.

체육현황을 보면, 17세기 체육지도자로는 스위스사람 클리아스(P. H. Clias)와 스페인 사람 아모로스(F. Amoros)가 있다. 아모로스는 1814년에, 클리아스는 1841년에 프랑스에 와서 주로 군대를 중심으로 하여 체조를 지도했다. 그 후 혁명(1848) 때문에 중단되고, 1871년까지는 특기할 만한 것이 없었으나 보불전쟁(普佛戰爭: 프로이젠 · 프랑스전쟁, 1870~1871)이후에 재건되었다. 독일체조의 발흥기처럼 그룹체조를 하였으나 1870년에 프랑스체조클럽(Union des Societes de Gymnastique de France)이 창립되었다. 그리고 스포츠단체는 프랑스 스포츠경기연맹(Union des Federation Francies sports Athletiques)에 통합되었다. 1920년부터는 남자에 대한 병역의무 외에 남녀 청년들의 대하여 스포츠 의무제가 일반화되었다. 대학에서의 스포츠 활동은 개인의 자유이며 각 대학의 스포츠 부는 프랑스대학 스포츠클럽(Sporting Club Universitaire de France)에 가맹되었다.

공립학교 체육을 보면, 1872년과 1880년에 남자는 재학 중에 체조를 의무적으로 실시할 것이 법률로 정해졌고, 7년 후에는 여자초등학교에도 적용되었다. 1892년에는 정부가 학교체육 입문서를 공포하였다.

프랑스의 쿠베르탱남작(Pierre Coubertin)은 올림픽 부흥운동을 시작하여 국제올림픽위원회(IOC)를 창설하고 올림픽발전·운동추진과 스포츠와 교육의 연관성을 주장한 근대올림픽경기에 창시자이다.

그는 파리에서 태어나 영국에서 학생시절을 보냈다. 1870년 보불전쟁 후 프랑스 청소년의 교육개선에 뜻을 두고 예부터 내려오는 지식교육중심에 중등교육을 비판하고, 1887년 사회경제학회에서 이것을 보고하고 '학교에서의 신체활동 보급진흥위원회'를 조직하였다. 쿠베르탱은 고대 올림픽경기에 이상을 스포츠실천 지도이념으로 삼고 국제 경기회를 조직할 것을 제안했고, 그 조직에 착수하여 1894년 12개국의 79인의 대표자들과 함께 국제올림픽위원회를 결성하였다.

그리하여 제1회 대회는 고대 올림피아 연고지인 그리스의 수도 아테네에서 1896년 개최되었고, 그 후 30년에 걸쳐 국제올림픽위원회 위원장을 역임하였으며, 업적으로는 스포츠경기에 높은 이념을 끊임없이 고취하게 하고 경기회의 발전에 기여하였다.

1960년대 드골대통령의 제5공화정부가 사회체육진흥과 올림픽선수육성이라는 두 영역 정책을 추진하여 큰 성과를 거둔 것이 프랑스의 특징이다.

정부가 체육 및 관련 시설마련을 위한 여건과 재정조성이나 올림픽선수양성을 위한 훈련비 등의 예산을 적극 지원하되, 시설운영이나 지도자양성 및 훈련 등 전문분야에 대해서는 민간체육과 스포츠전문단체에 위임하는 내용이다.

1964년에는 여가대책위원회를 구성하여 국민여가생활을 스포츠와 관련시키는 대책을 마련하였고, 출생률 상승으로 청소년이 인구의 25%정도를 차지함으로 청소년문제의 대책 역시 스포츠를 통하여 건전한 인격형성과 건전한 생활로 이끄는 정책을 폈다. 특히 근로청소년들이 참여할 수 있는 스포츠를 직장과 지역조건에 맞추었으며 20명 이상의 기업은 운동의 장

(場)을 마련하던지 아니면 인접기업 간 공동운영을 유도하였다.

특히 1980년에는 'Fitness 상'이 제정되어 8세부터 13세까지의 어린이들을 위한 체력테스트를 실시하였다. 'Fitness 상'은 달리기, 표적던지기, 연령별 달리기, 넓이 뛰기, 양모던지기 5개 종목으로 테스트를 하여 합격한 어린이에게는 상을 수여하므로 어린이의 성장에 큰 역할을 하였다.

프랑스의 체육업무는 문교부산하 '청소년스포츠 청'에서 주관하였으나 청소년 인구비중과 국민의 여가를 위하여 1966년 '스포츠여가 성(部)'으로 하고 학교체육, 스포츠, 사회체육 등에 행정적인 기능을 하고 있으며 15개 지방과 89개 현 지역에도 동일한 역할을 하는 기관을 두어 지방체육에 지도 조언을 하였다.

'스포츠 여가 성(部)'에서는 지도자양성 · 시설확충 · 프로그램개발 · 용구의 확충 등에 중점을 둔 2차 5개년 계획을 세워 추진하여 높은 성과를 거두었고, 특히 제6차 경제사회발전계획(1971~1975)에는 국민들의 여가와 사회체육을 주요내용으로 채택하였고, 1975년에는 체육진흥을 위한 법을 개정하여 사회체육의 활성화를 도모 하였다.

이 모든 지역을 통합하여 운영하는 조직은 '올림픽스포츠위원회'이며, 전국의 산재한 10만여 스포츠클럽을 관할한다. 그러나 올림픽 종목에 해당되지 않는 종목은 별도 계열로 조직되어 있다. 레크리에이션 관련단체는 '유스호스텔협회' '프랑스 야외스포츠연맹'이 있다. 유스호스텔은 전국 휴가센터와 유스호스텔을 배치하여 여행인구를 수용하고 야외스포츠연맹은 스키 · 카누 · 요트 등을 주관한다.

지도자 양성은 종목별 스포츠연맹에 일임하였고, 지도자양성 시설로는 '국립스포츠학교' '산악스포츠국립학교' '스포츠 지역 센터' 등이다.

사회체육진흥을 위한 기금은 각종 경기 입장권의 세금과 후원금으로 이루어지며 시설은 체육관 20여 개소, 스포츠 홀 100여 개소, 옥외풀장 60여 개소. 청년회관 650여 개소, 휴게장 1,000여개 등이며, 전국적으로 만족할 만한 체육시설 및 부대시설을 보유하고 있다.

프랑스 체육진흥을 위한 법률에 보면 지방자치단체 또는 공공단체가 갖는 유휴용지를 체육용지로 하고, 공업주택지역의 개발에 있어서는 체육시설을 마련하여 최대한 많은 사람들이 이용하기 편리하도록 하여 고령자나 신체 장애인까지도 고려해야 한다는 것이고, 특히 체육시설을 설치하는데 있어서는 인구비례와 시설기준에 따라야 한다고 명시되어 있다.

요약정리

- 사회체육참여형태: 국가시책 동호인조직
- 체육참여인구: 전 국민 대상(예술성 강조)
- 체육시설현황: 스포츠클럽과 체육시설을 유휴용지에 설치, 전국적으로 만족할 만한 체육시설 및 부대시설을 보유
- 정책: 1873년 체조단체 조직, 1966년 '스포츠여가 성(部)'으로 하고 학교체육, 스포츠, 사회체육 등에 행정적인 기능
- 특징적 운동: 경마 와 체조
- 교육기관: 스포츠연맹에 일임
- 체육지도자 양성: '국립스포츠학교' '산악스포츠국립학교' '스포츠 지역 센터'
- 프로그램개발: 올림픽스포츠위원회

5) 구소련

정식명칭은 소비에트 사회주의공화국연방(러시아어: Союз Советских Социалистических Республик / СССР 소유스 소베츠키흐 소치알리스티체스키흐 레스푸블리크: 쏘비에트).

1922년 12월 30일부터 1991년 12월 26일까지 유라시아 대륙 북부에 존재하였던 세계 최초의 공산주의 국가, 소비에트 연방은 세계에서 가장 큰 국가였다.

소련의 영토 면적은 무려 22,402,200km²이며, 지구 전체 육지 면적의 6분

의 1쯤 되고 북아메리카 대륙과 크기가 비슷하다. 유럽부분은 총 영토의 4분의 1에 해당했고, 이 부분은 소련의 문화적, 경제적 중심이었다. 동쪽으로의 영토는 태평양에, 남쪽으로는 아프가니스탄에 달했지만, 이 지역의 인구는 유럽부분 보다 적었다. 소련의 영토는 동서로 1만 킬로미터에 11개의 시간대이며, 5개의 기후대(툰드라, 타이가, 스텝, 사막, 고산)에 걸쳐 있었다.

소비에트 연방의 국경은 세계에서 가장 길었으며, 약 6만 킬로미터에 달했고, 이는 북극해 해안 총 길이의 3분의 2에 달하는 것이었다. 1945년부터 1991년까지 소련의 국경은 아프가니스탄, 중화인민공화국, 체코슬로바키아, 핀란드, 헝가리, 이란, 몽골, 북한, 노르웨이, 폴란드, 루마니아, 터키와 접했다.

1917년 3월에 일어난 러시아 2월 혁명은 러시아 제국을 멸망시켰다. 혁명 이후 수립된 러시아 임시 정부는 오래 가지 못했고, 러시아 내전에서 볼셰비키가 승리하면서 1922년 12월 30일 러시아 소비에트 연방 공화국이 탄생하였다.

소련의 첫 번째 지도자 레닌은 1924년에 사망했고, 이오시프 스탈린이 소련의 새로운 지도자가 되었다. 소련은 제2차 세계대전 후 미국과 함께 세계를 이끌어가는 2개의 '슈퍼파워'가 되었다.

소련과 동유럽 위성국가들은 미국과 서방 세계에 맞서 냉전 체계를 구축했다. 이로 인해 미국과 소련을 비롯한 양측 동맹국 사이에서 갈등, 긴장, 경쟁 상태가 이어졌다. 1980년대 후반, 소련의 마지막 지도자 고르바초프는 페레스트로이카와 글라스노스트를 통해 소련의 경제를 중흥시키려 했고, 1991년 12월 25일 고르바초프가 소련 대통령직에서 물러나며 그 막을 내렸다.

(1) 사회체육의 발현과 정책

1917년 러시아제국이 멸망하고, 소비에트 사회주의 공화국 연방이 탄생된 지 74년 만에 다시 러시아라는 국호로 재탄생하였다. 소련은 공산주의

혁명 이후 국민의 체력이 노동력 향상과 국가 발전이라는 인식하에 체육 활동을 권장하였다.

특히 소련은 체육을 체육문화라는 용어로 광범위하게 사용했다. 체육문화라는 용어에는 사회체육은 물론 노동자의 건강, 청소년체력 및 육성문제와 국방을 위한 체력의 강화, 신체운동을 통한 의지력 및 애국심까지도 포함된 것이다.

구소련의 스포츠 특성을 보면, 올림픽에서는 메달을 지향하였고, 또 다른 영역에서는 국방체육에 중점을 두었는데 세계대전 후 군사적 가치를 크게 인정하여 모든 국민이 직접 스포츠의 참여하도록 법으로 규정함이 그것이다.

1931년 산업과 국방을 준비하는 'GTP제도'와 '스포츠등급제도' 아래 두 가지의 원칙을 실천하는 기본방향이 마련되었고, 이러한 체육문화배경으로 두 가지의 기본원칙이 세워졌는데 그 하나는 국민 모두가 참여하는 민중스포츠(Massovost)이고, 또 다른 하나는 엘리트스포츠를 뜻하는 매스터스포츠(Masterstvo)이다.

1948년 공산당중앙위원회는 국제무대에서 최고가 되자는 결의안을 통과시킴으로 인하여, 집단이 체육에 참가하는 것은 물론 '1인 1기 2인 참가운동'을 실시하기에 이른다. '1인 1기 2인 참가운동'의 골자는 한사람이 한 종목의 운동을 시작하면 그 운동자가 다른 두 사람을 본인이 하는 운동으로 인도하여 소개하고 지도하는 것이다.

1059년 1월 당 중앙위원회 각료회의는 '국가에 있어서 체육 스포츠지도에 관한 사항'을 결의하고, 산하에 '소련 체육 · 스포츠위원회(All Union of Committed of Physical Culture and Sport)'을 폐지하고, 소련연방스포츠단체연합회(Union of Sport Societies and Organization)로 하였으며 소련연방회의에서부터 공화국 · 지역 · 자치공화국 · 도시 · 지구에 이르는 광범위한 조직을 갖고 있다.

소련연방회의에는 '과학방법위원회' '스포츠단체조직위원회' '학교체육위원회' '전문기술학교 체육위원회' '고등전문교육시설 체육위원회' '농촌체육

스포츠 활동위원회' '체육집단위원회' 'G. T. O. 위원회'가 있다.

선수 양성에서는 학교에서 운동소질과 능력을 인정받아 어린이 스포츠학교에서 훈련을 받는 어린이가 약 일백만 명에 이른다. 어린이학교를 마치면 청소년스포츠학교에 입학하여 자기에게 맞는 종목으로 코치를 받는다.

체육지도자 양성제도는 체육대학과 종합대학의 체육학부가 있다. 1957년 이후 과학적 연구를 할 수 있는 4년제 체육대학이 15개교, 초등학교와 중학교의 체육교사나 일반체육단체의 지도자요원을 양성하는 3년제 체육중등전문학교가 37개교, 그 외 노동조합이나 체육부와 연결하여 체육의 지도자요원과 운동기능의 향상을 목적으로 한 청소년체육학교가 약 1천개교 이상이 된다.

소련의 사회체육은 국민전체가 상부로부터 강력한 작용을 받아 전연방적 규모로 참여하고 있다. 노동조합, 공산청년동맹의 조직을 배경으로 집단화, 조직화가 잘되어 있어 농촌지역까지 체육조직이 결성되어 있다.

소련이 각종 국제대회에서 우수한 성적을 거둔 것은 개인의 천재적인 자질이라기보다는 사회주의 체육의 특색인 강한 조직력과 체육의 일반대중화에 있었다.

소련에서는 약 70개의 종목의 체육종목이 행하고 있는데, 그 중에 육상 · 체조 · 배구 · 스키 · 축구 · 야구를 인기종목으로 꼽는다.

소련은 체육시설도 매우 많은 편인데 직장별 체육관과 80만개가 넘는 경기장 모두가 무료로 사용할 수 있다. 이 체육시설을 이용하는 사람들은 대부분이 근로자이므로 소련은 직장 체육이 매우 활발하다. 그들은 근무 중의 휴식시간이나 근무 후 직장체육관을 이용하는데 체육관 시설 및 용구의 점검이 매우 훌륭하다.

최근 러시아의 체육정책은 개방과 개혁이 사회분위기가 전 보다 매우 자유스러운 대중 사회체육으로 탈바꿈하고 있다. 정부의 완벽한 통제아래 국익을 대변하던 체육에서 이제는 개개인의 건강과 즐거움을 위한 체육으로 전환하고 있는 경향인데 그 예로서 복싱과 축구, 테니스 등의 프로체육의 적극적인 참여와 체육클럽의 자유로운 경영 등을 들 수 있다. 최고 학술기관은 모스크바 중앙체육 연구소이다. 기타 3개의 스포츠과학연구소와 4개의 국가대표선수 훈련소가 있다.

요약정리

- 사회체육참여형태: 국가시책
- 체육참여인구: 전 국민 대상(통계없음)
- 체육시설현황: 80만개 스포츠 체육시설
- 정책: 1931년 산업과 국방을 준비하는 'GTP제도'와 '스포츠등급제도', 1948년 공산당중앙위원회는 국제무대에서 최고가 되자는 결의안을 통과시킴으로 인하여, 집단이 체육에 참가하는 것은 물론 '1인 1기 2인 참가운동
- 특징적 운동: 육상과 체조
- 교육기관: 4년제 체육대학 15개교, 3년제 체육전문 37개교, 청소년체육학교1000개교
- 체육지도자 양성: 체육대학과 종합대학의 체육학부 및 교육기관
- 프로그램개발: 연방체육위원회

6) 미국

정식명칭은 아메리카합중국(United States of America).

본토와 알래스카 · 하와이로 구성된 연방공화국이다. 남쪽으로 멕시코와 국경을 마주하고, 북쪽으로 캐나다와 접해 있다. 서쪽으로 태평양, 동쪽으로 대서양에 접해 있고 남동쪽으로는 카리브해(海)가 있다. 50개주(state)와 1개 수도구(district:컬럼비아구. 약칭 D.C) 외에 해외속령(海外屬領)으로 푸에르토리코 · 사모아 제도(諸島) · 웨이크섬 · 괌섬이 있다. 캐롤라인 제도는 1947년부터 1986년까지 UN(United Nations:국제연합)의 신탁통치령으로 미국이 관할하였다.

미국의 영토는 50개주와 컬럼비아 특별구 포함하여 9,372,615km^2 이며, 종교는 기독교 52%, 로마가톨릭교 24%, 모르몬교 2% 등이며, 인구는 약 3억 382만명 (2008년 통계)이다.

1492년 콜럼버스(Columbus,C.)의 신대륙 발견 이래, 아메리카대륙은 유럽 열강들의 식민지 개척경쟁의 대상이었다. 16세기에 들어 퀘벡에 프랑스령 식민지가 건설된 것을 필두로 하여, 현재의 뉴욕에 근거지를 마련한 네덜란드, 그리고 국내의 복잡한 문제를 식민지건설로써 눈을 돌리려는 영국 등이 북미대륙을 무대로 각축전을 벌렸고, 1606년 유럽 열강 가운데서 최초로 영국이 버지니아 일대에 이주민 정착지를 건설하기 시작하였다.

한편, 1620년 종교박해를 피하여 네덜란드에 가 있던 청교도가 신앙의 자유를 찾아 메이플라워호를 타고 지금의 매사추세츠주에 상륙하여 플리머스 정착지를 건설하였고, 이후 1733년까지 영국은 북아메리카의 대서양 연안에 13개의 정착지를 건설하였다.

1775년 4월 영국군과 식민지인 사이에 유혈충돌이 벌어졌고 이로써 아메리카혁명의 막이 올랐다. 1776년 1월의 대륙회의에서는 처음으로 독립문제가 공개적으로 논의되었으며, 이에 따라 북미대륙의 13개 영국식민지는 개별적으로 독립정부를 수립하기 시작하였다. 마침내 1776년 7월 4일, 독립선언서가 대륙회의에서 공식적으로 채택되어 영국으로부터 미국의 독립이 정식으로 선포되었다.

1861년에 시작된 미국의 남북전쟁은 명분상으로는 주권론(州權論)을 주장하는 남부와, 합중국론(合衆國論)을 주장하는 북부와의 헌법상의 해석문제를 둘러싼 싸움이었으나, 1865년 북부의 승리로 남북전쟁이 종결되자 미국의 민주주의는 더욱 확고한 기반을 확보하여 마침내 1870년 흑인들에게도 투표권이 부여되어 노예제도가 폐지되기에 이르렀다.

남북전쟁이 끝난 다음 약 25년 동안, 미국사회는 급속도의 경제혁명을 경험하였다. 급격한 산업화와 도시화의 과정에서 대기업과 산업주의의 원리가 국민생활 속에서 자리를 굳혀가고 있었다.

곧이어 미국을 강타한 것은 1929년의 대공황이었다. 그렇지만 1933년 루

스벨트(Roosevelt, F. D.)가 대통령에 당선되면서 뉴딜정책(New Deal Policy)을 추진, 미국 자본주의의 위기를 어느 정도 극복하였다.

제2차 세계대전 후 미국은 소련과 냉전구조인 양극체제를 유지하였고, 1989년 몰타에서의 미·소 마지막 정상회담을 계기로 탈이념과 탈냉전을 선언하고, 1990년부터 시작된 공산사회주의 사회의 붕괴로 소련이라는 국명이 사라지면서 미국 단독의 힘 중심으로 세계질서가 재편되었다.

(1) 사회체육의 발현과 정책

미국의 사회체육은 도시나 지역사회를 중심으로 자생적인 발전을 거쳐서 형성된 시민스포츠 운동이라 할 수 있다. 그러므로 미국의 사회체육은 국민건강을 바탕으로 모든 프로그램이 만들어지고 운영되는 정책이다.

미국은 국민들의 운동에 대한 열렬한 관심과 적절한 제도의 확립으로 불과 반세기 동안에 모든 스포츠 시설과 경기 기술이 크게 발전하여 국제올림픽 대회나 세계 선수권 대회에서 뛰어난 성적으로 체육·스포츠 선진국의 지위를 확보하게 되었다. 이와 같이 짧은 기간에 진보하고 발전하게 된 원인은 각 학교에서는 물론, 일반 사회에서도 레크리에이션·운동, 특히 스포츠가 광범위하게 보급되고 생활화되어 있기 때문이다.

즉 각 주마다 곳곳에 경기협회, 단체, 클럽 등이 설치 운영되고 있어 남녀노소를 불문하고 여가생활을 각종 스포츠를 통하여 행할 수 있다, 그 정책을 보면 한 도시에 약 265에이커(약 33만평)의 공원면적을 확보하도록 규정하고 이 공원 안에 시설내용은 주로 공원, 각종 구기경기(농구·배구·정구·배드민턴 등)운동장, 수영장 등 스포츠시설이 필수적으로 포함되어 있으므로 편리하고 쾌적한 시설을 이용할 수 있기 때문이다.

미국 사회체육에 가장 큰 영향을 끼친 것은 플레이그라운드 설치인데, 1885년 보스턴 시의 유희장 설치에서 비롯되었고, 이것은 유희장 설치 운동의 종주국인 독일을 능가하는 추세였다. 뉴욕에서는 1888년에 대규모 유희장 세 개를 건설했는데, 당시 시 당국은 30만 달러란 거액을 투자하여 아동과 일반시민의 오락·유희시설로 갖추었고, 1890년대에는 시카고,

필라델피아, 샌프란시스코 등지에도 일반 시민을 위한 유희장이 건설되었다. 이와 같이 많은 유희장이 건설될 수 있었던 것은 국가가 소년 소녀를 선량하게 키우고, 범죄 방지에도 유효한 수단이 된다고 인정하였고 시민들이 신체적·도덕적·교육적 견지에서 그 설치의 필요성을 인식하였기 때문이었다.

그리하여 1915년에는 전국적으로 432개 도시에 3,294개의 유희장을 설치하였고, 1925년에는 748개 도시에 8,608개가 건설되기에 이르렀다.

미국은 1954년 체력측정방법(Kraus Weber Test)을 통하여 미국의 청소년들이 다른 나라의 청소년보다 체력이 약하다는 결과가 나오자 1956년 7월 대통령 직속으로 '대통령 청소년 체력향상위원회'를 발족시켰다. 이 위원회는 케네디가 대통령(1961~1963. 11월 제35대)으로 취임하면서 '연약한 미국인을 배격하기 위하여 가정과 지역사회가 협력하여 체력조성을 추구한다.'는 성명을 발표하고 전 국민적 체력향상운동을 전개했다.

그 결과 '대통령 청소년 체력향상위원회'는 체육 프로그램의 실현을 위한 개인적인 계획과 공공기관들의 상호협조와 자문에 목표를 두고 있으며, 1974년 설립된 '기업체력협회'와 1983년 설립된 '미국체력재단'과 그 후원으로 설립된 '미국체력아카데미' 역시 체력과 체육활동의 연구와 프로그램계획, 실시에 큰 역할을 담당하고 있다.

사회체육에 참여를 보면, 약 3천3백만 명이 수영을 즐기며, 약 2천5백만 명이 농구·테니스·배드민턴·스키·아이스하키·야구·볼링·골프·승마·사냥·댄스·낚시 등에 참여하고 있으며, 약 4천만 명의 어린이·청소년·성인들이 다목적 체육시설에서 스포츠를 즐기고 있음을 미국의 갤럽여론조사에서 밝히고 있다.

1906년 설립된 '공원 레크리에이션 협회'를 보면, 이 협회는 전 미국어린이들이 즐기고 뛰어 놀 공간인 공원과 운동장을 만들어 나가는 것을 목적으로 설립된 단체이다.

이 협회와 지방조직의 사회체육 민간단체가 밀접한 관계를 가지면서 각 지역 특성에 맞추어 운영함으로 각 종목의 스포츠가 성행하게 되었다.

미국 사회체육의 중심적 역할을 하는 조직체는 미국아마추어 스포츠연합회, 즉 A. A. U.(Amateur Athletic Union of the United States)이다.

1988년에 창설된 이 연합회는 초기에는 개개의 아마추어 스포츠클럽의 가맹체였지만 그 수가 증대함에 따라 1890년에는 클럽 · 단체 · 협회 · 학교 등을 중심으로 지구협회가 결성되었다. 현재는 54개의 지구협회는 가맹되어 있으나 모든 주가 1개의 협회로 이루어진 것이 아니며 몇 개의 주가 연합하여 지구협회를 만들어 A. A. U.에 가맹되기도 하였다.

미국 올림픽위원회는 국제올림픽에서 미국을 대표하는 기능 외에 A. A. U.와 청소년단체들과 협력하면서 사회체육의 저변을 이루는 연령별 수영경기와 청소년 올림픽을 주최하고 있다.

A. A. U.에 가맹된 경기단체나 독립적으로 전국조직을 가지고 있는 스포츠단체들은 스포츠단위클럽의 회원 수를 늘려나가고 자발적인 저변확장 운동을 전개하고 있음이 특징이라 할 수 있다.

미국의 사회체육이 찬사를 받는 것은 시설이 잘 만들어지고 관리가 잘 되고 있는 것과 모든 시설마다 전임 또는 전문가가 반드시 배치되어 있어 운동의 초보자에게 어드바이스(advice)를 해주고 있다는 것이다.

지역단위로 설치된 운동장에는 1명의 레크리에이션 지도자가 배치되고 몇 개의 집결된 운동광장에는 2~3명의 지도자와 관리인이 있다. 수영장이나 해수욕장에는 인명구조원이 배치되어 있으며 어느 체육시설이든지 자격증소지자가 근무하고 있다. 그러므로 시설에 맞추어 사회체육이나 레크리에이션 지도자들의 활동분야는 넓고 안정적이어서 레크리에이션 및 스포츠가 광범위하게 보급되고 생활화될 수 있었다.

사회체육지도자 양성과정을 보면 국립에서 실시하는 지도자 양성과정은 없고 각 대학에서 필요에 따라 지도자를 배출하고 있는데 그 대학 현황을 보면, 레크리에이션 전공이 있는 대학이 110개 이상이며, 석사과정이 있는 대학이 40개 이상이며, 박사과정을 가진 대학도 10개 이상이다. 또한 민간 사회단체의 사회체육지도자들을 양성하는 기관도 다양하며 양질의 지도자를 배출하여 적재적소에 배치하므로 미국의 사회체육인구는 계속 증가추세에 있다.

요약정리

- 체육참여형태: 본인 스스로
- 체육참여인구: 전 국민의 75%
- 체육시설현황: 만족할 만한 시설 확보, 체육공원활성화
- 정책: 1954년 체력측정방법(Kraus Weber Test)을 통하여 1956년 7월 대통령 직속으로 '대통령 청소년 체력향상위원회'를 발족
- 특징적 운동: 조깅, 에어로빅
- 교육기관: 4년제 레크리에이션전공 100개교, 석사과정 40개교, 박사과정 10개교 이상
- 체육지도자 양성: 대학, YMCA, YWCA 등
- 프로그램개발: 정부지원으로 대학과 각 기관

7) 일본

정식명칭 국호는 닛폰코쿠(日本國).

일본어로는 '닛폰'이라 하고, 영어로는 'Japan'으로 표기한다. 수도는 동경(東京)이며, 영토는 372,313㎢에 달하며, 인구는 2008년 집계로 1억2700만 명이다.

일본은 아시아 대륙과 태평양이 맞닿은 지역에 남서방향으로 길게 뻗은 4개의 큰 섬으로 이루어진 나라이다. 홋카이도(北海島) · 혼슈(本州) · 시코쿠(四國) · 규슈(九州)이며, 이즈제도(伊豆諸島)와 오가사와라제도(小笠原諸島) · 류큐(琉球)열도로 구성되어 있다.

행정구역은 43개현, 1개 특별도(都), 1개도(道), 2개부(府)로 되어 있고, 1999년 현재 종교별 신도수의 비율은 불교가 48.2%, 신도(神道: 자연숭배 · 조상숭배를 기본으로 하는 일본의 고유종교로, 神社를 중심으로 발달한 神社神道가 주류)가 51.2%를 차지하여 일본의 양대 종교가 되고 있고, 그 밖에 신 · 구교를 합친 그리스도교가 0.6% 등이다.

일본역사를 보면, 1603년에 도쿠가와 이에야스(德川家康)가 세이다이쇼군(征夷大將軍)의 자리에 올라 268년 간 도쿠가와 막부가 일본을 다스렸다. 쇼군의 자리를 놓고 오다 노부나가(織田信長), 도요토미 히데요시(豊臣秀吉)등과 패권을 겨루기도 하였다.

막부는 원래 전장에서 장군이 지휘소로 쓰던 천막을 가리키는 말이다. 그러나 그 후 천황을 대신해 일본을 실제로 다스리던 무인 정권의 정부를 가리키게 됐다. 막부의 최고 지도자인 장군은 실제로 일본의 최고 지도자였다. 그리고 외국, 가장 가까운 나라인 조선에서도 일본의 왕으로 여겼다.

일본의 마지막 막부체제인 도쿠가와 막부는 1868년 하급무사를 중심으로 정권을 천황에게 돌리라는 존왕양이(왕을 높이고 오랑캐를 배척하자는 사상)와 도막(막부 타도 운동)운동이 격화하여, 막부는 쓰러지고 천황이 정치표면에 등장하는 메이지정부가 성립되었다.

1868년 메이지유신(明治維新)으로 막부정치가 끝나고 천황 중심의 중앙집권적 통치제도를 확립, 근대자본주의를 본격적으로 도입하기 시작하였다. 1889년 제국헌법을 공포하여, 입헌군주제의 기틀을 마련하였으며, 1890년 7월 제국의회가 성립되어 아시아에서 최초로 의회 제도를 확립하였다.

그 후 청일전쟁(1894~1895)과 러일전쟁(1904~1905)에서 승리함으로 제국주의정책을 노골화하고 약소국을 침략하였고, 1910년(한일합병조약)조선을 침탈하였다. 1931년에는 만주사변을 일으켜 만주지역을 강점, 괴뢰국가를 세웠으며, 1932년 상해사변, 1937년 중일전쟁을 일으켰다.

1940년에는 독일 및 이탈리아와 3국 동맹을 맺고 제2차 세계대전을 일으켰다. 1941년 12월 진주만을 습격하고 한때 동남아 일대와 태평양의 주요 섬들을 점령하였으나, 미국의 반격과 일본 히로시마에 원자폭탄 투하로 1945년 8월 15일 연합군에 무조건 항복하였다.

제2차 세계대전이 끝난 뒤 미군이 점령한 일본은 급격하게 변화하였다. 1947년 5월 3일 전쟁을 부인하는 평화헌법을 공포하였고, 헌법은 천황을 상징화해 버리고 주권이 국민에게 있음을 밝혔다. 또, 의원내각제를 채택하여 국회 우위의 정치제도를 확립하고 사법제도를 독립시켜 권력분립을 유지하였으며, 눈부신 경제발전으로 국제사회에서 그 지위를 확립하여 미국·유럽공동체와 더불어 세계경제를 이끌고 있다.

(1) 사회체육의 발현과 정책

일본의 사회체육운동은 1964년 동경 올림픽을 계기로 본격화되었다.

일본문화의 가장 큰 특징은 서로 다른 문화와 마찰이 없다는 점이 장점이 된다. 이러한 문화의 장점으로 서양의 문물을 받아 일본 문화에 맞추어서 활성화시킴으로 각 분야에서 눈부신 성장을 가져왔다.

전쟁패전 후 1946년 미국교육사절단이 일본 민주화에 필요한 일본교육의 근본적 개혁을 위해 군사훈련과 같은 체계를 민주주의 체육으로 전환시키는 중요한 역할을 하였다. 군사훈련의 폐기로 일본 청소년들에게 힘과 건강과 여가의 기회를 되찾게 하였다.

학교체계는 1947년에 개정된 <교육기본법>에 의하여 6·3·3·4제가 채택되어 있다. 중학교까지 의무교육이며 취학률은 99%이상이다. 고교진학률도 70%이상에 달하며 일반적으로 교육열이 높은 편이다.

원래 일본의 체육활동은 학교를 중심으로 발전해 왔으나 일본 청소년과 국민의 체력이 서구에 비하여 너무 뒤진다는 결과아래 1964년 '국민체력증강위원회'를 설치하고 정부와 민간단체가 연합하여 체육발전을 이루었다.

일본의 사회체육은 1949년 사회교육법이 제정되면서 사회교육의 일환으로 체육을 포함시켜 사회체육이라 하였고, 1964년 동경올림픽 이후 일본의 사회체육정책은 정부와 사회체육진흥과 시설설비를 위한 재정을 담당하고 민간단체는 지도자양성과 프로그램개발을 담당하여 유기적으로 협력한 것이다.

사회체육운동의 제1목표로 시설확충과 지도자양성에 두어 일본 전역을 7개 지역(홋카이도·도후꾸·간또·추부·긴끼·시고꾸·규슈), 50개 시·도 지방으로 나누어 본격적인 사회체육진흥운동을 시작하였다.

1965~1966년에는 '범국민 체력만들기 전국평의회'와 '체력만들기 지방평의회'를 조직하여 정부 11개 부처와 200개의 민간단체가 참여하여 구체적

인 장기계획을 세우도록 하였다.

특히 정부내각은 '건강은 다른 사람이 주는 것이 아니라 바로 우리들 자신이 만들어 내는 것이다. 그리고 국민의 건강과 체력을 증진시키기 위해서는 신체적성 운동프로그램에 대한 국민들의 자발적인 참여를 유도해야 한다.' 는 취지에서 다음과 같이 사회체육진흥운동의 목표를 세워 추진하였다.

첫째: 신체적성운동, 스포츠, 레크리에이션 활동을 널리 보급하고,
둘째: 일상생활에서의 보건위생과 국민 영양개선을 증진하고,
셋째: 국민의 의지력과 청소년의 강인한 정신력을 길러주기 위함이다.

이와 같은 목표로 해서 정부와 민간단체가 서로 보조를 맞추어 이른바 '백 만인을 위한 스포츠'라는 기치를 높이 들고 사회체육진흥운동을 전개하였다.

일본의 사회체육정책은 '자연공원의 이용보급'과 '생애체육진흥' 및 '국민건강 육성대책' 등으로 대별할 수 있다.

자연공원의 이용보급에서는 걷기, 등산, 자연보호이며, 생애체육진흥정책은 어린이에서부터 노인에 이르기까지 생애의 걸쳐 사회체육과 친숙해지므로 건강을 유지하는 것이며, 국민건강 육성대책은 건강하고 활력있는 사회를 구축하는 것을 목적으로 후생성이 주관하여 1978년부터 시작되었고 어떠한 정책변화에서도 변함없이 추진되어왔다.

국민건강육성운동이 시작되고 10년이 지난 후 1988년 제2차 건강육성운동이 시작되었고, 그 목표는 '건강하게 80세를 맞이하자' 로 영양, 운동, 휴식의 3요소를 제시하였다.

일본체육연맹(JASA)이 주관하는 해외지도자 훈련과정에 매년 6,000명이 참가하는데 주로 스포츠지도자, 코치, 신체적성운동지도자, 체력테스트 등을 연수 훈련시키고 있다. 그 밖에 JAPFC (Japannese Association of Physical Fitness Counsellors) 소속의 600명 상당의 체육지도자들이 각자의 출신지역

사회에서 건강과 스포츠에 대한 상담활동을 펼치고 있다.

일본의 사회체육지도자는 체육 레크리에이션 지도자, 건강육성의 관한 지도자, 직장체육지도자, 체형관리지도자 등으로 나눌 수 있다.

일본체육협회는 1977년부터 공인자격증제도를 실시하여 5만 명 이상이 자격증을 소지하고 전국각지 체육시설에서 활동하고 있다. 또 국민의 다양한 체육활동욕구를 만족시키기 위하여 지도자를 확보하여 배치하고 있다.

체육시설로는 학교체육시설 · 공공체육시설 · 민간체육시설이 30만 개소에 이르며, 일 천개소가 넘는 체력단련시설과 문화센터 및 공원 등이 있다.

일본에서 인기있는 종목을 보면, 수영 · 조깅 · 테니스 · 볼링 등 이다.

남자들의 경우를 보면, 소프트볼 · 야구 · 골프 등이며, 여성들은 배구 · 테니스 · 게이트볼 · 에어로빅 · 재즈 댄스 등으로 나타났다.

요약정리

- 사회체육참여형태: 국가시책(전 국민대상)
- 체육참여인구: 전 국민의 3/2이상
- 체육시설현황: 기존학교개방, 국가시설 만족단계
- 정책: 1964년 '국민체력증강위원회'를 설치, 1964년 사회체육운동의 제1목표로 시설확충과 지도자양성에 두어 일본 전역을 7개 지역(홋카이도 · 도후꾸 · 간또 · 추부 · 긴끼 · 시고꾸 · 규슈) 관리
- 특징적 운동: 수영, 조깅, 볼링
- 교육기관: 일본체육협회 1977년부터 공인자격증제도를 실시 5만 명 이상이 자격증을 소지하고 전국각지 체육시설에서 활동
- 체육지도자 양성: 국가주관
- 프로그램개발: 문부성 체육국 주관

8) 중국

정식명칭은 중화인민공화국(People's Republic of China).

세계 최대의 인구와 광대한 국토를 가진 나라로, 영토는 남북 5500㎞, 동서로 우수리강(江)과 헤이룽강의 합류점에서부터 파미르 고원까지 5200㎞에 달하는 면적으로 약 9,600,000㎢이다. 세계 육지 면적의 15분의 1에 해당되며 아시아 면적의 4분의 1를 차지하고 있고, 한반도의 약 44배로 러시아와 캐나다 다음으로 세계 제3위이며, 중국의 황하문명은 세계 4대 문명 중 하나이다.

행정구역은 22개성(省)과 광시장족 · 네이멍구 · 닝샤후이족 · 시짱(티베트) · 신장웨이우얼 등 5개 자치구(自治區)와 4개의 직할시(直轄市)와 마카오 · 홍콩 등 2개 특별행정구(特別行政區)로 이루어져 있다.

중국은 아시아 동부에 있는 나라로, B.C. 221년 진(秦)나라의 시황제(始皇帝)가 처음으로 통일을 이루었으며, 중국 최후의 통일왕조인 청(淸)나라에 이어 국민당의 국민정부가 세워졌고, 1949년 10월 1일 중국공산당이 북경(北京, Beijing)을 수도로 중국대륙에 수립한 사회주의체제의 인민공화국이다.

중국 인구는 대부분 한족(漢族)이고, 몽고(蒙古) · 회(回) · 장(藏) · 묘(苗) · 조선족(朝鮮族) 등 55개의 소수민족으로 구성되어 있다. 이들 소수민족은 전체 인구의 약 7%에 불과하지만 이들이 분포되어 있는 지역의 면적은 전체 면적의 약 50~60%로 대부분 변경지역이다. 중국의 총인구를 보면, 2009년 통계에는 13억 3,474만 명으로 집계되었지만 그 보다 훨씬 많다고 한다.

중국의 언어는 표준어 · 방언 · 소수민족 언어로 나눈다. 우리나라와 일본에서 부르는 '중국어'의 명칭은 여러 가지이다. 현재 중국에서는 93% 이상의 다수를 점하는 한족(漢族) 언어를 공용어(公用語)로 하고 있어, 이 공용어를 공식적으로 '한어'라고 한다.

종교는 불교, 도교, 기독교, 회교로 구분되나 그 종교인 수는 통계가 없다. 그러나 대부분의 사람들이 불교를 오랫동안 신봉해왔다.

(1) 사회체육의 발현과 정책

1949년 중국공산당의 화남진입과 동시에 북경에서는 정부수립 준비가 진행되어 그 해 10월1일 중화인민공화국이 정식으로 출범하였다. 초기의 중국을 죽(竹)의 장막이라 표현했는데 그 이유는 너무나 폐쇄된 정책으로 중국의 내부을 볼 수 없었기 때문이었다.

1976년 4월 천안문사건 후 개방이 시작되었고, 2008년 8월8일 북경올림픽을 성공리에 마친 중국은 세계 제1위의 스포츠 강국의 면모를 갖추게 되었고 이제는 많은 것을 개방하고 있다.

중국의 국민체육 사업은 중화인민공화국 수립이후 줄곧 당(黨)과 정부가 힘을 합하여 추진한 결과 모택동(마오쩌둥,毛澤東)사상을 중심으로 하여 자력갱생과 투쟁을 위한 사업으로 전개하였다.

이 같은 배경으로 인하여 중국에서는 사회체육을 군중체육으로 부르고 있다. 이 군중체육의 개념은 직장, 농민, 학교, 여가체육, 노인 등 체육활동 모두를 지칭하는 용어이다.

직장체육은 비교적 적은 경비로 많은 성과를 얻을 수 있는 탁구 · 배드민턴 · 축구 · 농구 · 배구 · 무술 · 수영 · 역도 · 육상 등으로 전개하고 있으며, 농민체육은 1984년 중국전역에서 158개 장소에 지정하여 애향심을 높이고 체육활동에 관심을 갖게 하고 있다.

노인체육으로는 태극권, 장거리달리기, 기공, 등산, 우슈 등을 애호하며 학교체육은 일반학생들에게 학문을 가르치면서 여가체육학교를 겸하고 있다.

여가체육학교는 오전에는 수업을 하고 오후에 체육훈련을 받는 체육인재 조기교육학교이기 때문에 종목마다의 소질이 있다고 판단되는 어린이나 학생들을 미리 이 학교에서 훈련 육성하는데 신체적성훈련과 기본기술에 역점을 두어 가르친다.

중국의 민간체육활동은 55개의 소수민족마다의 특수한 종목의 활동이 있고, 보편적으로는 무술 · 씨름 · 사자놀이 · 죽마놀이 · 태극권 · 줄다리기 · 널뛰기 · 줄넘기 · 그네타기 · 기계체조 등 종류가 다양하지만, 중국을 대표하는 민간체육활동은 쿵푸 무술이다. 이 쿵푸는 보건의료체조로서 기원후 5세기경 한 승려(달마)에 의하여 정리된 역근경이 그 원류이다.

사람 몸의 여러 가지 질병은 신체기능이 활발하지 못함으로 정체되어 일어나는 현상임을 깨우쳐 창안한 체조로서 호흡운동과 같이하여 신체 여러 기관의 기능을 원활히 함으로 수명을 연장하는 뜻이 있어 중국을 대표하는 국기(國伎)가 되었다.

중국의 체육현황은 올림픽의 처음 출전했던 1984년 L.A대회에서 메달 금15, 은8, 동9 로 종합4위(미국 · 루마니아 · 서독 · 중국)를 차지한 이래 봉건적이고 억압적인 구(舊)체육체제를 개혁하여 '국민의 건강' '국가의 경제건설' '국방건설과 정신문명건설'에 목표를 두고 사회주의 신(新)체육을 실현하는 것이 변경된 체육사업의 목적이다.

중국은 국민체육 운동 전개의 일환으로 1951년 제1부 라디오 체조를 공포하였고, 30년 동안 줄곧 총 6부에 라디오 체조를 제정하였다, 이 라디오 체조에 많은 국민이 참여하므로 2~3억 이상이 라디오 체조를 한다, 기록하고 있다.

중국(마카오 · 홍콩)이나 대만에 가면 이른 새벽 공원에서 기합소리와 함께 태극권을 하는 모습을 보게 된다. 앞에서 지도자가 아주 느린 동작으로 시연을 하면 수많은 사람들이 재연을 한다.

이 태극권은 반동을 이용하지 않는 운동으로 격렬하지도 않아 남녀노소 모두가 참여하고 있다. 이러한 범국민적 노력으로 중국인의 체력을 향상시켰고, 평균수명 연장도 가져왔다.

1984년 올림픽에 참가할 때의 중국 체육의 수준은 일부종목(탁구 · 역도 · 배드민턴 · 배구 · 다이빙 · 수영 · 사격 등)에 국한되었으나 사회체육의 넓은 저변을 이용하여 선수를 육성하고 선발 훈련하여 이제는 모든 분야에서 두각을 나타내게 되었다.

중국 사회체육정책의 핵심은 전국각지 3천개 이상의 소년 체육학교에서 자라나는 꿈나무들을 체계적으로 육성하는 것과 천만 명이 넘는다는 수영선수들, 각 종목마다의 직장체육인들, 도시와 농촌의 사회체육인들, 또 55

개의 소수민족이 저변을 구성하므로 그 자원을 잘 활용하는 것이다.

중국의 체육조직은 국가기관으로서 '중국체육운동위원회'와 '중화전국체육총회' 그리고 '올림픽위원회'가 있으며, 이 기관 모두가 튼튼한 하부 조직을 가지고 있다. '중국체육운동위원회'는 지도기관으로서 체육 사업을 감독하고 스포츠발전을 책임지며, 체위를 증강시키고, 용감한 정신을 배양하고, 신체운동을 통하여 생산, 노동교육 등을 향상시키고, 더 나아가서는 위원회 직속의 기업, 기관, 단체, 학교를 관리하고 지방의 각급 체육운동위원회를 지도하는 목적이 있다.

'중화전국체육총회'는 체육실시기관으로서 중앙정부와 공산당의 지도이념 아래 전국의 체육 스포츠사업계획을 수립, 이들 전국의 각 체육조직을 통해 실행 통괄함과 국민의 체육 · 스포츠지도 업무를 담당한다.

지방조직으로는 체육운동위원회의 하부조직으로서 지방의 성(省) '체육운동위원회' 각 업종별 체육협회가 있다.

중국의 국민체육진흥은 유년시절부터 리듬체조활동 및 체육을 하며, 13개 체육대학과 24개 체육기관에서 3만 명의 체육교사를 포함하여 약 25만 명의 체육지도자들이 체육실기 지도를 하고 있다.

4년마다 올림픽개최 전 해에 전국체육대회를 개최하여 우수선수를 선발하고 있으며, 지도자양성은 1963년 교련원(教聯員)등급제도가 '중국체육운동위원회'에서 공표한 이래 이제도를 따르고 있다. 교련원 등급은 국가급 · 1급 · 2급 · 3급 · 보좌 등 5개의 등급으로 되어있는데 국가급과 1급은 중국체육운동위원회가, 2급은 성(省:자치구 · 시) 체육운동위원회가, 3급과 보좌는 시 현(縣) 체육운동위원회가 각각 결정한다.

중국정부는 국민건강과 오락을 중요시하여 대중적인 체육활동을 장려하고 있으며, 특히 자전거를 이용한 교통수단 내지 운동이 중국의 사회체육으로 잘 접목된 대표적인 것이 되었다.

요약정리

- 사회체육참여형태: 국가시책(전 국민대상)
- 체육참여인구: 통계 없음
- 체육시설현황: 기존학교개방, 국가시설 활용, 작업장 시설, 공원시설, 공공체육시설
- 정책: 1951년 제1부 라디오 체조를 공포, 중화인민공화국 체육운동위원회 정책, 자력갱생과 투쟁을 위한 사업으로 전개
- 특징적 운동: 태극권, 탁구
- 교육기관: 13개 체육대학과 24개 체육기관
- 체육지도자 양성: 국가주관으로 3만 명의 체육교사를 포함하여 약 25만 명의 체육지도자들이 체육실기 지도.
- 프로그램개발: 중국전역 158개소 지정기관

9) 한국

정식명칭은 대한민국(大韓民國: Republic of Korea). 한국남한(South Korea)

국호는 1919년 4월 10일 대한민국 임시정부를 수립하기 위하여 중국 상하이에서 소집된 임시의정원에서 결의한 것으로서, 신석우가 먼저 '대한'을 제시하자 여운형은 "대한은 조선왕조 말기에 잠깐 쓰다 망한 이름이니 부활 할 필요가 없다."고 반대하였으나 다시 신석우가 "대한으로 망했으니 대한으로 흥하자"며 공화제를 뜻하는 '민국'을 덧붙여 '대한민국'을 국호로 제안하였고, 다수결에 따라 이것이 독립국가의 국호로 정해졌다.

한국은 아시아 대륙의 동쪽 끝 한반도에 있는 나라로서, 1945년까지 36년의 일제강점기를 거쳤고, 1948년 대한민국이 수립되었지만 1950년 6·25 전쟁을 겪었고 현재까지도 분단국가로 남아 있다.

남북으로 길게 뻗은 반도와 3,200여 개의 섬으로 이루어져 있으며, 북쪽은 압록강과 두만강을 건너 중국의 만주와 러시아의 연해주에 접하고, 동

쪽과 남쪽은 동해와 남해를 건너 일본을 대하고, 서쪽은 서해를 사이에 두고 중국이 있다.

인종적으로는 몽고계에 속하며, 역사이래로 단일민족으로서 존속하여왔으며, 휴전선을 경계로 한 현재의 남한의 행정영역은 한반도 총면적(221,336㎢)의 약 45%인 99,221㎢이며, 인구는 약 49,773,000명(2010년 현재)이다.

행정구역은 1개 특별시, 6개 광역시, 9개 도로 이루어져 있고, 국어는 한국어, 문자는 한글을 쓰며 한자도 혼용하고 있다. 국기는 태극기(太極旗), 국가는 애국가(愛國歌), 국화는 무궁화(無窮花)이다.

종교 인구는 전인구의 약 40%를 차지하고 있는데, 불교 · 기독교 · 천주교 · 유교 및 신흥종교 등이 주류를 이루고 있다. 1995년에 불교 인구는 약 1,032만 명, 기독교는 876만 명, 천주교는 295만 명이며, 또한 천도교 2만 8,000명, 원불교 8만 6,000명, 대종교 7,600명, 대순진리회 6만 2,000명, 기타 17만 명으로 조사되었으며, 이밖에 민간신앙에 바탕을 둔 신흥종교와 외래종교인 바하이, 천리교(天理敎), 이슬람교 등이 있다.

한국은 해방을 맞은 이듬해인 1946년부터 한국의 임시정부 수립을 위한 미소공동위원회가 서울에서 열리는 동안 소련군정당국은 북한지역에서 단독공산정권 수립 작업을 진행하였고, 미군정당국도 이에 대응하여 이승만(李承晩)의 단독정부 수립 주장이 제기되는 가운데 독립정부수립을 추진, 미국정부는 1947년 9월 17일 한국독립 문제를 유엔총회에 상정, 유엔총회는 11월 14일 국제연합 감시 아래 총선거를 한반도 전역에서 실시하기로 결정하였다. 그러나 총선거를 감시하기 위한 국제연합 한국임시위원단의 입북(入北)이 소련당국에 의하여 거절됨으로써 1948년 5월10일 남한지역에서는 총선거가 실시되어 198명의 국회의원을 선출하고 제헌의회를 출범시켰고, 7월 17일에는 국회에서 간접선거로 초대대통령에 이승만을 선출하였고, 1948년 8월 15일 대한민국정부 수립 선포식을 거행하였으며, 그해 12월 12일 유엔총회에서 한반도의 유일한 합법정부로 승인받았다.

1948년 이루어진 제헌국회에서 이승만이 초대 대통령되었고, 2~3대 대통령은 국민직접선거로 뽑아 이승만이 연임했다. 그 다음은 자유당(自由黨)으로 1960년 3월 15일에 실시된 제4대대통령선거와 제5대부통령선거에서 부정선거를 자행하므로 4·19 학생의거로 자유당 정권의 제1공화정은 붕괴되고, 같은 해 8월 국회 간접선거에서 윤보선(尹潽善)을 대통령으로 선출하였으며, 장면을 국무총리로 하여 1960년 8월 13일 제2공화정이 출범하였다. 그러나 1961년 5월 16일 군사쿠데타가 일어나 제2공화정을 무너지고 군정(軍政)을 실시하였다. 군정당국은 헌정사상 처음으로 국민 투표제를 통하여 1962년 12월 17일 새 헌법을 확정지었다.

1963년 10월 15일에 실시된 제5대 대통령선거에서 공화당의 후보 박정희(朴正熙)가 민정당 후보 윤보선을 누르고 당선되었고, 1967년 5월 3일에 실시된 제6대 대통령선거에서 민주공화당의 박정희는 다시 신민당(新民黨)의 윤보선 후보를 물리치고 당선되었으며, 1969년 박정희는 자신의 3선을 가능하게 하는 개헌안을 통과시키고 1971년 실시된 제7대 대통령선거에서 신민당의 김대중(金大中)후보를 누르고 당선되었다.

박정희는 제8대 대통령 선거부터는 통일주체 국민회의 간접투표로 실시하여 대통령에 당선되고, 1978년 제9대대통령으로 당선되었으나 부마사태(釜馬事態)로 인하여 곤경에 빠지고, 1979년 10월 26일 중앙정보부장 김재규(金載圭)가 박정희대통령을 시해하여 사실상 유신체제는 끝났다.

정부는 계엄령을 선포하고 통일주체국민회의에서 국무총리 최규하(崔圭夏)를 제10대 대통령으로 선출하였으나 민주화투쟁이 계속되므로, 1980년 5월 17일 정부는 계엄령을 전국적으로 확대하고 김대중과 재야지도자들을 구속되었다. 이에 대한 항의가 광주(光州)에서 발생하여 광주항쟁이라는 비극적 사태로 확대되었다.

그러나 통일주체국민회의는 제11대 대통령에 전두환(全斗煥)을 선출하였고, 이 정부 아래 새 헌법이 확정되었다. 1981년 2월 25일 그는 새 헌법이 마련한 선거인단선거에서 제12대 대통령으로 선출되었으며, 이로써 제5공화정이 출범하였다. 그 후 대통령선거는 국민직접선거로 선출하게 되었다.

1대~3대 대통령: 이승만(재임기간: 1948년 8월 ~ 1960년 4월)

4대 대통령: 윤보선(재임기간 :1960년 8월 ~ 1962년 3월)
5대~9대 대통령: 박정희(재임기간: 1963년 12월 ~ 1979년 10월)
10대 대통령: 최규하(대통령 권한 대행)(재임기간: 1979년 10월 1980년 8월(자진 사임)
11대~12대 대통령: 전두환(재임기간: 1980년 8월 ~ 1988년 2월)
13대 대통령: 노태우(재임기간: 1988년 2월 ~ 1993년 2월)
14대 대통령: 김영삼(재임기간: 1993년 2월 ~ 1998년 2월)
15대 대통령: 김대중(재임기간: 1998년 2월 ~ 2003년 2월)
16대 대통령: 노무현(재임기간: 2003년 2월 ~ 2008년 2월)
17대 대통령: 이명박(재임기간: 2008년 2월 ~ 2013년 2월(퇴임예정))

(1) 사회체육의 발현과 정책

우리나라는 사계절이 뚜렷하고 대륙성 기후로 인하여 다양한 체육활동을 펼칠 수 있는 지역에 위치하고 있어, 겨울에는 겨울스포츠인 스키나 스케이팅을, 여름에는 수상스키, 스킨스쿠버, 수영 등 여름 스포츠를 즐길 수 있는 장점을 가지고 있다.

그러나 우리의 현실을 보면 상반된 현상이 있다. 젊은이들은 종목마다의 스포츠에 매료되어 즐기고 있지만, 나이가 들은 사람들은 아직도 유교사상으로 인하여 스포츠를 멀리하고 있는 현상이다.

1948년 출범한 대한체육회는 대한민국의 체육을 관장하며 선수들의 경기력 향상과 국민체육 발전에 힘을 써 광복이 가져온 혼란과 여러 가지 어려움 속에서도 국민들의 체육에 대한 관심이 1950년 6·25동란이 터지기 까지는 상당히 높았다.

대한체육회 태능 선수촌장을 지낸 김성집씨는 「6·25동란이 일어나기전만 해도 국민들의 체육에 대한 열의는 대단했다. 동네마다 평행봉이 세워지고 방과 후에는 많은 학생들이 아령 등을 집에서 들고 나와 몸과 마음을 단련했다.」하였음을 보아 알 수 있다.

그러나 6·25동란은 이 모든 것을 빼앗아갔고, 먹고살기도 어려운 빈곤

속에서 국민들은 의식주와 상관없는 체육에 관심도 없었고 열의도 없었다. 이러한 현실에서 대한 체육회는 본래의 주 임무인 사회체육보급 육성보다는 국위선양을 위한 우수선수선발과 양성에 주력하였다. 이런 현실에서 극소수의 사회단체만이 사회체육의 명맥을 이어갔다.

1980년에 '체육진흥법'이 제정되어 사회체육이 적극적으로 권장됨으로 인하여 국민들은 일상생활에서도 여가를 즐길 수 있게 되었다. 이 시기에는 경제성장이 이루어져 GNP(국내총생산)가 '1960년에는 80달러에서 1980년은 2,000달러에 이르렀고 소득이 높아지자 일부이긴 하지만 사회체육이 조금씩 활성화되기 시작했다.

한국은 1948년 제14회 런던올림픽대회에 첫 출전한 이래, 1986년 서울에서 개최된 제10회 아시아경기대회에서는 일본을 제치고 중국에 이어 종합 2위를 차지하였고, 1988년 제24회 서울올림픽대회에서는 금메달 12개로 종합 4위를 차지하는 등 경기력은 급격히 향상되어 이후로는 세계 10위권을 유지하고 있다. 특히 양궁과 태권도는 세계 1위권을 고수하므로 국외에서 국위를 선양하고 국민의 자긍심을 높이는 계기가 되었다.

각종 대회를 성공리에 마침으로 국민들에게 체육의 필요성과 중요성을 인식시켰고 더 나아가서는 체육활동에 관심을 갖게 하였다. 여기에 발맞추어 엘리트 체육과 사회체육의 균형을 이루는 체육정책이 세워졌고 복지사회를 앞당기는 계기가 된다.

그러나 엘리트 체육의 눈부신 발전 뒤안길에는 많은 문제점이 발생하였는데 많은 선진국들이 겪은 청소년들의 문제가 우리에게도 대두되고 있었다. 성장기에 있는 청소년들의 체력과 정신적 건강이 문제가 되고 있음이 서울시 교육위원회 보고서에서 밝혀졌다.

서울시 교육위원회가 1974년부터 1983년까지 서울소재 초등학교 어린이들의 체격과 체력을 조사한 결과 초등학교 5학년 남아의 경우 10년 사이에 키가 5.77cm, 몸무게가 4.33kg이나 늘어났고, 여아의 키가 5.58cm, 몸무게 3.27kg 늘어난 것으로 나타났다. 그러나 체력을 측정한 결과 6개 항목 가운데 윗몸일으키기를 제외하고 100m달리기, 턱걸이, 제자리멀리뛰기, 오래달리기, 던지기 등 5개 항목은 10년 전보다 훨씬 뒤지는 것으로 나타났다.

또 서울시 교육연구원이 발표한 '학생들의 정신건강에 관한 연구보고서'에 따르면 학교건강관리소 신경정신과를 찾아 상담과 치료를 받은 초·중·고 학생 수가 지난 3년 동안에 1.5배씩 증가하고 있고 증세도 다양한 것으로 나타나 체육활성화가 시급함을 촉구하고 있었다.

여기에 발마추어 1990년 3월 국민체육진흥 계획인 '호돌이 계획'을 수립하고 1992년까지 3년간 실시한 사회체육 활성화 운동은 국민의 염원인 복지건설을 위한 국가적 차원의 지원 의지였다.

호돌이 계획은 국민생활 체육진흥을 통하여 복지사회의 실현과 국민의 축적된 역량을 합리적으로 활용한 국가사회발전의 가속화 및 건전한 여가생활을 이루는 것이고, 더 나아가서는 바람직한 청소년 육성에 목표를 두고, 평생교육의 구현, 국민의 체력과 정신력의 강화를 통한 국력배양, 건전한 여가생활 기회의 확대 등을 정책의 기본으로 삼는 것이었다.

호돌이 계획을 위하여 1989년에 실시한 체육부의 국민 사회체육 참여 실태 조사를 보면, 국민 절반이상이 건강하다고 스스로 평가하였고, 건강과 체력을 지키는 요소로는 체육활동 43%, 식사와 영양 27%, 휴식과 수면 27%, 기타 2%로 응답하였다. 그러나 체육활동을 건강의 중요한 요소로 생각하고 있으면서도 실질적으로는 체육활동에 참여도가 높지 않음이 다음 설문에 나타나 있다. 한 주간 체육활동 횟수를 묻는 질문에 2~3회 이상 응답자가 27.17%에 불과하였기 때문이다.

또 앞으로의 체육정책을 묻는 설문에서는 '우수선수육성과 국위선양'은 17% 불과하였고, '사회체육진흥과 국민건강'에는 83%로 응답하였다. 이는 직접 참여하여 즐기는 체육·스포츠를 선호하는 뜻이므로 매우 긍정적이라 할 수 있다.

이러한 국민체육진흥의 실태 조사를 바탕으로 다음과 같은 구체적인 방안이 마련되었다. 첫째는 체육시설의 확충, 기존체육시설의 활용, 체육 프로그램개발, 체육지도자 양성, 체육정보 활용 및 전산화하는 것이고, 둘째는 사회체육의 참여확산, 범국민적인 체육생활화 운동 전개, 각종 체육대회 개최, 체육동호인 조직 육성, 분야별 대상별 사회체육진흥 및 취약종목 육성, 자기 체력평가 등이다.

이 같은 사회체육 육성정책이 체계적으로 잘 이루어지면 개인별·단체별 체육활동이 눈에 띠게 증가할 것이고, 세운 목표는 조속한 시일 내에 가시적 효과로 나타날 것이다.

1989년 국민체육진흥 계획인 '호돌이 계획'을 위하여 실시한 기초 조사를 보면, 주로 하는 운동종목은, 맨손체조·줄넘기·축구·육상·조깅·등산·농구 순이었고, 남자의 경우 축구·육상·조깅·등산·농구·등산을 선호하였고, 여자의 경우 맨손체조·줄넘기·육상·조깅·배드민턴·등산을 선호하는 것으로 나타났다. 그러나 이러한 종목들은 일상생활 속에서 사회체육으로 자리할 수 없는 것들이다. 남자의 경우 축구·육상·농구 등은 운동장이나 시설이 매우 부족한 현실이었고, 여자의 경우 맨손체조·줄넘기·육상·조깅 등은 오랜 시간동안 지속적으로 하기 어려운 별 흥미가 없는 운동이므로 형식적인 답변을 한 것 같다.

시설이 매우 부족한 현실임을 감안하여 체육청소년부는 90~91년까지 주민 누구나 쉽게 이용하고 활용할 수 있는 지역마다 체육시설을 전국적으로 300개소를 설치하고, 98년까지는 전국 읍·면·동 단위에 최소 한군데씩 3,500개소를 설치할 계획을 세웠고, 프로그램개발에서도 누구나 흥미를 가지고 참여하도록 다양한 프로그램을 개발 보급하는 계획을 세웠다.

이러한 계획이 잘 추진되어 1차적 목표를 달성하고, 읍·면·동 단위에 체육 문화센터를 추진 할 무렵 IMF라는 외환위기가 닥쳐 나라의 경제가 어려워져 매우 미약한 수준의 성과를 거두었다.

그러나 우리의 사회체육 미래는 매우 밝다. 충분한 여력도 있어 체육시설이 세워질 것이고, 더 나아가서 국민 모두가 건강하기 위해서는 운동을 해야 한다는 의욕이 있기 때문이다.

연구문제

1. 노블레스 오블리주(noblesse oblige)를 자세히 설명하시오.
2. 국가주의가 무엇인지 구체적으로 서술하시오.
3. 유럽 각 나라의 사회체육발현과 정책을 비교하고 설명하시오.
4. 미국의 사회체육발현과 정책을 체계적으로 설명하시오.
5. 일본과 중국의 사회체육발현과 정책을 비교하고 설명하시오.
6. 우리나라의 사회체육현황을 자세히 서술하시오.
7. 우리나라의 시대별 역사와 체육적 가치를 열거하고 그 내용을 구체적으로 서술하시오.

제4장 현대사회와 사회체육

1. 현대사회와 사회체육 의의
2. 사회변동과 사회체육
3. 사회체육의 대상별 운동

제4장 현대사회와 사회체육

1. 현대사회와 사회체육 의의

사회변화의 가장 큰 특색이 도시로의 인구집중인데, 서구의 모습을 보아도 고도화된 산업사회에서는 필연적인 현상이었다. 도시로 인구가 집중되면 인구밀도가 높아져 도시개발로 이어지고 자연적인 녹지가 훼손되고 그로 인하여 운동의 장소가 부족하여지는 현상에서, 산업화 사회가 정점을 이루고 생활기반이 어느 정도 안정되면 자연자원이 작은 도시거주자에 있어서는 자연과의 접촉이 필수적이므로 도시는 다시 녹지조성을 확보하고 그 보호운동이 전개되는 순환적 현상이 일어남을 선진 서구 사회를 보아도 알 수 있다.

현대사회의 사회체육은 이제 자연자원을 이용한 스포츠가 매우 활발하게 전개되고 있고 있는 것이 세계적 추세이고, 우리나라도 야외 스포츠와 레크리에이션의 수효가 급격히 증가하고 있어 시설의 보완, 프로그램 활성화, 야외스포츠의 장단점 등을 체계적으로 홍보하여 전반적인 지식을 갖추게 해야 한다.

이러한 이유는 야외 스포츠의 안전사고를 미연의 방지하고, 최소한의 기초지식을 갖추게 함이 야외 스포츠의 효과를 최대한 얻는 것이기 때문이다.

특히 현대사회의 사회체육은 레저로서의 스포츠 즐거움, 놀이로서의 흥미로운 스포츠, 신체적 제 활동을 어떻게 체육적 계기로서 전환시킬 것인가 하는 것이 사회체육에 있어서 중요한 과제가 된다.

그러므로 사회체육의 다양한 신체적 활동을 통하여 개개인의 의도를 이루게 하고, 더 나아가서는 즐거운 시간과 기분전환 등을 위하여, 친구를 사귀거나 대인관계를 위하여, 미용과 아름다움을 위하여, 건강을 유지하기 위하여, 체력향상을 위하여, 노화방지를 위하여, 운동기술을 추구 등이 사회체육의 의의이다.

1) 대중화 현상

사회변동에 따른 스포츠의 변화를 보아 알 수 있듯이 체육은 학교에서 학생들에게 신체교육으로 실시하던 영역이었고, 특정의 사람들과 운동선수들의 것이었다. 60~70년까지 우리의 생활은 지쳐 쓰러질 지경까지 일을 해도 의식주(衣食住) 해결이 되지 않던 때이기에 몸 관리 차원의 운동이란 없었고, 즐거운 여가를 위하여 스포츠를 선택할 수도 없었다. 몸을 많이 움직이면 소화가 빨리되어서 쉬 배가 고프기 때문이었다.

그러나 최근에 이르러 스포츠를 통하여 여가를 즐길 수 있는 윤택한 삶이 이루어졌고, 서구에서 물밀듯 밀려들어온 다양한 스포츠로 즐거운 비명을 지르게 되었다. 특히 주 5일제로 인하여 토요일부터 여가를 즐길 수 있는 반면 향락산업이 발달하고 유흥풍조가 만연하여지고 있다. 그러므로 사회적인 병리현상을 초래하는 많은 시간에 여가를 통하여 심신을 편안하게 하고 건설적 · 창조적 활동으로 유도함이 매우 중요하다.

우리나라의 사회체육은 단위의 스포츠로 볼 때 대중화 기초단계에 있다. 그 이유는 각종 프로그램이 대중들의 욕구를 충족시켜 주지 못하므로 사회적 환경에서 요구되는 대중화가 매우 더디게 진행되고 있기 때문이다.

스포츠의 대중화를 위해서는 매스미디어의 역할도 매우 중요하다. 스포츠의 장단점을 이해시키고, 기초에서 성숙단계까지의 프로그램 숙지가 있어야, 보고 듣는 스포츠에서 실제적 스포츠 활동에 참가가 앞당겨질 것이고, 시설과 아울러 지도자가 요소요소에 배치가 이루어져야 할 것이다.

2) 다양화 현상

스포츠세계가 발달하기 위해서는 종목과 프로그램의 다양성이 있어야 한다.

이는 보다 많은 사람들이 자기가 선호하는 스포츠를 즐기게 하기 위함도 되지만 스포츠의 다양성으로 싫증을 느낀 종목에서 벗어나 다른 스포츠를 접할 수 있기 때문이다.

과거에는 고도의 기술이 요구되는 한정된 프로그램이었지만 현재는 즐기는 스포츠가 주류를 이루고 있다. 또 즐기는 방법도 다양하여 어떤 사람은 기분전환을 위하여, 어떤 사람은 스포츠 동호인을 만나기 위하여, 어떤 사람은 건강이나 체력강화를 위하여, 어떤 사람은 여가로 스포츠를 접한다.

이러한 현실세계를 엘리트체육에서는 그 해결 방법이 없지만 사회체육에서는 스포츠의 대한 욕구를 충분히 고려하여 기초적 기술의 스포츠에서 고도의 기술이 요구되는 스포츠까지 다양하게 개발 보급할 수 있는 장점이 있다.

간단한 기초 지식으로 실시할 수 있는 조깅·천천히 달리기 등과 전문기술을 요하는 에어로빅, 요가, 보디빌딩, 스킨스쿠버 등이 있고, 고도의 전문기술과 담력까지 갖추어야 하는 수상스키, 행글라이더, 번지점프, 포스베리점프 등을 들 수 있다.

사회체육진흥회에 가입하여 활동하는 자생단체가 40여개인데 그 단체들의 종목을 살펴보면 열기구협회, 당구협회, 등산, 볼링, 째즈 에어로빅, 스포츠댄스 등 다양하다.

3) 대형화 현상

70년대 이전의 스포츠센터 현황을 보면 70년대 초까지는 스포츠를 좋아하는 몇몇 동호인들이 시설투자가 많이 소요되지 않는 단일종목인 운동도

장 등에서 시작하여 작고 보잘것없는 시설이었다. 70년대 후반기에 접어들면서 여가선용을 위한 헬스클럽 및 수영장 등의 복합시설을 갖춘 남산 헬스클럽, 장안동 헬스타운이 세워졌고 그 시설과 규모가 당시로는 큰 형태인 400~600평 규모의 크기였다. 80년대 들어서면서 스포츠센터는 고급인테리어에 의한 고가의 자재가 사용되고 open system으로 시설이 되고 대형화를 이루기 시작하였다.

최근 2000년대에는 고도경제성장에 발맞추어 고급화되어 버린 사람들의 욕구를 충족시키기 위하여 초대형화가 이루어졌고, 이러한 형상을 초래함으로서 근래에는 중간형태 및 소형의 스포츠센터는 사라졌다.

원래 스포츠는 소박하고 단순함이 미덕이었고, 건강과 아름다운 미를 추구하는 영역이었으나 이제는 부(富)를 소유하는 하나의 조건이 되었다.

그러나 대형화는 그 나름대로의 장점이 있다. 다양한 스포츠를 한 곳에서 즐길 수 있다는 것이다.

4) 고도화 현상

스포츠는 이제 전문적인 기술의 시대이다. 즐거움과 놀이 수준에서 벗어나 신체를 최고의 메카니즘으로 만드는 운동을 요구하는데, 그 이유는 특정한 한 가지 운동능력에서 벗어나 만능스포츠맨을 원하기 때문이다. 우리나라는 사계절이 뚜렷하여 다양한 스포츠를 즐길 수 있기에 계절마다 익사이팅한 스포츠를 즐기려면 신체의 모든 기능이 뛰어나야 하기 때문이다.

사실 사회체육의 영역은 경기의 경쟁상대를 대상으로 하는 운동은 아닐지라도 많은 동호인들이 서로의 흥분을 위하여 경쟁의 시합을 하는 경우도 있기에 무리가 형성되면 뛰어난 실력으로 상대를 압도하고자 하는 경향도 있다.

2. 사회변동과 사회체육

산업화 사회는 특정한 기계화기술로 인하여 모든 것이 빠름의 구조로 형성되기 때문에 사회변동도 아울러 급변한다. 그러므로 현대사회를 격변하는 사회라 일컫는데 이 같은 현상은 변화의 양적·질적의 폭이 전례 없이 크고 그 변동의 속도가 매우 빠르다는 것을 말한다. 이러한 사회변동은 어느 시대, 어느 사회에서든 있었던 사실이지만 산업화 사회만큼은 아니었다.

산업사회의 특징은 집중화, 거대화, 표준화, 집권화 등으로 설명된다. 산업사회는 구조적으로 대량생산과 대량소비의 체계가 지배적인 사회라는 점에서 인구 및 자본 그리고 권력이 집중되는 경향을 나타냄으로 사회조직이 대규모로 형성되고, 이처럼 집중화되고 거대화되는 사회조직에 있어서는 표준화가 요구된다.

상품, 노동의 공정 및 작업시간, 생활양식, 교육의 내용과 방법, 더 나아가서는 가치관과 퍼스낼리티(人格:Personality)도 표준화가 되고, 집권화의 경향도 불가피하다. 거대화되고, 표준화되고, 집중화된 사회조직은 중앙에 의하여 합리적으로 통제되고 관리되어야 하므로 권력의 중심이 강화되는 것은 산업사회의 일어나는 기본현상이라 할 수 있다.

이러한 사회조직속의 인간은 자신도 모르는 사이 사회조직에 의하여 지배를 받으며 인간으로서의 본질을 상실하고 소외되는 경험을 하게 된다. 그러므로 원초적인 유대를 상실하는 대신 공식적으로 기능적인 상호의존성을 증대시킴으로서 형식적, 비인격적, 비정상적 인간관계가 이루어지게 되는 것이다.

산업화에 따른 기계화와 자동화는 경제적 여유와 함께 여가시간의 증대를 가져오고 서민으로 하여금 양적팽창의 삶이 아니라 질적 향상의 삶을 구가하고 욕구를 충족할 수 있는 사회복지 정책이 요구되는 것이다.

요구되는 사회복지 정책에서 사회체육은 건전한 체육활동을 통한 국민들의 정신적·신체적 건강의 추구를 기본이념으로 한다는 점에서 그 맥을 같이 하고 있다. 그러므로 경제발전 및 사회발전에 의하여 증대된 국민의 삶의 가치 구현에 대한 욕구를 충족시켜 줄 수 있을 뿐만 아니라 사회체육을 통하여 풍요로운 삶을 향유하게 하며, 더 나아가서는 각종 공해와 스트레스를 해소할 수 있는 기회를 제공함으로써 심신의 건강을 도모하고 삶의 의욕을 고무시켜 삶의 질을 향상시킨다.

이처럼 사회변동과 사회체육의 관계는 불과분의 관계를 가지고 있으며, 피폐해진 삶을 사회체육으로 보상받는 의미가 있게 된다. 즉 사회체육은 누구에게나 균등한 스포츠 참여의 기회를 제공하고 복지화된 체육환경을 제공함으로서 산업사회의 진전과정에서 나타나는 각종 사회병리현상을 치유할 수 있는 문화적으로 용인된 신체적 여가활동 영역이다.

1) 도시화와 사회체육

산업화는 집중화·거대화를 불러옴으로 도시를 이루는 현상은 산업사회의 진전과 함께 나타나는 필연적인 사회현상이다. 도시화가 진행되면 인구밀도가 높아지고 이동거리와 작업종사시간이 길어짐으로 개인적 여가시간이 짧아지고 도시인 모두에게와 특히 성장기의 청소년들에게 많은 영향을 미친다. 그 이유는 서로 다른 생활패턴을 가진 사람들이 집단을 형성하게 되므로 순기능보다는 역기능이 더 발생하게 되고 가장 심각한 문제는 대 가족제도가 핵가족제도로 변화가 오는 현상이다.

이처럼 생활패턴이 다른 이질적인 사람들이 모여 집단을 이루기 때문에 서로 이용하므로, 이해타산이 앞서고 아울러 비인간적 관계가 형성되기에 역기능현상이 심화됨을 말한다.

또 도시화는 경쟁적 관계를 부추겨 타인을 배려함이 없어지고 자신만을 생각하므로 대립·갈등·분열을 조장시켜 사회적 병리현상이 만연된다. 인구의 집중으로 인하여 도시빈민층이 형성되고 물질만능주의인 맘몬(Mammon)현상이 오고 범죄의 증가 등의 사회문제가 발생한다.

이러한 도시화는 비활동적인 생활로 운동부족현상이 되어 각종 질병에 노출되는 현실이 되므로 많은 선진국들이 서둘러 사회체육활성화로 삶의 가치구현에 대한 욕구를 충족시키기에 이르렀다.

사회체육은 인간의 삶의 가치 구현을 이루게 하고, 서로가 서로를 이해하게 하므로 삶의 질적 향상을 추구하는 영역으로 이끌어 준다. 사회체육의 각 분야 스포츠는 신체활동의 제한을 당하고 자기표현과 활동기회를 잃은 사람에게 신체활동의 기회를 주고 스트레스를 말끔히 씻어 삶의 의욕을 북돋아 주므로 운동부족해소 · 무기력한 활동의 활력소 · 욕구불만해결 등과 사회의 병폐를 치유하는 역할을 한다.

그러므로 사회체육은 도시화 사회에 살고 있는 사람들에게 다양한 생활기회 및 양식을 제공함으로서 윤택한 삶의 얻고, 오염되고 불만족의 도시환경에서 신체활동을 하게하고, 도시사회에서의 억압과 통제에서 벗어날 수 있는 기회를 선사하므로 활기찬 삶의 부응하는 역할을 한다.

2) 자연 스포츠

자연 스포츠는 주로 야외에서 이루어지는 스포츠를 말한다.

우리가 행하고 있는 스포츠의 약 80~90%는 야외 프로그램인데, 야외 스포츠는 특정 스포츠 몇 가지 외에는 비교적 적은 비용으로 행할 수 있는 장점이 있으나 비나 눈이 올 때는 운동을 접어야 하는 단점도 있다.

자연 스포츠는 자연을 그대로 이용하므로 긴장감 · 소외감 등에서 벗어나 기분전환을 이룰 수 있고, 다양한 동호인을 만날 수 있으며, 오랜 시간 스포츠를 즐길 수 있다. 자연과 밀접한 관계를 맺고 있는 자연 스포츠의 유형은 익사이팅(Exciting)한 스포츠도 있다. 행글라이더 · 오리엔티어링 · 하이킹 · 캠핑 · 스키 · 윈드서핑 · 스킨스쿠버 다이빙 · 수상스키 등 다양하다.

자연스포츠는 많은 사람이 동시에 참가할 수 있으며, 스릴을 느낄 수 있고, 전문화성격보다는 기초적 지식으로 실시할 수 있다.

이러한 자연을 이용한 스포츠는 인위적이고 물질 만능적인 산업사회의 틀 속에서 벗어나 모든 사회인이 자연과 접함으로서 가치혼란에서 벗어날 수 있으므로 더욱 활성화되도록 유도하여야 한다.

특히 세심한 배려가 있어야 하는 것은 사회의 지배적인 가치가 성취나 정상 도전을 강조하고 그 가시적 효과를 극대화하므로 그 효과가 매우 느리게 나타나는 스포츠를 기피하는 경향이 있음이다.

그럼에도 자연스포츠 인구는 점차적으로 늘어나고 있어 요소요소의 시설이 설치되고 보존되어야 할 것이다. 자연스포츠의 활성화가 국민정서의 바로미터라는 생각으로 바다 · 산 · 공원 · 호수 · 개천 등의 개발이 중요과제라 할 것이다.

3) 사회체육의 각종 운동

사회체육의 범위는 매우 넓고 그 종류가 다양하기 때문에 운동종목을 선택할 때는 신중하게 다음과 같은 점을 고려하는 것이 좋다.

첫째 : 자신의 개성과 취미, 체격, 체질, 체력, 흥미도에 맞는 운동종목을 선택한다.

둘째 : 운동마다의 독특한 특성과 체육적 효과를 고려한다.

셋째 : 일상생활과 또 레크리에이션 활동으로서 가치가 높은 것을 선택한다.

넷째 : 실내 · 실외운동, 계절 및 각종운동을 고루 선택하여 다양한 경험을 하게 한다.

다섯째 : 성별, 연령, 생활환경, 단련정도를 고려하여 선택한다.

위와 같은 사항을 고려하여 먼저 자기적성에 맞는 종목선택과 체육활동 동호인을 잘 선택하고 계절에 맞는 운동을 적절하게 실시하여야 한다. 국민을 위한 사회체육운동으로는 각종 구기 종목, 계절운동, 응용운동 등 여러 가지가 있는데 이를 구분하면 다음과 같다.

대표적인 운동종목

- 일반운동 - 사회인이 평상시 늘 할 수 있는 운동
- 민속운동 - 씨름, 널뛰기, 각종 전통무예
- 놀이운동 - 제기차기, 굴렁쇠 굴리기, 줄넘기, 줄 당기기

(1) 체력강화 운동

많은 사람들은 체력의 기초를 형성하는데 중요한 역할을 담당하는 근력을 운동선수에게만 필요한 것으로 생각하고 있으나 일반적으로 근력의 약화는 각종 질병의 원인이 되어 다음과 같은 결과를 가져올 수 있다.

① 요통이 발생한다.
② 신경근육의 조정 능력이 감소된다.
③ 피로와 상해를 쉽게 느낀다.
④ 근육의 탄력성이 감소되어 빨리 늙는다.
⑤ 신체의 외형이 빨리 변하고 뼈의 노화가 빨리 온다.

건강한 사람을 기준으로 하여 최대 근력 수준은 20대 초반에 도달하므로 그 이후에는 규칙적인 신체활동을 통하여 근력과 지구력을 함께 증가시키고 지방의 감소와 근육의 탄력성을 지니도록 노력해야 한다.

체력의 기본이 되는 근지구력의 증가는 적당한 속도와 함께 반복되는 운동에 의해서 일어나며 이를 위한 운동으로는 웨이트 기계나 기구를 사용한 운동과 다양한 실내운동을 들 수 있다.

그러나 체력강화 훈련을 하기에 앞서 먼저 수행해야 할 것은 다음과 같다.

(1) 직립자세이다(우리가 흔히 말하는 차렷 자세이다).
직립자세가 올바르지 못하면 운동으로 신체의 균형을 잃을 염려가 있다.
(2) 발가락 끝으로 서서 오래 버티기, 발가락 끝을 이용하여 오래 서 있으면 신체의 균형이 교정된다.

그 후 간단히 실시할 수 있는 스트레칭과 아울러 근력강화 운동이 있어야 신체적 효과를 얻을 수 있다. 그러므로 신체가 삐뚤어지거나 잘못된 부분이 있을 때에는 교정을 이룬 후에 운동을 실시함이 올바른 운동방법이다.

만약 신체가 삐뚤어지거나 잘못된 상태에서 운동을 하면 상해를 일으키는 원인이 되고 운동의 효과도 반감되기 때문이다.

3. 사회체육의 대상별 운동

신체의 능력과 기능에 따라 개인 적성에 맞도록 각각 특징 있는 운동을 선택하여야 효과적으로 운동 프로그램을 수행할 수 있다. 신체가 연약한 노약자는 기초체력 운동으로, 여성은 여성에게 맞는 운동으로, 어린이는 신체기능이 아직 미숙함으로 특별히 세심한 주의가 있어야 하고, 청소년은 최상의 운동 능력을 갖고는 있으나 무리한 운동이 되지 않도록 하여야 한다. 주부는 가사노동으로 인하여 몸의 움직임이 둔해져 각종 성인병의 기초가 되는 비만으로 고생하므로 쉽게 싫증을 느끼지 않도록 다양한 운동 프로그램이 요구되며, 노인들은 근력이 부족하므로 기초체력 훈련 프로그램이 필요하다. 그리고 온 인류가 온갖 정성을 다하여야 할 장애인을 위한 체육이 활성화되어야 할 것이다.

1) 어린이를 위한 운동

영국의 시인 워즈워스 시(詩)에 '어린이, 그의 이름은 오늘' 이라는 글귀가 있다. 그렇다 이제는 '어린이들은 내일의 일군, 내일의 기둥, 내일의 주인공' 이라는 생각에서 벗어나 어린이들을 위한 오늘을 준비해야 할 것이다.

미국의 시인 도로시로놀트의 이런 詩도 있다.

아이들은 이렇게 사는 방법을 배운다.

- 비판을 받고 자란 아이들은 남을 비판하기만 합니다.

- 적의에 찬 환경에서 자란 아이는 누구와도 싸우게 됩니다.
- 남에게 조롱받고 자란 아이는 누구와도 다투게 됩니다.
- 수치심속에서 산 아이는 자신을 죄인처럼 느낍니다.

그러나 마음이 너그러운 사람들 속에서 자란 아이들은 강한 인내심을 갖게 됩니다.

- 격려를 받고 자란 아이들은 자신감을 갖게 됩니다.
- 칭찬 속에서 자란 아이들은 언제나 감사할 줄 압니다.
- 공명정대한 속에서 자란 아이들은 정의의 정신을 갖게 됩니다.
- 이해심 속에서 자란 아이들은 신념을 갖게 됩니다.
- 다른 사람으로부터 인정을 받고 자란 아이들은 자신을 소중히 여깁니다.
- 다른 사람으로부터 사랑받고 자란 아이들은 세상에서 사랑을 찾게 됩니다.

이 시를 보면서 참 좋은 시라는 느낌을 갖게 한다. 우리가 외치는 구호보다 뜻 깊고 지혜롭기 때문이다.

스위스의 철학자(19C초) 칼 힐티는 '어린 시절의 즐거운 잔영은 일생동안 사라지지 않으며, 그 반대의 불쾌감은 전 생애를 통하여 남는다.' 하였다.

이와 같은 시와 명언을 통하여 그 뜻을 음미하여 보면, 어린 시절의 즐거움이란 한평생의 재산이고 어린 시절의 슬픔은 일생의 부채인 것이다.

즉 불행한 추억은 그 사람의 일생동안 불행을 계속하게 하는 경향이 있다는 것이 된다. 그러므로 어린 시절의 추억이 아름다워야 하고 주위환경이 협동적인 상호의존 관계여야 하고 적절한 신체적 활동이 있어야 한다.

현실의 어린이를 보면 즐겁고 행복한 어린 시절이어야 하는데 문명의 굴레에서 고행의 악순환만 거듭되고 늘 불쾌감이 싸여 있다는 것이다.

더 큰 문제는 머리의 지능지수는 높아졌으나 예의범절을 모르고 나 위주의 생활만 배우고, 체격은 커져 비만어린이가 많고, 체력은 뒤떨어져 제대로 걷지도 뛰지도 못한다는 것이다.

어린이는 신체적으로나 정신적으로 미숙하기 때문에 보호와 육성이라는 측면에서 운동 프로그램을 개발하여 심신(心身)의 발달과 건강유지를 도모해야 한다.

이 시기는 성장과 발육이 왕성한 시기이다. 어린아이는 끊임없이 움직이는 것을 좋아해서 모든 행동을 즐거움에 하나로 생각하여 무의식중에 활동한다.

만약 이 시기에 활동하고자 하는 욕구의 기회를 제약받게 되면 운동기능의 약화와 운동에 대한 참여의식을 잃어 청소년기에 그리고 성인이 되어서도 활동적이지 못한 사람이 될 수도 있다.

유아기 프로그램은 걷기 · 달리기 · 던지기와 같은 기본 동작을 통해 신체 적응력을 높여주어야 하며, 이 같은 기본 동작을 적절히 익히지 못할 경우에는 신체기능을 수행하는데 제한을 받을 뿐 아니라 또래 집단에 동화되지 못하는 경우도 있다.

이처럼 유아기부터 적절한 운동 프로그램을 실시하여 '신체적응력을 높여주어 협동심, 자립심을 길러주고 집중력향상과 함께 몸의 유연성을 높이자' 는 교육적 붐이 일어 많은 어린이집과 유치원에서 유아체육을 체계적으로 실시하고 있다.

학교생활이 시작되고 12~13세까지의 아동기 때는 보통 2~3군데 학원을 다니며, 중학생이 되면 집에서 학교로, 학교에서 학원으로, 학원에서 집으로 돌아옴으로 공부에 시달리는 고달픈 생활을 하고 있다.

이러한 생활로 인하여 발달특성과 활동욕구는 소멸되어 버리고 스트레스와 욕구불만을 받게 되어 성격이 비뚤어지고 우울증과 신경쇠약 증세가 나타난다. 이 같은 현상을 적절히 해소하지 못하는 것은 기성세대의 부모가 아이의 성격과 건강보다는 공부를 잘해서 상급학교의 진학을 우선으로 생각하기 때문이 아닐까? 또 부모들이 필요이상으로 아이들을 과잉보호하고 실수나 잘못에 대해 너무 관대히 용서하고 있어 아이들에게 인내심과 참을성의 부족현상과 이기적인 성격, 작은 어려움에도 쉽게 포기하고 또 작은 충격에도 극단적인 행동을 하게 되는 부정적 결과를 가져오게 하였다.

그러므로 조건 없는 사랑과 지나친 보호보다는 어린이들이 쉽게 다가가 즐겁게 할 수 있는 운동프로그램이 절실히 요구된다. 어린 시절의 형성된 인성과 운동기능이 일생동안 기초와 밑거름이 되므로 활동교육에 중점을 두어야 한다. 신체발달과 지능과는 밀접한 관계가 있어 운동발달이 활발하지 못하면 학습장애의 요인이 된다는 것은 연구를 통하여 잘 알려진 사실이다.

미국캘리포니아 주 문교성 조기유아팀의 발표를 보면, '아동의 자아상(自我像: Self Image)은 기본 운동기능의 발달과 공간에서 자기의 위치를 이해하는 것과 관계가 있다'는 것을 실험을 통해 밝혀내고 조기 신체운동에 대한 자극이 절실히 필요하다고 설명하고 있다.

우리는 어린 아이를 구분할 때 초등학교 입학을 전후한 시점으로 유아기와 아동기로 나눈다.

유아기는 운동 기능의 발달을 위한 이상적 시기인데 이는 경골화(ossification) 이전이므로 몸이 유연하기 때문에 다양한 기능의 학습이 용이 하며, 이 시기는 습관, 태도형성의 중요한 시기이다. 또래들과의 놀이를 통하여 분배, 협동, 정직, 자기감정통제, 단체의 규칙준수 등 사회적 태도가 형성되어 자기중심적 사고에서 점차 타인을 존중하는 사고방식으로 바뀌고, 이 시기는 두뇌발달이 가장 활발한 시기로 지능발달의 결정적 시기이며, 이 시기는 자아개념이 형성되는 매우 중요한 시기이다.

이상과 같이 어린이는 일생 중 두뇌발달의 속도가 가장 빠르고 자아개념이 형성되는 시기이기 때문에 신체활동을 유발하는 운동을 통하여 기능과 창의력이 발달되고 성취감을 맛보아 자신감을 얻는다.

특히 유아기는 근력, 순환운동, 호흡기능 등 모든 발달적 측면에서 미숙한 시기이므로 이 시기에 신체활동은 세심한 주의가 요구된다.

첫째는 경골화(ossification) 이전이므로 무리하게 구부리거나 펴고 동작은 안 되며, 관절을 이용하여 꺽는 운동은 금물이다. 따라서 아동들의 운동으로는 흥미를 유발하고 운동의 효과를 고려한 놀이운동, 유아체조, 수영, 잡기 등이 좋다.

유의할 점은 신체 각 부위를 고르게 발달시킬 수 있는 운동 프로그램을 선택하되 쉬운 것부터 규칙적으로 하도록 유도하고, 많은 힘을 들여서 하는 운동보다는 운동발달의 도움이 되는 것으로 하되 스트레스나 공포 또는 싫증을 느끼지 않게 하는 것이 좋다.

2) 청소년을 위한 운동

우리사회는 오랫동안 아동에서 청소년시기 놀이(운동)에 대하여 별다른 중요성을 인식하지 않고 단순히 시간을 보내는 무의미한 것으로 보아왔다. 그러나 최근 연구에서 '아동의 신체적 놀이가 모든 발달의 중요한 영향을 미치고 청소년기의 운동 활동이 발달을 성숙하게 이끌어서 스포츠에 관심을 갖게 한다.' 하였다.

청소년이란 육체적으로 매우 활동적이고 매사에 적극적이고 젊음을 발산할 곳을 찾는 진취적인 시기를 말한다.

이는 일생동안 가장 획기적인 시기로 사춘기와 더불어 청소년기가 시작되고, 이 사춘기 때는 호르몬 분비가 폭발적으로 증가하는데 이는 청소년기에 나타나는 태도의 변화들과 밀접한 관련을 맺고 있다. 육체적인 변화와 그것이 운동개발능력에 미치는 영향의 대하여 나열하면, 이때에 활동요구가 충족되지 않을 때는 소극적인 성격이 되기 쉽기 때문에 신체활동의 기회를 확대시켜주어야 한다.

존로크(John Locke, 1632-1704)의 연구발표를 보면, 사람은 태어나 그 사회의 문화를 배우고 자아를 얻게 된다, 하면서 백지상태(tabula rasa)와 같은 청결함이 특정문화에 젖어들어 동질화되어 간다, 하였다. 그러므로 청소년 교육에 중점을 두어야 할 것은 육체적 · 정신적 성장과정에 있는 그들에게 여가선용의 기회를 만들어주고 심리적으로도 자신감과 여유를 갖게 하여 신체를 잘 발달시키고 운동능력의 발달과 건전한 사회적 성격으로 여러 사람과 화합하고 상호작용할 수 있도록 해야 한다.

현실의 사회를 보면 결손가정의 증가와 부모와의 대화부족 더 나아가서는 사회적 성격을 배양하지 못해 여러 가지 문제점이 야기되고 청소년 문제가 발생한다. 이러한 문제들을 해결하기 위기 위한 방법은 건전하고 즐거운 여가 활동시간을 활용하게 해야 한다.

청소년기에는 인성교육(人性教育)과 병행하여 운동을 통한 신체활동을 적극 권장해야 한다. 이때 운동 프로그램은 정서적인 면과 체육의 효과를 고려한 다양한 종목을 청소년이 접할 수 있어야 한다.

건강한 신체에서 건전한 생각이 나온다는 소크라테스(Socrates)의 체육사상을 보면 '신체를 사용하는 일이 극히 적다고 생각되는 사색(思索)의 경우에도 신체가 건강하지 못하면 커다란 과오를 범한다,' 하였으니 건강하고 진취적인 청소년 육성이 체육 프로그램에 있음을 잊지 말아야 할 것이다.

청소년시기에는 육체적으로는 골격과 근육, 체격의 기초가 잡히고, 남자는 근육이 형성되고 민첩해지고 목소리는 변성기가 되고, 여자는 가슴이 나오고 생리가 시작되고 성별 구별이 확실하게 나타난다.

청소년의 체육활동은 앞에서 논하였던 신체적 · 교육적 · 심리적 · 정서적 · 사회적 모든 요소에 상호작용할 수 있는 운동 프로그램이 많이 보급되어야 한다.

운동을 통하여 자신감이 생기고, 운동을 통하여 협동심을 기르고, 운동을 통하여 경쟁심을 알게 하고, 운동을 통하여 타인을 배려하게 하고, 운동을 통하여 애국하는 마음이 형성되도록 해야 한다.

청소년들이 선호하는 종목만으로는 이 같은 효과를 모두 얻기 어려울 것이므로 또 다른 다양한 프로그램이 개발 보급되어야 한다.

3) 주부 및 직장인, 성인을 위한 운동

주부는 가정의 중심적 위치에서 1인 다역을 하고 특히 심한 노동에 시달리는 여자 성인을 말한다. 하루의 일과를 보면, 쉴 사이 없이 노동에 시달리는데 더 큰 문제는 늘 같은 노동을 반복함으로서 스트레스를 받고 심한 경우에는 우울증현상이 오고 요통을 호소하기도 한다.

직장인은 20대부터 40세를 전후한 사회생활을 하는 성인을 말한다.

이 모두는 건강을 위하여 사회체육에 관심은 많으나 평상시 일상생활이 운동과는 먼 생활을 하고 있다. 몇 개 층을 걸을만하고, 몇 정거장은 도보로 갈만한데 기계문명의 편리함이 몸에 배여 이제는 걷기를 싫어하는 현대인들이 되어버렸다.

이 같은 현실에서 볼 때 사회의 중심적 역할을 담당하는 주부·성인의 몸은 기능과 체력이 감소되어 40대 후반 사망률이 급격히 증가하고 있다. 몸의 기능과 체력이 감소되면 신체는 유연성이 떨어져 균형과 자세가 흐트러짐으로 질병의 원인이 되고 더 나아가서는 몸의 퇴행을 가져오게 된다.

몸이 퇴행한다는 것은 걸을 수 없다는 의미보다는 신체기능이 제 역할을 감당하지 못한다는 것이다. 그러므로 고칼로리, 고단백질 섭취를 줄이고 비만에서 벗어나기 위한 운동이 이루어져야 한다.

이러한 성인에게 가장 시급하고 필요한 것은 음식물 조절이다. 즉 에너지 섭취를 줄여 신체의 안정을 찾은 다음 무리하지 않은 운동부터 시작되어야 한다. 필요한 운동을 영역별로 보면, 심장과 폐 기능을 향상 주는 심폐지구력 운동으로 걷기·조깅·줄넘기·수영·등산·테니스·달리기 등이 있으며, 정신건강과 신체건강 운동으로는 무예수련과 명상·호흡법 등이 있다.

직장인은 의자에 앉아서 할 수 있는 운동을 보면, 의자를 이용하여 여러 가지 운동을 할 수 있다. 좌업(坐業)의 사람들을 보면, 대개가 배가 나오므로 하체가 부실하고 혈압이 높고 고지혈증현상이 있고 두통을 호소한다. 이것이 운동 부족으로 오는 성인병이라는 것이다.

죽음의 사중주가 시작되었다는 것이다(죽음의 사중주 - 비만증, 고지혈증, 당뇨병, 고혈압으로 4개의 요인이 갖추어진 상황의 위험성을 지적하는 명칭인데 미국의 학자들이 1980년경 발표하였다).

성인의 건강상태를 보면 본인이 건강하다고 믿는 사람 중에서도 20%정도를 제외한 사람이 건강상태가 지극히 불량한 것으로 나타났다. 성인 즉 사회인들은 운동이란 체육관이나 기구를 이용하여야만 운동을 하는 것으로 생각하고 있는데 그렇지만은 않다. 신체 각 부위를 골고루 움직여 그 기능을 발휘할 수 있고, 모든 기능을 정상적으로 환원할 수 있는 운동이라면 실내·실외 어느 곳에서든지 단계별로 30~40분정도 하면 그 효과를 볼 수 있기 때문이다.

많은 사람들이 운동시설이나 공간이 없어서 운동을 할 수 없다는 것은 핑계이다. 외국의 예를 들면 체조가 사회체육으로 깊이 뿌리를 내린 유럽에서는 온 가족이 마당에서 스트레칭과 체조, 그리고 각종 운동을 즐기는 것을 보게 된다.

직장인 · 주부 · 성인이 운동을 할 때 꼭 정해야 할 목표가 있다. 기술습득이든지 체중감소와 같은 목표를 정하고 계획적으로 운동을 실시하여야 성취감과 만족감을 얻을 수 있다. 특히 주부는 임신과 비만으로 인하여 체중이 늘면서 척추에 압력을 주어 요통을 야기 시키거나 관절에 약화를 가져오므로 먼저 음식물 조절이 이루어져야 한다. 연구보고에 따르면, 주부들은 비만도가 높아지면서 심장병 · 어깨결림 · 요통 · 빈혈 · 우울증의 발병률이 보통사람보다 몇 배나 높다고 발표하고 있다.

주부들은 간단히 할 수 있는 운동은 몸매 가꾸기 운동 프로그램을 참고하고, 아울러 본인이 선호하는 다양한 종목 선택도 필요하다. 실내 · 실외 그리고 계절을 따라 즐기고, 산과 물 등에서도 펼칠 수 있는 운동이면 그 효과가 지대해지기 때문이다.

직장인의 일상생활도 획기적인 변화가 이루어져야 한다. 건강은 건강할 때 지킨다는 참 좋은 말이 있다. '재산을 잃은 것은 조금 잃은 것이요, 친구를 잃은 것은 많이 잃은 것이요, 건강을 잃은 것은 모두 잃은 것이라, 하였기 때문이다.

서구의 직장인들은 직장에서 자유롭게 스포츠를 즐기는데 반하여 우리 현실은 아직도 아니다. 일부이지만 회사 안에 체육시설을 갖추어 놓고 누구나 편리한 시간에 체육시설을 이용하게 하는 그룹도 있다. 이러한 혜택이 없고 시간이 부족하여도 건강이 가정의 행복 바로미터이므로 운동의 장으로 나가야 한다.

직장인의 운동으로는 걷기 · 조깅 · 수영 · 등산 · 테니스 · 달리기 · 하이킹 · 축구 등이 있다. 여기에 계절적 운동 · 실내 및 실외 운동을 자기 취향에 맞추어 실시하면 건강하고 즐거운 삶이 될 것이다.

4) 노인을 위한 운동

노인이라 하면 20세기까지는 60세를 넘긴 사람을 가르쳤으나 이제는 65세 이상을 노인이라 한다. 이 이유는 의학기술과 의약품과 생활환경의 변화 그리고 식생활개선으로 인간의 평균 수명이 매우 길어졌기 때문이다. 그러나 두 갑자는 살아야 제 수명을 다하는 것이라는 이론에 아직 도달하지 못하고 있다.

두 갑자를 살아야 한다는 말의 뜻은 거동이 불편한 상태에서 120년을 연명하는 것이 아니라 적당한 노동과 정상적인 활동을 하면서 즐거운 삶을 영위하는 것을 말함이다.

통계청이 발표한 '2011 고령자통계'에 다르면 지난해 65세 이상 인구비율이 가장 높은 시도는 전남(20.4%), 시군구는 경북 군위군(39.4%)으로 조사됐다. 또 65세 이상 인구비율이 20%를 넘는 시군구는 230곳, 그 가운데 35.7%이상인 곳이 82곳이나 되었다. 지난해 65세 이상 성비(여자인구 100명당 남자의 수)는 69.2%로 개선되었고, 2030년에는 79% 정도로 전망됐다.

또한 65세 이상 고령자가 가구주인 '고령가구'의 비중도 지난 2000년 11.9%에서 2005년 12.2%, 2010년에는 17.4%로 점점 증가하는 추세를 보였다. 이처럼 고령자 인구가 늘어나면서 2010년에는 생산가능 인구(15~54세) 6.6명이 노인 1명을 부양했지만 2020년에는 5명이 1명을, 2030년에는 3명이 1명을 부양해야 할 것으로 예상하고 있다.

사람은 누구나 노인이 된다. 이러한 사실이 평균 수명이 늘어난 요즘 노인 건강에 연구초점이 맞추어지고 있다. 그러므로 '노인이 미래이다'라는 구호가 필요한 시기가 되었다. 그 이유는 노인이 건강하게 삶을 영위할 수 있어야 생산 가능인구 즉 부양자들의 부담이 줄어들고, 그래야 밝고 행복한 사회가 되기 때문이다.

노인은 신체기능저하와 함께 많은 변화가 발생한다. 신체적으로는 환경변화에 맞추어 대응하는 적응력과 신체의 회복력이 감소하여 시각, 청각, 소화기능도 저하된다. 심리적으로는 역할상실로 인한 고독감과 죽음에 대한 공포감으로 고집과 집착력을 갖게 된다.

이러한 노인들이 어떻게 하면 편안한 노후를 보낼 수 있을까 연구한 결과를 보면 노인건강은 꾸준한 운동으로 지킬 수 있다는 것이다. 옛 문헌을 보면, 적게 먹고, 적게 걱정하고, 활동은 많이 하고, 많이 웃으라 하였다.

그것은 노인이 되면 신체기능이 약화되므로 신체의 많은 변화가 발생하기 때문이다. 어제와 오늘의 일은 생각이 나질 않는데, 과거의 일은 어제일같이 생생하게 기억이 되며, 슬프면 눈물이 나지 않고 기쁘면 눈물이 나고, 분명 발 앞에 돌부리가 있어 피해야지 하면서도 걸려 넘어지고, 시각·청각·소화 기능까지도 저하된다. 심리적으로는 역할상실로 인하여 고독해지고, 죽음의 공포감으로 고집과 집착력이 강해진다. 이 같은 변화의 시기가 노인이다.

노인들이 운동을 실시할 때는 자기 능력에 맞도록 프로그램을 설정하고 무리하지 않는 범위 내에서 서서히 단계적으로 해야 한다. 노인의 신체기능은 반응도가 낮고 협응성도 뒤떨어지고 유연성이 부족하므로 준비운동을 실시하여 혈액의 온도를 조금 높이고, 본 운동을 한 후에는 정리운동이 꼭 이루어져야 한다.

사람이 신체활동을 하기 위해서는 근육이 있어야 하는데 노인이 되면 그 근육이 소모되어 근력이 약화되고 더 나아가서는 쓰지 않는 근육은 소멸되기 쉽다. 노년기의 근력저하의 주원인은 생리적인 노화현상에서만 오는 것이 아니라 신체가 부위의 근력약화에서 시작된다. 그러므로 운동 종목은 신체 각 부위에 운동효과가 고루 얻어지도록 해야 한다.

한번 소멸된 근육이 생성되어 근력을 발휘하기가 쉽지 않으므로 꾸준한 운동으로 근력을 유지하는 것이 건강의 비결이요, 젊게 사는 방법인 것이다.

건강한 삶 이것은 본인의 노력으로만 이룰 수 있는 것인데, 그 것은 많은 움직임과 체계적인 운동만이 주는 것이다. 그렇다고 아무 운동이나 하는 것이 아니라 자신 건강상태와 본인의 체력수준을 고려하여 신체의 큰 부담이 되지 않는 적당한 운동부하에서 일정시간 반복적으로 실시하는 것이 바람직하다.

노인에게 가장 좋은 운동은 심폐기능 향상효과 그리고 근육·관절경직을 풀 수 있는 운동으로 물속에서 걷기·산책·맨손체조·가벼운 등산·게이트볼·자전거타기 등이 좋다.

지금도 중국이나 대만에 가면 공원과 일터에서 사범들의 지도로 노인들이 열심히 수련하는 '태극권'을 보게 된다. 무리를 지어 질서정연하게 아주 느린 속도로 긴 시간 태극권을 하는 것을 보면서 노인 운동으로 매우 적합한 운동이라 생각했고 우리도 노인에게 알맞은 체조가 속히 계발되어야 할 것이다.

5) 장애인을 위한 운동

장애인이란 신체의 일부에 장애가 있거나 정신적으로 결함이 있어서 일상생활이나 사회생활의 제약을 받는 사람을 말하며, 2010년 통계자료에 따르면 등록 장애인수가 2,517,312명으로 집계 되었다.

장애인을 위한 제정된 법률을 보면, 장애인의 인간다운 삶과 권리보장을 위하여 장애 발생의 예방과 장애인의 의료·교육·직업재활·생활환경 개선 등에 관한 사업을 정하여 장애인복지대책을 종합적으로 추진하며, 장애인의 자립생활 보호 및 수당의 지급 등에 관하여 필요한 사항을 정하여 장애인의 생활안정에 기여하는 등 사회활동 참여증진에 이바지함을 목적으로 하고 있다.

장애유형은 정신박약, 지체부자유자, 청각장애, 유아자폐증, 신체적 결함, 정신적 결함 등이다. 장애인은 신체여건과 생활환경상 운동 부족이 되기 쉬운데 이로 인한 체력의 약화는 사람을 무기력하게 만들어 병을 유발시킨다.

신체활동이 부족하면 근육이 위축되고, 내장기능이 저하되어 소화가 잘되지 않고, 혈액순환이 원활치 못해 결과적으로 각종 질병에 노출되는 것이다.

1981년 UN이 정한 세계 장애인의 해를 기점으로 국내에서도 88년 세계

장애인 올림픽이 개최되었고, 이제는 하계올림픽을 치룬 그 스타디움에서 세계장애인 올림픽이 개최되고 있다.

장애인은 선천적 장애인도 있지만 다수가 후천적 장애인이라는 것이다. 교통사고 및 스포츠사고로 또는 문명의 이기인 기계 등으로 인하여 장애를 입어 그 생활이 제약을 받고 있다는 통계이다. 이러한 장애인은 소극적이 되어 신체활동이 이루어지지 않아 목, 척추, 어깨결림, 요통 등의 심한 통증으로 삶의 의욕을 잃어버린다. 이러한 지경까지 가지 않으려면 장애라는 심리에서 벗어나 신체장애에서 비롯되는 활동 부족을 위하여 다른 건강인보다 더 많이 움직여 활동함으로 장애를 극복하여야 한다.

장애인 체육의 역할과 필요성을 보면, 신체적 증진과 정서적 안정적응, 사회성발달과 지적능력 발달의 중점을 두고 본인들이 극복하는 기쁨을 만끽할 수 있는 신체 퍼포먼스 프로그램이 다양하게 개발되어야 한다.

신체 퍼포먼스 프로그램은 장애종류, 장애상태, 장애정도 등을 고려하여 처방실시 됨이 원칙이며, 운동 목적으로는 치료와 아울러 신체기능의 개선도 이루어져야 많은 사람들이 선호하게 된다. 그러므로 장애인이 운동을 계획할 때 고려할 점은 우선 운동적성을 파악하고, 그 다음은 운동의 종류와 정도가 장애지체에 지장을 주지 않는가를 점검하고, 운동적성의 판단이 어려운 경우에는 쉬운 운동, 강도가 낮은 운동부터 시작하여 조금씩 수준을 높여나가야 한다.

또 자신의 장애조건을 감안하여 운동 시 바른 자세를 유지토록 하여야 한다. 장애인의 운동 프로그램의 중요 포인트는 운동을 시작하면 즐거움이 있어 체육활동의 대한 욕구가 생겨날 수 있도록 하고 그 성과를 본인이 직접 느낄 수 있도록 해야 한다. 장애인들을 위하여 일반인들이 실시하고 있는 운동을 장애인에게 맞게 수정 · 보완하여 봄도 바람직하며 생활속에서 이용하는 기구나 도구를 이용케 하여 근력, 지구력, 유연성 등을 강화시키는 것도 고려해 볼만하다.

우리는 누구라도 장애인이 될 수 있다, 교통사고로 일상생활에서 불의의 사고로, 산업현장에서 나의 노력과는 상관없이 장애를 입어 장애인이 될 수 있기에 나 또는 나의 사랑하는 사람을 위함이라 생각하고 심혈을 기울려 프로그램을 개발하고 시설물을 설치하고 늘 장애인에게 관심을 가져야 할 것이다.

연구문제

1. 현대사회에서 사회체육 현상을 폭 넓게 살펴보고 논하시오.
2. 사회변동에 다른 사회체육변화를 시대별로 기술하시오.
3. 미래의 사회체육을 3개 이상 자세히 설명하시오.
4. 어린이를 위한 운동에서 체력향상이외의 것을 2가지 이상 선택하여 설명하시오.
5. 청소년을 위한 운동과 문화를 연계하여 서술하시오
6. 성인(주부 · 직장인)의 운동이 활성화되기 위한 방법 2가지 이상을 계발하여 설명하시오
7. 노인운동과 장애인 운동에서 시행되어온 정책의 문제점을 지적해 보시오.
8. 오리엔티어링이란 무엇인지 자세히 설명하시오.

제5장 사회체육활동의 필요한 신체기능

1. 체력의 정의
2. 체력의 분류
3. 에너지(Energy)
4. 트레이닝
5. 체력측정

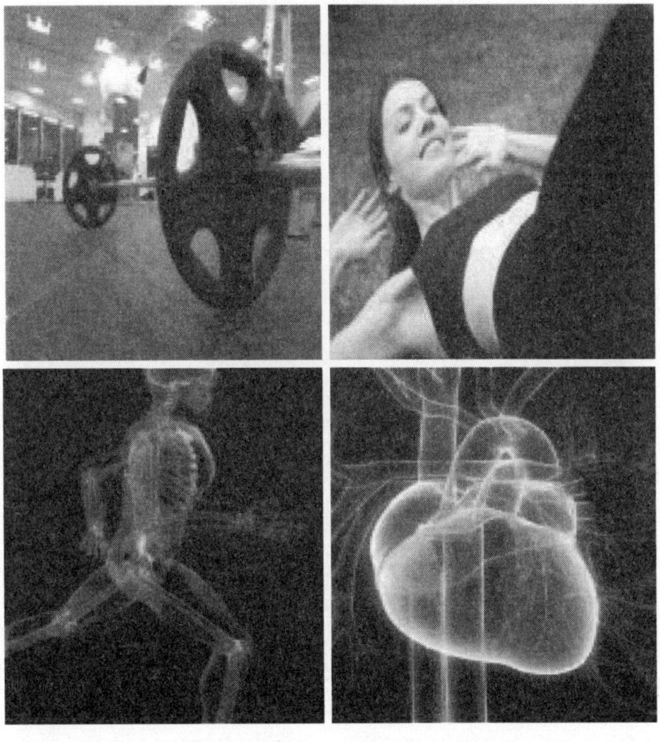

제5장 사회체육활동의 필요한 기능

1. 체력의 정의

체력(physical fitness)이란 인간의 생존과 생활의 기반이 되는 신체적 능력으로 가장 적절한 효율로써 신체를 이용할 수 있는 능력이다.

이러한 체력이 문명의 발달로 편리함만을 추구하게 되어 운동부족현상으로 점차 쇠퇴해져 가고 있다는 사실이다. 인간이 지금처럼 다리와 발을 소홀이 다루면 앞으로 20~30년 후에는 곧바로 서서 걷기가 불가능 할 정도로 퇴화될 가능성이 있다고 주장하는 학자도 있다. 이러한 주장이 아니더라도 문명을 추구하고 지배해 나가려면 지속적인 체육활동으로 체력을 다져 나가야 할 것이다.

체력이 뒷받침이 되어야 사회봉사도 할 수 있고, 개인의 욕구도 채울 수 있는 것 아니겠는가 이러한 이론 하에서 체력이란 신체적 활동을 하기 위한 신체의 총체이다. 즉 어떠한 일을 수행함에 있어 그 일을 끝까지 효과적으로 완수할 수 있는 신체적 바탕을 체력이라 하는데, 큐리튼(T. Cureton)은 체력을 정의함에 있어 체력 및 신체기관의 효율, 운동적성 등을 포함시켜 다음과 같이 설명하고 있다. '체력이란 삶을 보람찬 인생으로 만들어 주는 모든 활동의 근원으로 인간의 지속적 생활, 정서적인 생활, 직장생활, 각종사회생활 등 이를테면 나무에서 가지 많은 나무로 비유하여 나무의 총체가 바로 체력이고 가지가 생활'이라 하였다.

이때 수많은 가지에서는 많은 양의 필요한 물질을 요구하게 되는데 총체인 체력이 약해서는 많은 가지에 필요한 물질을 공급할 수 없어 몸이 쇠약해 질 수 밖에 없다는 것이다.

이처럼 체력은 신체의 건강을 유지하고 행복을 추구하게 하는 모든 것의 근원이 되는 신체에서 가장 중요한 것이라 정의할 수 있다.

2. 체력의 분류

체력의 분류에서 체격이 크고 근력이 강하다는 것만으로, 체력의 강함을 의미하는 것으로 여기는데, 근력이 강하다는 것이 정답은 아니다. 체력이란 신체적 제 특성이 고루 발달된 것을 말하기 때문이다.

지금까지 인체생리학자들이 연구 분석한 체력의 구성요소는 약 70여 가지에 이르지만 대별하면 3가지이다.

1) 의학상의 기능 - 신경계의 기능, 심장순환계의 기능, 호흡순환계의 기능, 소화계의 기능, 근육계의 기능, 내분비선계의 기능, 기타 일반적인 건강 등
2) 인체측정학상의 기능 - 신체의 발달, 자세, 유연성
3) 신체적 기능 - 약 40여 개의 구성요소, 민첩성, 정확성, 균형, 근력, 지구력, 속도

일본의 '이시고'는 체력을 인간과 환경의 관계로부터 활동력, 저항력으로 다음과 같이 분류하였다.

- 활동력 - 활동력을 일으키는 능력, 활동을 계속하려는 능력
- 저항력 - 화학적 스트레스에 견디는 능력, 생물적 스트레스에 견디는 능력
  생리적 스트레스에 견디는 능력, 정신적 스트레스에 견디는 능력

또 체력을 신체기능으로 분류하면 다음과 같이 4가지로 대별된다.

첫째 : 심폐 지구력(Cardiovascular Respiratory)

심장과 폐 기능은 건강을 유지하기 위한 체력 중에서 가장 중요한 요소이다.

심폐기능이 나쁠 경우 자신이 운동 중에 산소를 들이 마실 수 있는 최대의 능력, 혈액의 산소운반 능력, 노폐물 제거 능력 등의 기능이 떨어진다.

즉 심장이나 폐기관이 지속적으로 운동을 하더라도 피로를 느끼지 않는 생리적인 능력을 말한다.

둘째 : 근력과 근지구력(Muscular Strength and Endurance)

근육이 한 번에 최대 노력으로 발휘할 수 있는 힘의 크기를 말하며, 근지구력이란 어떤 활동을 오랫동안 반복할 수 있는 근육의 능력을 의미하는 것으로 밀접한 연관성을 가지고 있다.

근력은 체력을 증진시키고, 일상생활에서 작업을 하거나 올바른 자세를 유지하는 데 중요한 요소이다.

근력과 근지구력이 증가되면 모세혈관이 많아지고 근육양이 늘어나 자신에게 약간 무리가 되는 운동을 하더라도 쉽게 극복할 수 있게 된다.

셋째 : 유연성(Flexibility)

최대한의 범위까지 동작을 하는데 있어 근육과 관절을 원만하게 움직일 수 있는 능력을 말한다.

항상 관절의 운동이 충분하지 못하면 관절 주변의 근육과 연결 조직들이 굳어 버려 활동범위가 줄어들게 된다.

특히 나이가 들수록 운동량 부족과 과도한 체중으로 허리의 유연성이 약화되어 요통을 일으키는 경우가 많다. 또한 유연성이 증가되면 운동중의 상해를 예방 할 수 있다.

넷째 : 신체 조성(Body Composition)

체지방률은 지방량이 체중에서 차지하는 비율로 정의되며 체력을 결정하는 하나의 요인이다.

신체부위에 많은 지방의 축적은 활동을 저해시키는 요인으로 작용하기 때문에 체지방의 많고 적음은 건강을 유지하는데 매우 중요하다고 볼 수 있다.

물론 적당한 체지방량은 신체기관을 보호하고 열을 차단하거나 체온을 유지하는 데에는 필수적 신체구성 요소이다.

그러나 과다한 체지방량은 신진대사를 방해하는 원인으로 작용하여 신체에 질병이나 노화현상을 증가시키는 요인이 된다. 일반적으로 나이가 30세 이후부터는 매년 1%의 체지방이 증가하고 근육의 양은 줄어들게 되어 그 결과 체중이 늘어나게 되는 것이고 이런 것을 예방하기 위해서는 운동이 필수이다.

3. 에너지(Energy)

에너지란 물리적인 일을 할 수 있는 능력이며, 에너지의 크기는 물체가 할 수 있는 양을 의미한다.

신체의 활동에서는 체력의 근원을 과학적 개념으로 볼 때 밀접한 관계가 되는 에너지 생산과정과 및 분해과정이다. 음식물을 섭취하여 소화기관에서 얻어진 에너지를 각 기관에서 사용하여 신체가 노동 또는 운동 활동을 수행하기 때문이다. 에너지의 크기에서 볼 때 채식을 주로 하는 민족보다 육식을 주로 하는 민족이 장시간 노동이나 운동 활동을 수행할 수 있는 것은 채소보다 육류의 열량이 높기 때문이다.

우리는 가끔 심한 운동 후나 노동 후에 에너지가 남은 것이 없어서, 또는 있는 힘(에너지)을 다하여 힘을 쓴다는 말을 하는 것도 에너지를 표현하는 말이다.

에너지를 분류하면 다음과 같다.

1) 화학적 에너지
2) 기계적 에너지
3) 열에너지
4) 빛에너지
5) 전기 에너지
6) 핵에너지

에너지를 위와 같이 6가지로 분류할 수 있는데 에너지는 하나의 형태에서 다른 형태로 변화된다.

음식물을 섭취하는 '화학적 에너지'가 운동이라는 '기계적 에너지'로 변화되고, '열에너지'로 전환되어 신체가 힘을 얻어 운동을 수행 할 수 있는 것이다.

에너지형태가 바뀌는 변화과정은 실로 기묘하다. 운동의 종류에 따라 여러 가지 변화과정을 거쳐 서로 다른 에너지가 만들어지고, 운반되고 소멸되기까지 전 과정을 이해하기는 쉽지 않다.

음식물이 분해될 때 방출되는 에너지는 운동수행에 직접적으로 사용되는 것이 아니고 A.T.P(Adenosine triphosphate, 3인산 아미노산)라고 하는 화합물을 만드는데 사용된다. 이 A.T.P는 신체 근세포에 저장되어 있다가 필요할 때(활동, 운동시) 분해되어 에너지로 변환되고 운동능력을 갖게 된다.

A.T.P는 Adenosine과 3개의 인산염이 함유하는 특수한 화학적 복합물로서 3개의 인산염 중 끝에 있는 인산염이 고에너지로 결합되는데, 인산염 하나가 분해되면서 나오는 에너지가 '근'활동을 수행하는 에너지인 것이다.

어떤 운동에 필요한 에너지 양(量)은 그 운동 강도와 지속시간에 따라 변한다. 이때에 에너지를 공급하는 체계는 일정한 것이 아니고 3가지 체계로 구분된다.

각각 다른 화학적 방법으로 '근' A.T.P를 공급하는 이 세 가지 에너지 공급체계는 「ATP-PC체계, 젖산체계, 산소체계」로서 상호 보완된다.

그렇다면 에너지란 무엇인가? 그 오묘한 에너지 생산과정과 분해과정체계를 설명해야 되는데 실제로 인간의 몸속에서 작용하는 에너지를 취급하거나 본 사람이 없기에 한마디로 설명하기가 매우 어렵다. 그러나 누구든지 에너지의 위력과 효력은 느끼고 있다. 전기선에 전기가 흐르는 것은 볼 수 없지만 만지면 전기를 느낄 수 있고, 전등을 켜면 밝아지기 것과 같다.

위에 6가지 형태의 에너지를 재론하면 음식물 섭취로 인한 화학적 에너지를 인체에서 전기에너지로 바꾼다. 근육수축으로 인한 자극이 바로 전기에너지이다. 심장병 환자가 병원에서 심전도 검사를 하는데 '심장근'의 전기 자극을 종이에 기록하는 것이고, '근'전도는 골격근에 나타나는 전기 자극을 기록하는 것이다.

4. 트레이닝

트레이닝이라는 용어는 스포츠·경기분야에서 사용하던 것이었으나 최근에는 일상생활의 용어로 많이 활용되고 있다. 한 예로 학교에서의 동아리나 클럽(club)활동의 훈련이라든지, 기업에서의 신입사원 교육 및 직원들의 정신 또는 육체적 단련과정에서도 트레이닝이라는 용어를 쓰는 것을 볼 수 있다.

트레이닝의 관한 학자들의 견해를 살펴보면, steinhaus는 '트레이닝이 신체의 적응능력을 이용하여 발육발달을 도모하는 계획적인 운동 프로그램'이라 하였고, Fox는 '트레이닝을 에너지원과 스포츠기술의 향상을 도모하려는 운동 프로그램의 실천'이라는 의미로서 Condition이라 규정하였다.

1) 트레이닝의 정의

트레이닝이란 스포츠경기력의 향상을 도모하기 위하여 신체적 운동 능력을 계획적이고 체계적으로 개발하려는 과정이다.

Ikai와 Matsui는 다음과 같이 정의하고 있다. '트레이닝이란 운동자극에 대한 신체의 적응능력을 이용하여 인간의 작업능력을 가능한 한도에 까지 발달시키려는 과정'이라고 하였다.

그러므로 여러 가지 견해를 종합하여 트레이닝을 다음과 같이 정의할 수 있다.

트레이닝이란 체력의 계획적인 강화훈련을 통하여 운동능력을 향상시키는 과정이다.

2) 트레이닝의 효용 및 원리

트레이닝은 체력육성의 총체이다. 사람의 신체는 운동이라는 역동적 자극을 받지 않고서도 형태적으로나 기능적으로 어느 정도의 발육과 발달은 될 수 있다.

그러나 이 같은 발달은 그 사람의 기초적 발달에 그치고 만다. 특히 사람의 신체발달에는 개인차가 있어 미미한 운동자극이 어느 정도의 효과를 거둘 수 있지만, 역동적 자극 없이 그 사람의 최대 발육발달에는 미치지 못하므로 트레이닝이 체력육성의 총체라는 것이다.

체력육성은 단시간에 이루어지는 것이 아니다. 효율적인 체력육성 프로그램이 필요하고 그 원리 및 구체적인 훈련방법의 대한 이해가 선행되어야 한다. 체력육성의 기본원리에서 보면 신체는 주어진 자극에 대해 잘 적응하려는 속성을 지니고 있다.

- 약한 자극 : 생리적인 작용만을 일으킨다.
- 보통 자극 : 생리적 자극 촉진을 시킨다.
- 강한 자극 : 생리적 작용을 억제시킨다.
- 매우 강한 자극 : 생리적 작용을 정지시킨다.

따라서 체력증진을 모색하는 부위에 적절한 운동부하와 운동빈도의 처방이 이루어져야 최대의 효과를 얻을 수 있으므로 체력육성을 위한 처방을 계획함에 있어 여러 요인을 고려하여 과학적으로 편성하지 않으면 안 된다.

체력의 각 부위를 골고루 발달시킬 수 있도록 하고, 정신 · 건강 · 교양까지도 고려하고 심신의 조화적인 발달을 위해서 신체의 제반 기관과 조직에 효과를 거둘 수 있는 다양한 활동이어야 하고 운동부하의 강도와 빈도를 점차적으로 조절하고 증가시킬 수 있어야 한다.

그러나 너무 급작스럽게 운동부하 강도를 올리면 신체의 균형 상태가 일그러지므로 적당한 부하운동을 반복적으로 실시하여야 하며, 운동부하의 질과 양을 합리적으로 실시하고 피로회복을 적당히 배분하여 30~40분 이상 꾸준히 행하고 효율성을 높이기 위해 다음과 같은 점을 고려하여야 한다. 운동의 목표, 내용, 방법에서 개인차를 고려하여 체력육성과 처방을 한 후 자발적인 태도와 의욕으로 임해야 한다.

앞에서도 언급하였듯이 사람은 개개인이 체격구조와 체력이 다르기 때문에 나이, 성별, 성숙도, 건강도 등을 고려하여 계획성 있게 실시하여야 한다.

3) 원칙

사람의 신체는 운동자극을 가하면 순간적인 반응과 장기적인 적응의 현상이 나타나고 강도에 따라 그 효과가 다르게 나타난다. 신체의 운동자극을 가하면 조직계통에 생리적인 변화를 수반하게 되고 계속적으로 반복하면 그 효과가 나타나지만 중단하면 시작할 때의 수준으로 되돌아갈 뿐 아니라 그전보다 허약한 체질로 변모될 수 있다.

트레이닝에는 다음과 같은 원칙론이 있다.

(1) 적응(Adaptation)의 원칙
(2) 과부하(Over-load)의 원칙
(3) 점증부하(Progressive)의 원칙
(4) 특이성(Specificity)의 원칙
(5) 가역성(Reversal)의 원칙

(1) 적응(Adaptation)의 원칙

신체에 운동자극을 가하면 순간적인 반응과 장기적 현상이 나타난다. 이것이 적응의 원칙이다. 이때 순간적인 반응은 운동자극이 중단되면 신체의 생리적 기능이 원점으로 돌아가고 오랫동안 반복적으로 운동자극부하를 가해야 하는데 인체의 특성이 모두 다르므로 바람직한 적응과 바람직하지 못한 적응도 있을 수 있다.

예를 들어 '근'섬유의 비대에 의한 근력의 증강은 바람직한 적응인데 척추의 만곡을 초래할 수 있는 이상 증식은 위험성이 내포된 바람직하지 못한 적응이다.

(2) 과부하(Overload)의 원칙

트레이닝의 유효적절한 적응효과는 일상운동부하에서 조금은 강한 부하이다. 이것을 과부하(Overload)라 하는데 자극보다 힘겨운 운동자극을 의미한다.

일반적으로 과부하는 운동자극이라는 의미에서 운동 강도에 의해 결정된다. 가벼운 무게의 기구나 가벼운 자극의 운동은 트레이닝을 실시할 때 그 효과가 매우 미약한 수준에 머무르게 된다.

그러나 신체가 감당할 수 있는 운동자극의 한계는 있다. 너무 약한 자극은 효과가 없는 반면, 너무 강한 자극은 오히려 트레이닝의 역효과를 초래 할 수 있고, 더 나아가서는 운동 상해를 입을 수 있다.

(3) 점증부하(Progressive)의 원칙

신체의 조직이나 계통(순환)의 생리적 변화를 수반하는 트레이닝으로 효과를 거두려면 장시간(30~40분 이상)의 걸쳐 운동자극 부하를 점차적으로 높여나가야 한다. 이를 점증부하라 한다. 이때 트레이닝을 시작할 때 설정한 운동자극만으로는 그 이상의 효과를 거둘 수 없기 때문이다. 그러나 점증부하 방법이라 하여 일정한 기간마다 산술적으로 증가시켜서는 안 된다. 생리적 기능에 따라 증가시키고, 기본적으로 점증의 경향을 지켜지도록 계획해야 한다.

(4) 특이성(Specificity)의 원칙

트레이닝의 효과는 과부하 원칙과 점증부하 원칙에 의해 부하된 운동자극에 의해 신체의 계통 중 일부 계통에 한정되어 나타나는데 이를 특이작용 또는 특이성이라 한다.

웨이트 트레이닝으로는 근육계나 또는 일부 근육에, 인터벌 트레이닝은 호흡 순환계에 그 효과가 나타나는 것을 의미한다. 따라서 웨이트 트레이닝으로 유연성을 높인다든지 인터벌 트레이닝으로 근육의 강도를 높인다는 것은 무모한 것이 됨을 의미하므로 특이성의 원칙이라 한다.

트레이닝의 특성이란 피 훈련자의 조직이나 효과를 기대할 수 있는 사실로 수용될 수 있다. 그러므로 훈련자 자신이나 트레이너에게는 트레이닝에 의해 신체에 나타나는 생리적 현상에 대한 기본지식이 요구된다.

(5) 가역성(Reversal)의 원칙

트레이닝을 반복적으로 계속하면 그 효과가 나타나지만 중단하면 시작했을 때의 수준으로 되돌아 갈 뿐만 아니라 시간의 흐름과 더불어 자연감퇴에 이르는데 이를 트레이닝 효과의 가역성이라 한다.

뮬러와 헤딩거(Muller & Hettinger, 1954)의 연구를 보면, 약 7주에 걸친 지구력 트레이닝으로 최대 산소섭취량이 약 10~14㎖로 증가되었다가 트레이닝을 중지한지 7주 후에는 처음 수준으로 되돌아갔다, 발표하였다.

아트란과 로다이(Astrand & Rodahi)의 발표를 보면, 단시간의 트레이닝 효과는 그 효과가 단시간에 소실되지만 장시간의 트레이닝 효과는 상대적으로 오랜 시간 지속되며, 이때 간헐적으로 트레이닝을 계속하면 그 효과가 보다 오랫동안 지속된다고 하였다.

이와 같은 트레이닝 원칙론에 입각하여 체력수준을 고려하고 과학적인 계획아래 트레이닝 프로그램을 작성하고 실시하여야 할 것이다.

4) 트리이닝의 종류

트레이닝의 종류로는 크게 4가지로 대별할 수 있다.

(1) 웨이트 트레이닝(weight training)

(2) 스태틱 트레이닝(static training)

(3) 인터벌 트레이닝(interval training)

(4) 서킷트 트레이닝(circuit training)

이 같은 트레이닝의 대한 원리를 살펴보면 다음과 같다.

〈표- 2〉 트레이닝의 대한 원리

트레이닝종류	운동부위	사용기구	도움	비고
(1) 웨이트 트레이닝	• 근력증강 • 근력비대	• 바벨, 덤벨 • 엑스밴드 • 아령	• 근력 • 근지구력 • 순발력	• 발달시키고자 하는 근육에 부위 및 체력요소에 따라 그 내용을 달리하여야 효과 볼 수 있음
(2) 스태틱 트레이닝	• 등척성 근수축 강화 • 근력강화	• 고정물체 밀고 당기기 • 각근력계 • 배근력계 • 완근력계	• 최대시속 능력 • 최대근력 강화	• 발달시키고자 하는 근육에 부위 및 체력요소에 따라 그 내용을 달리하고 지속성을 가져야 효과 있음
(3) 인터벌 트레이닝	• 근력증강 • 근력비대	• 달리기 • 장시간 계속할 수 있는 운동	• 호흡순환계 강화	• 호흡순환계의 이상 유무 확인 후 실시
(4) 서킷트 트레이닝	• 심폐기능 지속성 • 지구력 지속성	• 달리기 • 가파른 언덕길 오르내리기	• 호흡순환계 지속성 유지	• 호흡순환계의 이상 유무 확인 후 실시

트레이닝 종목선택 및 운동순서 배영에 있어서 목·팔·어깨·등·배·허리·다리 등 신체부위에 대한 종목을 선택한 후 운동종목이 겹치지 않도록 함이 원칙이다. 각각 운동에 대한 실시 기준의 결정을 '강도가 큰 운동을 최대 반복횟수'로 '강도가 비교적 작은 운동은 1분간 최대 반복횟수'를 측정하여 이에 대한 1/2 정도의 횟수로 실시기준으로 결정함이 적절하다.

5. 체력측정

체력측정의 요소는 약 40여 개의 항목으로 구성되어 있어서 이를 전체적으로 측정 및 평가하기는 매우 어렵다.

그리하여 미국의 레크리에이션 학회(AAHPERD)에서 제정한 체력측정방법은 「완력 · 턱걸이 · 매달리기 · 윗몸일으키기 · 왕복달리기 · 제자리멀리뛰기」의 5가지 종목으로 구체화시켜 이를 객관적인 체력측정 평가방법으로 모색하게 되었고 우리나라에서도 1971년도부터 각 학교에서 실시하고 있다.

어느 한두 가지 특정방법으로 체력을 측정하는 것은 불가능하므로 우선 운동테스트 도표를 분석하여 그 결과를 찾아낸 후 구체적인 검사항목을 만든다.

이때 운동에 필요한 행동체력 6가지 요소(종합적인 테스트 도표)를 측정하는 방법은 다음과 같다.

〈표 -3〉 종합적 테스트 도표

성명	근력 (횟수)				지구력 (시간)		순발력 ( )	평행성 ( )	민첩성 ( )	유연성 ( )	처방
	악력	견완력	배근력	각력	근지구력	심폐지구력					

1) 측정의 원칙 및 방법

체력테스트는 행동체력의 요소가 되는 근력 · 순발력 · 민첩성 · 유연성 · 지구력 및 교치성에 대하여 테스트하며 어느 요소가 뛰어나고 어느 요소가 부족한지를 알 수 있도록 작성되어야 한다.

체력테스트 결과에 따라 체력을 정확히 분석하고, 건강상태와 체력에 알맞게 목표를 세우고 운동방법(처방)을 정해야 한다. 이때 주의할 점은 테스트의 대상이 초보자인지 숙련자인지 건강상태가 어떠한지 그리고 나이 등을 고려하여야 한다.

테스트의 일반원칙은 다음과 같다.

(1) 어느 곳에서나 누구든지 쉽고 안전하게 실시할 수 있어야 한다.
(2) 많은 사람이 동시에 실시할 수 있어야 한다.
(3) 일반적인 측정기구로 실시할 수 있어야 한다.
(4) 테스트 수치에 객관성이 있어야 한다.
(5) 검사자나 피검자에게 기술이 요구되지 않아야 한다.
(6) 테스트수치를 정규분포에 가까운 것으로 고려하여 작성한다.

위와 같은 방법으로 체력을 테스트하여 자신의 어느 부위가 부족한지를 한눈에 볼 수 있도록 하고, 부족한 곳을 중점적으로 보완할 수 있도록 지도하며, 추후 재차 테스트를 하고 운동방법을 달리하여야 한다. 이것을 운동처방이라 한다.

운동처방을 할 때에는 운동실시자 체력에 맞추어 처방을 해야 하며 또 실제로 실시하지 않으면 무용지물이 되므로 적성에 맞는 운동으로 처방하여야 한다.

2) 체력요소와 측정방법

첫째 : 근력

① 악력(손아귀 힘)
② 견완력(어깨와 팔 힘)
③ 배근력(허리의 힘)
④ 각력(다리의 힘)

순발력이 동적인 상태에서 내는 힘이라면 근력은 정적인 상태에서 내는 힘을 말한다. 이러한 근력은 손·팔·허리·다리·발과 같은 신체의 분절이 근 수축에 의해 발휘될 수 있는 힘으로서 모든 신체활동의 원동력이 된다.

신체활동의 꼭 필요한 근력으로는 악력·견완력·배근력·각력 등이 있으며 측정방법은 다음과 같다.

① 악력(손아귀 힘) - 악력계를 사용하며 엄지손가락을 제외한 네 손가락의 굴근력 종합 측정

② 견완력(어깨와 팔 힘) - 남자의 경우는 턱걸이, 여자의 경우는 비켜 턱걸이

③ 배근력(허리의 힘) - 배근력계로 측정

측정시 상체를 앞으로 30° 가량 굽혀야 한다.

배근력은 허리를 잘 써야 운동을 잘 할 수 있다는 말과 같이 신체에서 가장 중요한 부위이다.

④ 각력(다리의 힘) - 배근력계로 측정

배근력계 손잡이를 잡아서 허리에 댄 후 무릎을 120° 각도로 굽힌 다음 무릎을 펴면서 측정(수술 후는 금물)

둘째 : 지구력

지구력이라 함은 근군(근육의 힘)이 얼마나 지속적으로 운동을 할 수 있는가의 능력을 나타내는 말이다.

① 근 지구력 - 윗몸일으키기, 팔굽혀펴기(근육의 운동 지속력)

② 심폐지구력 - 육상, 수영의 중·장거리(호흡 순환계)

셋째 : 순발력

순발력은 동적 상태에서 발휘되는 힘이다. 이것은 정적인 근력을 의미하는 것이 아니라 신체전체의 위치를 이동시킬 수 있는 순간적인 힘으로써 그 크기는 「근력 X 근수축의 스피드」로 나타난다.

• 측정방법 – 제자리높이뛰기, 제자리멀리뛰기, 볼 멀리던지기 등

제자리멀리뛰기의 경우 25세 미만의 젊은이는 신장의 30cm를 더한 숫자는 뛰어야 순발력이 좋은 것이다.

넷째 : 평행성

평행성(평행능력)은 신경근을 조절하는 능력을 말한다. 신체활동에 사용되는 평행성은 관절감각과 근육감각에 의한 근육의 지각반응에 의해서 결정되는 균형유지 능력이다.

• 측정방법 – 눈감고 외발서기, 한쪽 발끝으로 서기, 머리위에 물건 놓고 외발서기 등

다섯째 : 민첩성

민첩성이란 신체의 일부, 또는 전신을 얼마만큼 재빨리 움직이거나 방향을 얼마나 빨리 전환할 수 있는가 하는 능력을 말한다.

• 측정방법 - 짧은 거리 왕복달리기, 사이드 스텝, 테스트 버피 등

테스트 버피: 선 자세에서 시작하여 팔을 짚고 엎드렸다가 일어나는 자세를 반복하여 팔 · 등부 · 복부 · 다리부위의 민첩성을 측정하는 방법.

이와 같이 6가지 체력 테스트방법을 제시하였으나 이것만으로 체력요소를 모두 측정하였다고는 할 수 없다. 아주 초보적인 기초체력인자를 살펴본 것이기 때문이다.

지금까지 살펴본 체력외의 또 다른 영역인 행동체력과 방위체력을 생리학자들의 연구를 인용하여 본다.

첫째 : 신체능력에는 외부에 의해서 행동을 일으키려는 능력인 행동체력

둘째 : 외부활동에서 신체를 지키려는 능력인 방위체력

이상과 같이 체력의 개념은 외부에 의해서 행동을 일으키는 능력인 행동체력과 외부의 활동으로부터 신체를 지키려는 방위체력으로 구별해서 부르며, 체력은 이 두 가지 안에서 성립된다.

체력의 개념과 그 구성요소를 기초로 하여 운동자가 이해하기 쉽도록 신체적 요소(Fitness For Performance)를 중심으로 정리하였다.

〈표 -4〉 체력의 구분

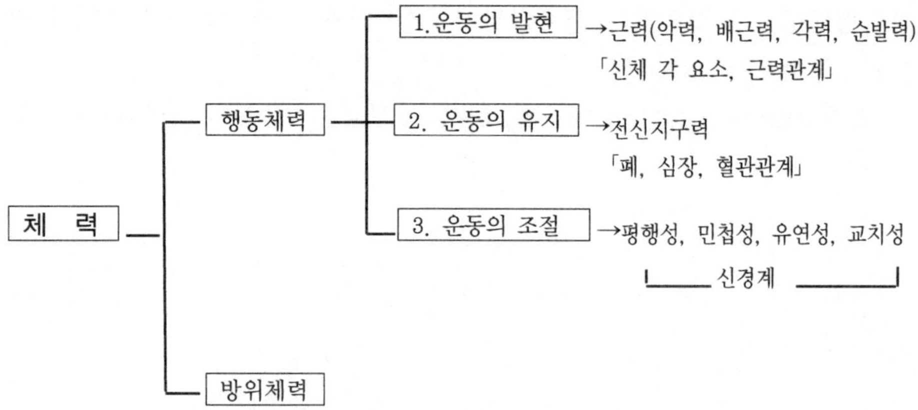

행동체력

외부활동에 의한 행동의지를 포함한 신체적 작업능력이며, 근육, 골격, 관절, 신경계를 주체로 한 기능이고 최종적으로 근육에 수축으로 행동을 취하는 영역,

행위체력

외부의 스트레스에 대하여 적극적으로 신체활동을 방위하며 건강상태를 유지하는 것, 곧 건강을 유지하는 것이다. 신체의 구조에서 보면 방위체력은 내분비 및 자율신경계 문제 등의 관여하며, 기능으로 보면 협응성·반응성·저항력·면역성 등을 들 수 있다.

위와 같은 근거를 기초로 하여 모든 운동처방에는 체력을 보완하는데 유효한 것으로 하기 위해서는 다음과 같은 세심한 순서가 필요하다.

- 운동 실시자에 의해서 상당히 효과가 있는 것이 어느 것인지를 검토하고 선택한다.
- 처방된 운동의 종류가 정해지면 그 운동의 대표적인 운동형식 가운데서 운동실시자의 흥미에 다라 종목을 선택한다. 즉, 전신운동이 필요하다고 판단되는 운동형식에는 조깅이 좋은가, 에어로빅이 좋은가 판단하여 선택함을 말한다.

실시하는 운동의 종류와 그 운동의 형식을 위의 표를 참고하여 결정한 후 트레이닝의 하루 운동량을 설정한다. 이 모든 것이 정해지면 그 운동처방에 따라 규칙적으로 행해야 하며, 신체의 제 기능이 영속적으로 지속될 때까지 행하여야 한다. 이 같은 현상을 트레이닝 효과라고 한다.

3) 과부하 원칙(Over Load Principle)

각종 트레이닝에는 각각의 오버로드의 원칙이 있는데 이는 각종 트레이닝시 일정량 이상의 운동 강도로 트레이닝을 하면 확실한 효과가 얻어지는 것을 말한다. 근력발휘와 오버로드의 원칙을 보면 일상생활에서 발휘되는 근력은 최대근력의 20~30%이다.

그러나 이 운동 강도로는 근력향상을 기대할 수 없다. 근력 향상을 위해서는 최소한의 운동 강도가 최대근력의 40%이상은 되어야 하며, 이 운동 강도가 근력 트레이닝의 오버로드라고 볼 수 있다. 그러나 40% 이상의 근력을 수 초간 발휘하였다 해서 트레이닝의 효과가 나타나는 것은 아니다.

트레이닝의 효과가 확실히 얻어지는 것은 운동 강도가 최대근력의 40%를 넘고 그 강도가 10초 이상 지속되고 수십 회 반복될 때이다. 더욱이 그 운동을 3~6회 반복해서 행해야 하고 최소 1일 2회는 시행해야 한다.

근력 트레이닝의 오버로드가 있는 것같이 근 파워·근지구성 및 전신지구성 트레이닝에도 각각 트레이닝 특유의 오버로드 원칙이 있는데 그 오버로드의 원칙을 보면 각종 트레이닝에 따라 운동부하 조건을 설정한 것이 근력·근 파워 및 전신지구성 트레이닝의 이론이 된다.

더 나아가서 점증적 과중부하법(Progressive Over Load Principle)을 살펴보면, 이는 트레이닝 초기단계에서는 오버로드 원칙론에 입각하여 트레이닝을 시작하고 신체의 개선에 따라 서서히 운동 강도를 더 하는 것이지만 그 개선은 늘 같은 주기로 나타나지 않으므로 세심한 주의가 필요하다.

연구문제

1. 체력의 정의를 상세히 서술하시오.
2. 체력을 분류함에 있어 그 기능을 세분화하여 설명하시오.
3. 에너지 분해과정을 체계적으로 설명하시오.
4. 트레이닝의 종류를 자세히 설명하시오.
5. 체력측정의 원칙 및 방법을 자세히 서술하시오.
6. 신체기능에서 에너지와 트레이닝을 관계를 설명하시오.
7. 과부하의 원칙과 신체적 문제점을 연계하여 설명하시오.

제6장 사회체육 지도자론

1. 사회체육지도의 필요성
2. 사회체육지도자의 역할과 기능
3. 사회체육지도자 지도력

제6장 사회체육 지도자론

1. 사회체육지도의 필요성

생활수준이 향상되고 여가 시간이 많아진 현실에서 사회체육의 필요성이 대두되고 있어 양질의 사회체육지도자가 절실히 요구되고 있다 하겠다.

많은 사람들이 운동의 장(場)으로 나온다 하여도 운동종목 선택과 순서 배열과 운동의 강도 및 시간 그리고 빈도를 어떻게 해야 할지 알 수 가 없어 선뜻 운동을 시작하지 못하고 있기 때문이다.

운동이라는 것이 잘못하면 운동 상해를 입는 것이므로 신중을 기해야 하는데 운동지식이 부족한 사람들에게는 운동영역의 조언자 즉 사회체육 지도자가 있어야 함은 필연적이다.

사회체육지도자의 역할은 사람들로 하여금 체육의 대한 바른 이해와 바른 운동의 습관을 가질 수 있도록 도움을 주는 일이며, 운동을 통하여 즐거운 삶이 되도록 어드바이스(advice)하는 것이다.

2. 사회체육지도자의 역할과 기능

사회체육 운동의 장에서 지도자의 역할은 참가자 모두가 신체적 · 정신적 영역에서 세운 운동의 목표를 이룰 수 있도록 효율적인 지도를 하는 것이다.

그러므로 사회체육지도자는 지도목표를 명확히 설정하여야 하며, 체계적인 지도원리을 적용하여야 한다.

특히 운동자의 잘못된 운동습관을 바르게 교정함도 함께 병행함이 원칙이다.

사회체육지도자의 활동분야와 체제를 살펴보면, 사회체육행정지도자 · 지역사회 및 직장체육지도자 · 사회스포츠지도자이다.

1) 사회체육 행정지도자

사회체육에서 행정이란 체육활동의 참여여건의 구비와 실행의 요소이다. 사무나 행정적인 절차에서 운동의 장소 그리고 프로그램의 체계화 등을 구비하여 사회체육활동의 참여하는 체육단체, 민간단체, 기업체, 개인 등이 사회체육활동을 활발하게 전개할 수 있도록 지원하는 영역이다.

사회체육 행정지도자 양성은 사회체육학 전공에서 스포츠마케팅을 이수한 한 사람으로 소정에 과정을 거쳐 충당할 수 있다.

2) 사회스포츠 지도자

사회스포츠라 하면 사회체육에서 사회인들의 스포츠 활동을 지도하는 사람을 말 한다. 개개인만이 아니라 단체까지도 지도하며, 스포츠 활동과 그리고 스포츠와 연관된 분야까지도 지도를 하는 사람이다.

사회체육의 종목이 다양해져 한사람이 여러 분야와 종목을 지도할 수 없는 현실을 감안한다면 지도자 양성에 힘을 써야 할 때이다.

엘리트체육영역에 비하여 사회체육지도자는 그 수가 매우 부족한 현실이다. 그러므로 지도자 양성과정이 체계화되고 지속적으로 이루어져야 양질의 지도자가 배출되고 그 효과가 지대해 질 것이다.

사회체육은 비영리적인 동기에서 시작되었고 지금까지도 봉사차원에서 이루어지는 현실이므로 지도자들에게 합당한 위치에서 존경을 받도록 해야 한다.

사회체육지도자의 유형은 다음과 같다.

- 전임지도자 : 사회체육지도자 자격증 소지자.
- 시간제 지도자 : 체육대학 또는 사회체육전공 학생이나 사회인이나 자격증을 소지한 사람.

3) 자원봉사자

사회스포츠 지도자도 자원봉사를 하는 것이지만 여기에서 자원봉사자라 함은 사회체육이나 지역사회 또는 직장체육의 발전에 관심이 많고, 체육을 좋아하며 스포츠를 사랑하는 사람으로 자격증은 없더라도 자진하여 헌신적인 봉사정신으로 그 역할을 감당하는 사람을 의미한다.

3. 사회체육지도자 지도력

모든 사회활동이나 체육활동 중에는 수련자가 집단을 이루게 된다. 사회생활이 공동체이고 모든 체육활동도 집단을 이루어 사회의 일부분이 되는데 집단이 발전되고 잘 운영이 되려면 구성원 개개인이 우수하여야 함은 물론이나 그 중에는 협력적이지 못한 사람도 있다.

그러기에 집단 전체가 우수한 집단이 되어 일사불란한 움직임을 보이려면 공동체 전원이 공통의 목적을 설정하고 단결하고자 노력하여야 한다.

사회체육도 동호인조직이 이루어지고 집단을 구성하여 조직 활동을 하므로 운동자들이 스포츠효과를 달성하기 위해서는 지도자의 지도력(leadership)이 절실히 요구된다.

이와 같이 우수하고 바람직한 집단이 되기 위해서는 리더의 리더십과 펠로우십, 팀워크, 사기 등이 갖추어져 운영이 되어야 그 안에서 행하여지는 모든 것이 바람직한 방향으로 이끌어지고 만족할만한 성과를 거둘 수 있는 것이다.

1) 리더십(leadership)

리더십이란 집단의 목표를 달성하기 위하여, 집단의 사기를 높이고 집단의 목표와 개개인의 요구를 관철하여 전체를 이끌어 나가는 일을 말한다. 즉, 집단이 원하는 목표를 달성하기 위해 개인 및 집단을 조정하며 동작하게 하는 기술을 의미한다. 조직 속의 리더십은 구성원으로 하여금 바람직한 조직 목표에 자발적으로 협조하도록 하는 기술 및 영향력을 말한다. 리더십은 조직의 공식적 구조와 설계의 미비점을 보완하고, 변화하는 환경에 조직이 효율적으로 적응하도록 하며, 조직 내부의 조화를 유지시키고, 조직구성원의 동기를 유발하고 재사회화하는 기능을 수행한다. 리더 유형은 권위형, 민주형, 자유방임형 등으로 구분된다.

(1) 권위형

주어진 과업을 성취시키는 것에 역점을 두고 성원들에게 지시 또는 명령하는 유형, 권위형은 원래 인간은 수동적이고 믿을 수 없는 존재로 보아 일방적으로 권한을 행사하며 성원들의 행동을 엄격하게 감독하고 통제하는 타입이다.

(2) 민주형

성원들에게 만족을 주는 것에 역점을 두고 성원들의 참여와 자율성을 존중하는 유형, 민주형 리더십은 인간이란 능동적이고 자기 규제적이며 창의적으로 일 할 수 있는 존재라고 보는 관점과 부합시키는 타입이다.

(3) 자유방임형

자유방임형은 집단의 성원들이 원하는 것을 자유롭게 하도록 허용하는 유형, 자유방임형은 과업은 제공하지만 설명이나 관섭을 하지 않고, 요구할 때 지식은 제공하지만 지도는 하지 않고 평가도 하지 않는 타입이다.

2) 펠로우십(Fellowship)

펠로우십은 동료애를 뜻하며 단체의 모든 성원이 리더의 지시를 잘 따르고 집단의 규칙 및 규정을 잘 따르는 것을 의미한다.

3) 팀워크(Teamwork)

팀워크는 팀의 성원이 정신적으로나 기술적으로 협력하여 활동하고 개인이 맡은 바 책임과 역할을 다하여 서로 커뮤니케이션이 잘 이루어지는 것을 말한다.

4) 자질론

오늘날 우리 사회를 돌이켜 보면 서구의 합리주의, 기능주의, 물질만능주의 등 문명의 영향으로 우리가 전통적으로 지켜왔던 바람직한 공동체 문화가 파괴되고 그 결과 '東方禮義之國'이라는 극도의 찬사는 추억과도 같이 되어 버리고 이제는 심각한 사회병리현상을 유발하는 사회가 되었다.

이 같은 사회병리현상을 깊이 파헤쳐보면 도덕윤리만이 아니라 병약하여 일어나는 정신적인 문제도 상당하다.

그리스의 철학자 소크라테스(Socrates: B.C.469~399)는 신체가 병약함으로 일어나는 문제를 다음과 같이 지적하고 있다.

소크라테스의 제자 크세노폰(Xenophon)의 저서에 의하면, 소크라테스는

> '시민은 누구나 체육의 문외한이 되어서는 안 된다. 자신의 신체가 최선의 조건을 갖추어 언제든지 국가의 부름에 응할 수 있게 하는 것이 시민의 의무인 것이다. 육체의 미와 힘은 단련만하면 얻어지는 것이다. 그것을 이루지 못하고 늙어버린다는 것은 얼마나 수치스런 일인가. 신체를 쓸 때에는 항상 최고의 능률을 올릴 수 있도록 해야 한다.
> 지극히 신체적 조건을 필요로 하지 않는 사색이나 명상 같은 것을 하는 과정에 있어서도 건강이 정상적이 아닌 까닭에 중대한 잘못을 일으킬 수가 있다는 것은 주지의 사실이다.' 하였고,

아리스토텔레스(Aristoteles: B.C.384~322)는

> '신체교육은 지성교육보다 먼저 행하지 않으면 안 된다. 그 것은 당연히 먼저 어린이들의 운동훈련을 위하여 훈련자의 역량에 맡겨야 할 것이라는 것을 의미한다. ……어린이들이 사춘기에 달하기까지는 그의 성장의 장애를 주지 않도록 나쁜 음식을 금해야 한다.' 하였다.

여기서 언급하는 훈련자의 역량이란 지도자(선생)가 알아서 교육의 모든 것을 주관하는 것을 말함으로 지도자의 자질이 매우 큰 비중을 차지함을 알 수 있다.

아리스토텔레스는 지도자를 다음과 같이 평하였다.

> '자녀를 가르치는 사람은 자녀를 낳은 사람보다 일층 더 존경을 받아야 한다. 왜냐 하면 후자는 그들에게 생명을 주었음에 비하여 전자는 잘사는 법을 가르치기 때문이다.'

이처럼 기원전(Before christ)에도 교육의 중요성과 교육자의 역할에 큰 비중을 두었다. 당시의 체육이 무술(武術)과 같은 권투, 달리기, 레슬링, 활쏘기, 검술 등이었던 점을 비추어 볼 때 지금보다 지도는 매우 엄격하고 예의를 중시하는 교육이었음을 알 수 있다.

우리 역사에서도 이와 같아서 무예수련을 통하여 예절교육이 이루어졌다.

안자산(安自産: (1886~1946)은 그의 저서 '조선무사영웅전'에 다음과 같이 쓰고 있다.

> '고대에는 무사가 상위계급을 점하고 일세의 의범(義範)으로서 서민을 지도하고 사회도의를 개설하였다. 그리하여 무사(武士)적 고유의 성정(性情)이 사회의 기강을 유지하고 또 발달하여 오매 그 정신이 발달 진보한 역사가 곧 윤리사(倫理史)이다. 자래로 예의지방(禮義之邦)이라 칭한 것은 예(禮)는 문(文), 의(義)는 무(武), 곧 문무합일의 도덕으로 된 것이니 이것이 조선윤리(朝鮮倫理)의 근본이다.' 하였다.

시대의 변천으로 이 같은 무예영역은 퇴색되었지만 이 훌륭한 지도자와 아름다운 교육정신이 지금까지 우리에게 남아있다면 우리의 사회는 밝아지고, 우리의 사회체육은 신명나는 놀이 문화가 될 것 아닐까?

그러므로 기대되는 사회체육 지도자상(指導者像)은 다음과 같아야 한다.

- 교양, 존경, 신뢰성을 지닌 인성
- 스포츠의 대한 사랑과 정열가로 스포츠 활동의 정신적 · 사회적 경험자

- 스포츠의 대한 기술지도 능력자
- 인성교육의 참 뜻 실천자
- 경기중심의 스포츠와 생활중심의 스포츠 모두를 지도할 수 있는 능력자
- 목적의식이 뚜렷한 정열과 추진력이 있는 자
- 창의적이고 의욕이 있으며 지도력의 육성이 있는 지도자

(1) 사회체육지도자의 기능

지도자는 긍정적인 생각과 참다운 사고방식을 가져야 진실 된 인성교육을 실천할 수 있고, 지도자의 바른 예절이 몸 전체에서 향기가 되어 풍겨 나올 때 진정한 교육이 되며, 특히 전문지식이 있어야 한다.

체육을 교육의 일환으로 보았을 때 체육사조 제1조류는 심신이원론(心身二元論)으로 취급되었고, 제2조류는 신체운동을 통한 교육의 시대로서 심신일원론(心身一元論)으로 인식하게 되었다. 즉 신체활동과 아울러 정신 및 심성(mind & mentality)교육도 담당하는 분야로 인식하게 되었다.

그러므로 신체교육을 신체활동의 일부분으로만 생각했던 단순함에서 벗어나 확고한 사명감과 교육적 윤리를 이해하여야 다음과 같은 기능을 발할 수 있다.

- 체육활동의 기획 · 시행 · 조직육성 · 운영의 기능
- 건강과 체력의 육성 테스트진단 및 처방의 기능
- 체육 · 스포츠의 활동지도 및 체육시설의 관리 운영의 기능
- 전문교재의 충분한 이해와 종합적인 지도력의 기능
- 생활과 직결되는 지도의 기능
- 사회에 대한 봉사의 기능
- 창조적인 지도력의 기능 등이 있다.

연구문제

1. 사회체육활동에서 지도가 필요한 이유를 5가지 이상 답하시오.
2. 자원봉사자란 누구를 말하는 것이며, 어떠한 일을 하는지 설명하시오.
3. 리더십에서 유명한 일화로 설명해보시오.
4. 우리나라의 역대 대통령을 리더십 유형으로 설명해보시오.
5. 옛 문화의 예법을 현시대와 비교하여 문제점을 나열하시오.

제7장 사회체육프로그램 계획과 운영

1. 사회체육 프로그램의 의의
2. 사회체육 프로그램의 구성요소
3. 프로그램의 실행
4. 프로그램의 평가

제7장 사회체육 프로그램 계획과 운영

1. 사회체육 프로그램의 의의

프로그램이란 무엇을 운영하고자 할 때 효율적운영의 기초가 되는 기본 계획으로서 그 단계는 다음과 같다. 먼저 그 계획을 입안하고, 조직을 만들어 운영하고, 운영한 프로그램을 평가하여 부족한 부분은 보완하여 재구성하는 것이다. 시설이나 기구·용기 및 내용이 조금 부족하다하여도 프로그램이 훌륭하여 성공한 사례가 많다. 그러므로 양질의 프로그램이 만들어져 널리 보급되어야 사회체육이 발전할 수 있다 하겠다.

그러므로 사회체육도 시대와 발맞추어 시설과 용구에만 신경을 쓰는 것이 아니라 프로그램의 질을 높여야 한다.

프로그램이란 용어를 살펴보면, 내용(content)이나 주제(subject matter), 교육과정(curriculum), 혹은 활동계획(plan of work)등보다 더욱 광범위하고 융통성 있는 의미로 사용된다.

일반적으로 프로그램은 앞으로 수행할 활동을 순서 있게 배열한 계획을 뜻하며 학교에서 실시하는 운동회, 또는 음악회의 발표내용도 프로그램이며, 등산계획을 세우고, 장소와 코스를 정하고 어느 지점에서 쉬며, 어떠한 대형으로 등반하며, 산행을 마칠지를 계획을 세우고, 동호인을 모집하는 것이 프로그램의 실제이다.

1) 프로그램의 목적

사회체육 프로그램의 목적은 양질의 프로그램을 개발하여 개인 및 집단에게 활발한 신체활동의 기회를 제공하고 생활양식의 일부로 정착시켜 삶의 질을 향상시키는 것이다. 그 목적을 몇 가지로 나누어 보면 다음과 같다.

첫째 : 건강의 증진
사회체육 운동종목을 통하여 건강한 신체를 얻게 한다.

둘째 : 흥미의 확대
새로운 영역의 프로그램으로 흥미를 갖게 하고 개인적 욕구를 충족하여 만족감을 얻게 한다.

셋째 : 운동기술의 습득
종목마다의 특성을 이해하게 함으로서 운동의 중요한 기술을 습득하게 한다.

넷째 : 사회적 관계의 개선
사회체육을 통하여 동호인이 조직되므로 수평적 만남이 있게 하고 누구나 동등한 위치에 있음을 알게 하여 사회적 안정을 갖게 한다.

다섯째 : 삶의 즐거움 추구
억압된 사회생활에서의 탈피가 체육활동으로 이루어질 수 있음을 알게 하고 다양한 사회체육 종목으로 생활의 만족감을 느끼게 한다.

사회체육의 목적을 달성하기 위해서는 목표를 일관성 있게 수립하고 수행해야 한다. 사회체육의 목적을 달성하기 위해서는 사회체육 프로그램은 다양한 영역에서 구체적인 목표를 지니게 되는데 이를 적극 활용하여야 한다.

2) 프로그램의 목표 영역

사회체육 프로그램의 궁극적인 목적은 '체육활동을 통하여 개개인의 삶의 질을 향상 시키는 것이다.'

이 목적을 이루게 하는 목표를 네 가지 영역으로 나누어 보면 다음과 같다.

첫째 : 인간의 잠재능력을 최대한 발전시키는 자아실현(自我實現)의 측면이며,
둘째 : 가족 및 사회생활에서의 인간관계가 보다 원숙한 상태로 맺어지게 하는 것이고,
셋째 : 가정 및 직업생활에서 합리적인 경제활동을 영위하게 하는 측면이며,
넷째 : 사회 구성원의 한 사람으로 공민적(公民的) 책임을 완수하는 것이다.

3) 프로그램 설정을 위한 기본 틀

지금 우리가 실시하고 있는 사회체육 프로그램은 기준에 따라 분류하거나 계층별로 설정하면 매우 다양하다. 장소에 따라 다양하고 대상에 따라 그 유형이 다르기 때문이다.

사회체육 대상자는 유아에서부터 노인 장애인에게 이르기까지 그 계층이 다양하기 때문에 이들에 대한 프로그램의 목표를 일반화하여 설정하기는 매우 어렵다. 그렇지만 계층별로 목표설정은 다음 기본 방향을 바탕으로 설정해야 한다.

첫째 : 사회체육 프로그램의 목표는 참가자의 요구와 운동능력 수준에 따라 설정되어야 한다. 사회체육은 모든 계층의 남녀와 전 연령층을 대상으로 하기 때문에(제4장 대상별 운동 참조) 그 요구와 흥미는 다양하고, 운동능력수준도 다르기 때문이다.
둘째 : 사회체육 프로그램의 목표는 학교체육과 수직적으로 통합되어 단계적 설정이 이루어지게 하여야 한다.
셋째 : 사회체육 프로그램의 목표는 가정과 학교에서 이루어지는 체육

활동과 서로 상호작용이 되도록 수평적 통합이 이루어져야 한다.

넷째 : 사회체육 프로그램의 목표는 개개인의 운동 잠재능력이 평생 동안에 걸쳐 계발되고 발전될 수 있도록 설정되어야 한다.

다섯째 : 사회체육 프로그램의 목표는 사회변화에 적응하고 시대적 그 갈망 욕구를 채울 수 있도록 설정해야 한다.

여섯째 : 사회체육 프로그램의 목표는 여가 선용의 측면에서 고려해야 한다.

2. 사회체육 프로그램의 구성요소

프로그램을 계획하는 지도자들은 운동자들의 욕구충족과 그 갈망하는 것을 제공하기 위하여 심사숙고해야 한다. 아무리 좋은 프로그램일지라도 운동자의 선호도가 낮다면 성공할 수 없기 때문이다.

그러므로 프로그램을 계획하고 그 목표한 바에 접근하기 위해서는 다음의 단계를 이해하여야 한다.

프로그램의 계획 모형에서는 각각의 구성요소들이 계획하는 절차에 적용되어서 다음의 다섯 가지 구성요소를 참고한다.

첫째 : 욕구파악(Need Assessment)
둘째 : 목표설정(Development of Objectives)
셋째 : 프로그램 구조설정(Program Construction)
넷째 : 프로그램실행(Program Implementation),
다섯째 : 프로그램평가(Program Evaluation) 등 이다.

활동의 모형을 계획하는데 단계적인 흐름과 각 구성요소와 다른 구성요소들과의 관계를 기획자(지도자)들은 순환하는 순서를 잘 이해하여야 한다. 그 이유는 각각의 구성요소들의 실행은 짜여 진 구성요소에 구체적인 정보를 제공함으로서 실행되기 때문이다. 그러나 기획자(지도자)들은 다음의 구성요소로 옮기기 전에는 한 가지 구성요소가 끝난 것은 아니다. 그 구성요소들 사이에는 상호보완적 요소가 존재하기 때문에 목표설정과 동시에 프로그램의 구조 설정의 관심을 가져야 한다는 것이다.

신축성 있는 프로그램의 모형이 되기 위해서는 구성요소들 사이에 지속적인 상호작용이 있어야 한다. 각각 구성요소들은 다른 구성요소들과 밀접한 관계를 가지며 전문성이 그 모형에 효과적이던지 아니던지 요소들 사이에는 서로가 관련을 가지게 되기 때문이다.

구성의 원리를 재론하면 다음과 같은 원칙을 준수해야 한다.

첫째 : 국민 모두에게 기회를 제공되게 해야 한다.

둘째 : 누구나 쉽게 접할 수 있고 시간의 제약을 받지 않아야 한다.

셋째 : 기존체육시설 이용이 가능해야 한다.

넷째 : 숙련자와 비 숙련자가 선택할 수 있는 프로그램이 다양하여야 한다.

다섯째 : 체육 프로그램을 통하여 기쁨을 얻고 다양한 경험을 얻고 만연된 스트레스를 풀 수 있어야 한다.

더 나아가서 고려해야 할 것은 신체활동의 창조성적 기회를 제공하여야 하며, 나이, 성별, 교육수준, 경제적 지위 등과 관계없이 참여하는 평등성의 기회를 주어야 하며, 다양한 프로그램을 접할 수 있도록 하고, 내가 받은 것만큼 환원하는 봉사성이 반영되어야 하며, 자격을 갖춘 전문가에 의해 주관이 되어야 하며, 프로그램의 장·단점을 평가하고, 질적 양적 보완이 이루어지게 하여야 한다.

3. 프로그램의 실행

사회체육 프로그램이 선정되고 그 내용이 결정되면 확정하여 전개하고 운영하는데 있어서도 어떠한 원칙이나 기본입장을 따르는 것이 좋다.

이는 결국 많은 사람에게 복지화 된 체육환경을 제공함으로써 체육활동을 통하여 기쁨과 환희를 얻게 하여 규칙적이고 자발적인 참가를 유도하기 위함이다.

1) 프로그램 전개의 원리

프로그램의 전개에서 전개 어원을 살펴보면, '시작하여 벌림, 내용을 진전시켜 펴 나감.' 으로 나타나 있다. 그러므로 전개원리(展開原理)는 프로그램을 시작하고 그 내용을 체계적으로 펴나가는 것이다.

사회체육 프로그램은 흔히 내용과 방법이 혼합되어 있으며 자율 활동위주이고 활동내용을 참가자 스스로 결정, 분담, 지도할 수 있는 참여교육의 방법과 또는 서로가 서로를 지도하는 상호교육의 방법도 많이 이용한다.

그러므로 학교체육 보다는 지도자와 학습자간의 감정소통이 더욱 중요해진다. 이러한 특성을 유의하여 프로그램을 전개할 때 지켜야 할 기본원리는 다음과 같다.

첫째 : 프로그램은 그 지역이나 시설에서 전부터 시행되어 왔거나 성공적인 활동부터 전개한다. 지역주민 및 참여자들과 친숙하고 인기 있는 활동은 프로그램을 전개하는데 핵심적인 요소이며, 참가를 촉진하고 프로그램의 특징을 결정짓는데 역할을 담당한다.

둘째 : 프로그램은 일반적으로 인식된 활동주제와 흥미와 부합되게 전개되어야 한다. 아동프로그램은 아동놀이 중심으로, 청소년은 활동적이고 교육적 의의가 있는 프로그램으로, 성인 · 노인 · 장애인들에게는 활동주제와 부합되게 전개하여야 실패의 가능성이 줄어든다.

셋째 : 참여자의 특별한 흥미와 요구가 발견되거나 계발의 필요성이 있을 때 새로운 활동으로 전환하여 전개해야 한다. 지도자는 항상 참여자들이 어떠한 활동을 원하는지 파악하여야 한다.

넷째 : 프로그램은 그 가치가 일단 참여자에게 성공적으로 경험되어야

한다.

대부분 사람들은 호기심을 가지고 특별한 경험이나 만족감을 제공하였던 프로그램에 참가하려는 경향이 강하다. 그러므로 항상 점진적으로 전개되어야 한다.

2) 운영의 합리성

사회체육 프로그램이 합리적으로 운영되기 위해서는 국가나 지자체의 행정 및 관리가 효율적으로 운영될 수 있도록 시설 · 재정 · 조직의 지원을 받는다.

먼저 조직의 초보적인 단계는 소지역의 요구를 조사한 후 이를 지원할 수 있는 영역을 검토하여 계절단위로부터 연중단위의 활동으로 조직하는 것이다. 이와 같이 조직된 프로그램은 다음과 같이 합리적으로 운영되어야 한다.

- 평등의 기회를 모든 사람에게 제공한다.
- 다양한 활동참가가 이루어지도록 선택의 폭이 커져야 한다.
- 연중 계속되고, 모든 시설을 최대한 이용하게 한다.
- 연령과 남녀 모두에게 동등하게 기회를 제공하고 가족활동을 장려 한다
- 개개인의 참여시간을 고려하여 운영하여야 한다.
- 지역사회의 다른 여가 활동과 연계되도록 한다.
- 흥미와 욕구, 기능이나 능력이 향상될 수 있는 활동을 제공한다.
- 사용가능한 재원을 최대한 동원하여 가장 효율적으로 운영하도록 한다.
- 지역사회 내 각 계층 사람들의 특수한 욕구와 흥미를 고려하여야 한다.

4. 프로그램의 평가

프로그램의 평가는 흔히 교육의 성과, 그것도 지적인 성과에 한정되어

인식되고 있다. 그러나 보다 정확한 의미에서의 교육평가는 '교수 프로그램에 관한 의사 결정을 하기 위해서 학습자의 행동변화 및 학습과정에 관한 정보를 수집하고 이용하여 의사결정을 내리는데 도움을 주거나 혹은 의사결정을 하는 과정 그 자체' 라 볼 수 있다.

이와 같이 사회체육 프로그램의 평가는 기관이나 단체 및 어떤 단위의 사회체육 프로그램이 본래의 목표를 얼마나 달성하였고 아울러 수립한 계획을 얼마나 잘 수행하였는지를 측정(measuring)하고 현재 수행여부를 알아봄(monitoring)으로서 보다 나은 사회체육 전개를 위해 활용자료나 정보를 제공해주는 과정 또는 결과라고 정의된다.

1) 평가의 필요와 중요성

사회체육 프로그램의 형태에 상관없이 프로그램이 전개되는 과정이나 일정기간 종료 후에는 반드시 평가를 실시해야 한다. 평가가 이루어지지 않을 경우 활동의 결과는 물론 그 활동이 제대로 수행되고 있는지 조차 전혀 알 수 없기 때문이다. 그러므로 평가는 절대적으로 계속되어야 하는 프로그램 수행의 하나로서 다음과 같은 의의를 지닌다.

첫째 : 사회체육 프로그램에 대한 평가는 현재 전개되고 있는 사회체육이 계획대로 잘 수행되는지를 확인시켜준다.

둘째 : 평가는 사회체육 프로그램이 그 참여자들에게 어떠한 영향이나 효과를 미쳤는지를 이해시켜 줌으로서 차후 이 프로그램을 계속 개설할 것인지에 대한 방향을 제시해 준다.

셋째 : 평가를 통해 하나의 사회체육 프로그램이 관련지역사회나 직장, 혹은 국가발전에 얼마나 공헌하였는지 알게 됨으로 향후 지역사회 및 직장의 개발정책이나 국가정책 수립 시 근거자료가 된다.

넷째 : 평가는 현재 수행되거나 이미 수행된 프로그램의 문제점을 지적하여 목표는 물론 내용이나 운영상의 개선방안을 모색하도록 함으로서 효과적인 사회체육 활동을 가능하게 한다.

2) 프로그램 평가의 원리

사회체육 프로그램은 학교체육 교육과정과 달리 목표로부터 내용 방법에 이르기까지 그 범위가 대단히 넓기 때문에 평가관도 거시적이고 원대해야 된다.

즉, 교육평가의 주된 관심은 교육목표에 구체화된 행동을 의의 있게 변화시킬 수 있는 학습경험과 교육적 환경확인에 있으나 사회체육 프로그램의 평가는 대상자나 내용 등이 너무 다양하기 때문에 그 만큼 다양하고 탄력적인 평기기술과 이론이 요구된다. 이와 같은 관점에서 프로그램을 평가할 때 고려해야 할 일반적인 원리는 다음과 같다.

첫째 : 프로그램에 대한 평가는 사회체육의 개념과 목표를 염두에 두고 이루어져야 한다. 평가 기준이 목표와 연관됨은 가장 기본적인 원리이나 특히 사회체육 측면에서는 운동기능 향상과 같은 부분적 평가관에 의해 이루어지면 평가는 오히려 역기능을 초래할 수 있다.

둘째 : 프로그램의 초점은 개인 및 집단의 자발적 참여태도에 맞추어져야 한다. 사회체육 프로그램의 궁극적인 목적은 자발적 참여를 통한 삶의 질 향상에 있다. 따라서 평가 시에도 태도 발달측정에 주된 관심이 주어져야 한다.

셋째 : 프로그램의 대한 평가는 제3자 평가가 아닌 자기 평가로 이루어지는 것이 바람직하다. 지도자나 전문가와 같은 제3자의 평가는 프로그램에 내재되어 있는 참여자에게 외적 동기만을 유발시킬 가능성이 많다. 그러므로 내적 동기유발을 위해 자기 평가의 결과를 보고하는 기회가 많아져야 한다.

넷째 : 프로그램의 평가시에는 개인 · 집단 · 지역사회가 프로그램에 참가하고 난 후에 변화과정을 중시해야 한다. 즉 타인이나 타 집단 등과의 비교가 아닌 참여자 자신의 전 후 발전과정에 대한 평가가 중요하다.

다섯째 : 프로그램을 효과적으로 평가하기 위해서는 여러 가지 다양한

평가도구가 활용되어야 할 것이다. 특히 도구 중 관찰 평가는 매우 유효한 수단이 된다. 관찰법은 원시적인 방법이기는 하나 사회체육과 같이 인간의 삶과 직결된 문제에 접근할 때는 가장 적절한 도구가 된다.

이상적 원리를 근거로 계획된 프로그램은 시행상의 오류가 감소되어서 성공적 프로그램으로 운영될 지라도 나열한 다섯 가지 원리에 입각하여 평가하고 수정하여야 참여자 만족이 극대화 될 수 있다.

3) 프로그램 평가의 유형 및 절차

사회체육 프로그램을 평가하는 방법은 프로그램내용의 유형과 마찬가지로 구분 준거에 따라 여러 가지가 있다.

평가의 전문적 수준에 따라 자체 점검형 평가, 간이 조사형 평가, 과학적 분석형 평가로 나누기도 하고 평가의 시기에 따라 기초평가, 중간평가, 최종평가, 추후평가로 구분하기도 한다.

또한 평가자에 따라 자체평가와 제3자(전문가) 평가로 나누기도 한다.

중요한 평가의 영역을 나누어보면 '개인평가, 프로그램 평가, 기관 및 단체의 평가, 지역사회 평가이다.

(1) 개인평가

개인평가는 프로그램의 참가자가 목표에 얼마나 도달하였는지를 알아보기 위하여 지적, 정의적, 심동적 영역에서 질문지나 체력·운동기능 검사 등을 통해 변화를 측정하는 형태이다. 개인평가에서 중요한 것은 태도 발달과 같은 정의적 영역에서의 목표를 중시하는데 질문지는 이의 성취여부를 확인하기 위한 좋은 수단이 된다.

개인 평가 시 참가자의 수가 많을 때에는 이들의 참여도나 열성도 등에 관하여 서로를 평가하는 사회평가 또는 참여평가를 통해 상대적인 평가 자료도 얻을 수 있다.

개인평가의 또 하나의 특성은 사회체육지도자나 자원봉사자, 관리자 등이 평가대상이 된다는 것이다. 질문지를 이용하여 참가자의 반응을 살필 경우 이들의 지도 방법이나 관리상의 문제점이 쉽게 도출되며 이를 통해 개선이 용이해진다.

(2) 프로그램 평가

사회체육 프로그램 평가는 일정기간 실시된 프로그램이 최초의 목표에 어느 정도 접근하였으며 또한 계획이 얼마나 잘 수행되었는지를 살피기 위한 평가이다. 이를 위해 프로그램의 내용이나 방법, 지도자의 자질, 시설과 용구, 시간 및 시기 등이 적절하였는지의 여부를 참가자에게 질문할 수 도 있고 참가자나 지역사회 등에 미친 성과, 효과, 혹은 영향이 조사되기도 한다.

일반적으로 이 두 가지의 목적 조사는 동시에 이루어지며 프로그램의 개선을 위해 자체 평가 형식으로 수행되는 경우가 많다.

프로그램의 평가 시 중요한 사실은 프로그램의 대한 계획 단계로부터 수행 중 그리고 종료 후 일정기간까지도 프로그램의 대한 평가가 계속되어야 한다는 것이다. 그 이유는 프로그램의 양적·질적 개선을 목적으로 하므로 평가야 말로 사회체육 프로그램 평가의 가장 핵심적인 과제가 되기 때문이다.

(3) 기관 및 단체의 평가

사회체육을 추진하는 기관이나 단체에서 그 추진력을 점검하기 위해 항목별로 종합적인 평가 기준을 작성하여 자체 혹은 제3자 평가를 받는 형태이다. 이 평가 시에는 수행하고 있는 프로그램에 평가는 물론 행정조직과 관리, 전문적 기초, 그리고 프로그램의 참가하고 있는 각 개인에 대한 평가가 포함된다.

(4) 지역사회 평가

지역사회평가는 사회체육이 각 지역별로 얼마나 잘 수행하였고, 또 체계적으로 수행되고 있는지를 평가하는 형태로서 보통지역 사회단위평가(community based abut education evaluation/ assessment)라고 한다.

이 평가는 일정 지역, 예를 들어 몇 개의 시나 군을 단위로 하여 각 지역 내에서 사회체육시설 및 행정·재정지원 등을 광범위하게 조사하고 상호 비교함으로 프로그램을 보다 합리적으로 보완·개선하는데 목적이 있다.

한편 평가의 유형과 관계없이 상기의 모든 평가는 프로그램이 진행되고 있는 중간이나 끝 무렵 또는 끝난 후에 이루어지는데 이 평가의 일반적인 절차는 다음 〈표-5〉을 참조하길 바란다.

〈표-5〉 프로그램의 평가 절차

평가에 세부 목표 설정	평가의 내용과 방법 결정	평가 도구의 제작	평가	평가 자료의 처리 분석 및 활용
• 평가내용과 행동결정 • 평가대상과 방법결정 • 평가유형 결정	• 지적, 정의적, 심동적 영역의 발달변화 • 기능분석 • 관찰 및 평정	• 타당도 • 객관도 • 신뢰도	• 구술 • 질문지법 • 심사분석 • 관찰 등	• 자료편집 • 부호화 • 표 만들기 • 분석 • 결과 활용

현 사회는 정보화 사회, 즉 소프트웨어(software)의 사회이다. 모든 프로그램이 시설과 용구라는 하드웨어(hardware)만으로는 참여자의 사회체육 경험을 극대화 시킬 수 는 없을 것이며, 프로그램이라는 소프트웨어를 얼마나 질적으로 개발하고 운용하느냐가 그 체육이 생활 속에 정착 관건이 된다.

그러므로 모든 프로그램은 다양한 활동을 기간적 순서에 따라 장소, 내용, 방법, 대상자 등의 범주를 분류, 나열한 구체적 계획 또는 하나의 내용을 좀 더 자세하게 순서대로 나타낸 단계적 활동이어야 하고, 상기의 내용으로 구성된 프로그램일 지라도 프로그램의 평가 절차에 따라 평가하고 수정 보완 하여야 한다.

연구문제

1. 프로그램이란 무엇인지 구체적으로 설명하시오.
2. 사회체육프로그램의 목적 및 영역을 체계적으로 서술하시오.
3. 프로그램의 원리에 입각하여 합리적 운영이 무엇인지 설명하시오.
4. 프로그램을 평가가 무엇인지 논하시오,
5. 평가의 유형및 절차를 설명해보시오.
6. 평가 후 취해야할 조치를 나열해보시오.

제8장 미래사회와 사회체육

1. 미래사회
2. 사회변동과 스포츠
3. 미래의 사회체육
4. 미래 사회체육과 역할

제8장 미래사회와 사회체육

1. 미래사회

미래사회란 미지의 세계이다. 아무도 가보지 않은 앞으로의 시간이기 때문이다. 그러나 분명 미래사회는 격변하는 사회일 것이다.

이는 변화의 양적·질적 폭이 전례 없이 클 뿐만이 아니라 그 변동의 속도가 매우 빠르다는 것을 의미한다.

지금과 같은 사회모습이 연장되면, 갈등적 현상이 더욱 다양해지고 욕구불만이 높아지므로 사회적 병리현상이 극심하여지고, 범죄는 가중되고, 공동체는 파괴될 것이다.

그러나 사회란 기본적으로 균형을 찾고자하는 역동적 체계를 가지고 있기 때문에 교란적인 힘이 있다 하다해도 사회는 이를 흡수할 수 있는 능력을 가지고 있고 따라서 전반적인 안전성을 유지할 수 있다(Parsons 1902~1979).

또 소로킨(Sorokin, 1937)은 문화란 하나의 순수한 형태를 향하여 발전하는 것으로 때론 반대의 성향을 가진 문화에 의해 도전을 받게 되면 문화의 발전방향이 바뀌어 진다, 하였다.

이 같은 사회변동이론과 같이 사회는 균형을 찾고, 문화는 반대적 성향의 문화로 바뀌어 보다 나은 사회가 되는 것으로 보아도 그 사회와 문화의 주체인 사람이 변화되지 않는다면 문제는 매우 커질 것이 분명하다.

지금 우리의 음식문화는 풍요롭고 더 나아가서는 맛을 추구하므로 비만을 불러오고, 향락풍조는 만연되고, 과학과 의학의 발달로 고령화되어가는 미래사회는 분명 우리에게 많은 것을 경고하고 있다.

2. 사회변동과 스포츠

사회변동은 일정기간 누적된 사회조직, 규범체계, 가치관, 행동의 유형이 변화하는 것으로 사회 여러 부분에 영향을 미친다.

따라서 사회변동은 스포츠에도 많은 영향을 미치며 여러 각도에서 변화를 가져오게 한다.

어떤 변화는 스포츠계 내(內)와 스포츠계 외(外)의 양 측면에 동시적으로 영향을 미치고, 또 어떤 변화는 스포츠계에 우선 영향을 준 다음 전체 사회에 영향을 미치게도 하고, 또 어떤 변화는 스포츠계에만 영향을 미치고 사회에는 영향을 미치지 않기도 한다.

그러나 사회변동에 민감한 여가영역은 생활양식과 밀접한 관계가 있어 여가 스포츠는 매우 순환적인 변화가 나타난다.

여기에 발마추어 스포츠 내에서 일어나는 사회변화 가운데는 우리의 문화생활 중에 여러 측면의 중요한 변화를 유도함으로서 다음과 같은 바람직한 현상이 일어날 수 있다.

- 새로운 스포츠가 창안될 것이다.
- 장비와 시설에 있어서 획기적인 발전이 이루어질 것이다.
- 과학기술로 운동수행 수준이 고도화를 이룰 것이다.
- 위험하지만 흥미로운 스포츠를 선호할 것이다.
- 건강을 위하여 사회체육 운동이 활성화 될 것이다.
- 다양한 체육활동을 위하여 시설확보가 활발할 것이다.
- 동호인 조직이 매우 활성화되어갈 것이다.
- 자연을 이용한 스포츠가 다양하게 펼쳐질 것이다.
- 개인적인 운동 종목보다는 여러 사람이 펼칠 수 있는 시대가 열릴 것이다.

3. 미래의 사회체육

사회는 끊임없이 변하고 이에 따라 인간의 삶의 패턴도 변화된다. 경제적 어려움이 있을 때는 움츠리고 소심하였으나 경제적 여유가 생기면 활동적이고 진취적으로 변화되어 무엇인가 새로운 것을 추구하며 행하고 싶어진다. 교육에서도 자녀들의 과외수업이 늘고 좋은 환경의 학원을 찾게 되고, 문화생활도 색다른 문화를 접하고, 스포츠에서도 다양한 경험과 효과 추구하게 된다.

이러한 사회변동은 일정한 시간적 간격을 두고 사회조직, 제도, 가치관, 규범체계, 행동 등의 유형에서 일어나는 변화이다. 이 변화가 순기능으로 그 역할을 할 때에는 모든 것이 제자리에서 협동적 체계를 이루어지지만, 역기능으로 작용하면 전체사회의 영향을 미친 후 각 분야에서도 나쁜 영향을 주게 된다.

순기능적인 면을 보면, 관람하였거나 흥미를 느꼈던 스포츠를 본인에게 적용하여 일상생활에서 그 스포츠를 즐기고 여러 사람에게도 동기유발을 부여하여 참여하는 것이며,

반대로 역기능은 스포츠조직 내에서 파벌을 조성하고, 홍보를 방해하고, 시설이나 운동의 장을 독점하고, 특히 고급브랜드 용품으로 사기를 떨어뜨리는 등 다양하다.

사회변동에 따른 스포츠의 변화를 보면 다음과 같다.

1960년대는 관람의 시대로 프로레슬링, 권투였으며

1970년대는 관람의 시대로 초기에는 프로레슬링 · 권투이며, 후반기에는 고교야구 · 축구 등 이였고,

1980년대는 참여의 시대로 개인은 걷기 · 달리기 · 자전거타기 · 테니스 · 등산 등이 활기를 띠기 시작했고, 구기 종목으로는 축구 · 농구 · 야구 등이며, 프로 종목으로 야구가 1982년, 축구가 1983년 세미프로 형식으로 시작되었다.

1990년대는 즐기는 시대로 개인종목들이 다양하게 펼쳐져 만개하였고,

구기 종목도 많은 사람이 관람하므로 대단히 큰 인기가 있었고, 후반기에 들어서서는 외환위기로 위축되는 현상이 왔고, 특히 개인 운동 종목이 성행하기 시작하였다.

2000년대는 개인 운동 종목이 인기가 있어 골프·스쿼시·수영 등을 선호하였고, 후반기에는 익사이팅(Exciting)한 스포츠를 추구하기에 이르렀다.

이러한 사회변동에 따라 스포츠 내에서도 여러 측면에서 중요한 변화가 일어났다. 주목해야 할 것은 스포츠용품의 고급화인데 유명메이커가 일반화되어 다양하게 입는 일상복이 되었다.

스포츠과학에서도 그 과학기술이 고도로 발달되어 용품이 안전하고 튼튼하게 제작되고 기록의 도움이 되는 제품까지도 등장하기에 이르렀고, 스포츠가 상품화되어 기업에서 이윤을 추구하는 대상이 되었다.

스포츠의 변화를 구체적으로 나열하면,

새로운 스포츠가 창안되었고, 뛰어난 과학기술로 장비와 시설이 최고의 기록을 불러오게 하였고, 새로운 스포츠 기술이 개발되었으며, 사회체육의 활성화로 소외되었던 스포츠가 빛을 보게 된 것이다.

고도화된 사회에서의 현실 탈피는 여가와 놀이가 매우 종요한 역할을 한다. 정신적 스트레스를 이겨내기 위해서는 실시하면은 흥미롭고 재미난 스포츠가 필요한데 이 모든 것이 여가와 놀이로 그 역할을 하고, 또 다른 영역은 다양하고 유익한 운동종목을 체계적으로 요소요소에서 실시하는 사회체육이 미래의 모습이어야 한다.

우리의 현실도 이제는 선진국의 모습과 같이 주 5일 근무가 이루어져 다양한 여가를 즐기는 것으로 나타나있지만 매우 유감스럽게도 일부 계층에게만 주어진 특권의 모습이다. 시간은 있으나 장비와 비용이 없어 여가를 즐기지 못하는 사람이 많기 때문이다.

연간 노동시간을 살펴보면, 1991년 한국은 2100~2200시간, 독일은 1500~1600시간, 서구 선진국은 1600~1800시간이었으나 이제는 그 격차가 많이 좁혀졌음을 알 수 있다.

과거에는 여가시간을 일을 하고 남는 짜투리 시간이었으나 이제는 일과 같이 분명하게 정해진 삶의 중심적인 시간이 되어 있어 그 시간을 유용하게 사용할 수 있어야 복지사회요, 행복한 삶이되는 것이다.

이러한 삶을 살기 위해서는 신체적 관리가 필수이다. 음식조절이 이루어져 정상체중을 유지해야 하고, 지속적인 운동을 하여야 하며, 시간을 잘 활용하는 여가가 있어야 한다. 모든 사람은 식탐(食貪)을 갖고 있어 배가 부른지만 중단을 못해 비만인이 되었다. 비만이 지구촌 제일의 성인병이라는 충격적 보도와 같이 비만으로 죽음의 사중주를 소유하게 되었다

많은 연구를 토대로 살펴보면, 지금과 같이 신체관리를 소홀이 여기면 영화에 나오는 E.T와 같은 모습이 되어 바로 걷기가 불가능할 것이라는 경고가 있다.

이러한 경고는 운동의 장으로 나아가라는 것이다. 운동 즉 사회체육은 체육을 통하여 서로 상호작용하는 협동적 관계를 만들어주고, 체력을 가다듬어 아름답게 만들어주고 건강을 증진케 하여준다.

사회체육은 평생학습영역이다. 얼마간 실시하였다가 중단하는 것이 아니라 평생 동안 실시하여야 그 특혜를 누릴 수 있기 때문이다.

이러한 체육이기에 다양한 프로그램 속에서 기호에 맞고 적성에 맞는 사회체육을 익히고 즐겨야 한다. 여기에서 걷기와 자전거타기에 운동효과를 알아보면 다음과 같다.

1) 걷기와 자전거타기 운동효과 비교분석

도시생활은 인간의 신체활동 욕구를 발산하기 어렵다. 그러다 보니 정서적 자극으로 익사이팅(exciting)한 스포츠를 선호하고 있음이 조사되고 있다.

익사이팅한 스포츠는 매우 다양하다. 이 익사이팅한 스포츠는 기구를 이용하는 것이 많다. 그러나 스릴을 느끼는 스포츠는 그 운동효과가 아주 미약한 것이 특징이다.

그 대표적인 것을 보면 스릴을 목적으로 하는 종목으로는 행글라이더,

열기구타기, 번지점프, 패러글라이딩 등이 있는데 운동효과는 아주 작음을 알 수 있다. 그 중에서도 스릴을 느끼고 운동의 효과를 얻을 수 있는 롤러스케이트와 자전거타기 등이 있는데 여기서는 자전거타기를 중점적으로 살펴보기로 한다.

자전거타기의 장점은 스피드가 있어 흥미진진하고, 달리므로 쾌감을 느끼고, 페달을 밟으므로 운동량이 확보된다.

단점으로는 운동량이 일부분에만 효과가 있고, 충분한 운동량이 되지 못한다는 것이고, 스피드가 있어 사고의 위험이 있고, 비싼 기구라는 것이다. 그러나 많은 사람들이 선호하는 사회체육이므로 그 효과를 알아보고 걷기와 운동효과를 비교해 본다.

(1) 자전거타기의 운동 효과

① 상지에서의 운동 효과

- 승모 근(어깨 상부 근) - 간접효과
- 삼각 근(어깨 중부 든) - 간접효과
- 대흉 근(어깨 하부 근) - 간접효과
- 완요골 근(팔꿈치 상부 근) - 간접효과
- 주 근(손목으로 연결되는 근) - 간접효과

② 하지에서의 운동 효과

- 아킬레스 건(발목 건) - 직접효과
- 상신근지대(발목 근) - 직접효과
- 장비골 근(종아리 뒷 부분) - 직접효과
- 대퇴 이두근(장단지 뒷 부분) - 직접효과
- 대퇴 사두근(장단지 앞부분) - 직접효과
- 대퇴 관련 근 - 효과
- 둔 근(엉덩이) - 효과
- 허리 관련 근 - 효과

엉덩이를 고정하고 있지만 두 다리를 이용하고 있어 허리가 리드미컬하게 움직이므로 운동량은 충분하다. 그러나 너무 많은 시간 후에는 요통을 호소하기도 한다.

〈그림-1〉 팔꿈치의 굴곡과 신전 및 전완의 회내와 회외

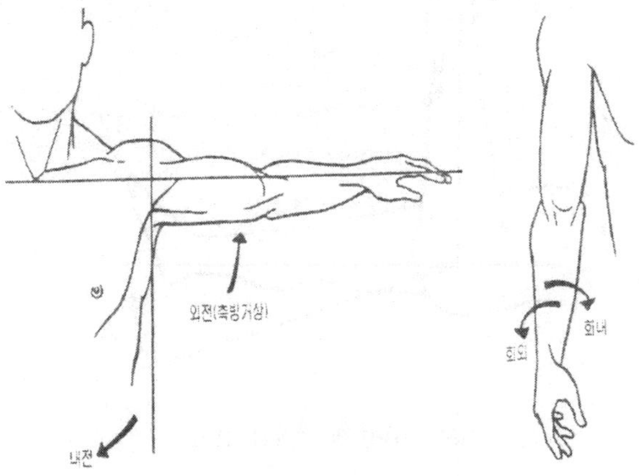

〈1〉 대퇴의 운동: 고관절

- 굴곡: 장요근, 대퇴근막장근, 대퇴직근
- 신전: 대둔근, 대퇴이두근
- 내전: 대내전근, 박근
- 외전: 중 · 소두근, 대퇴근막장근

〈그림-2〉 페달이 수평일 때

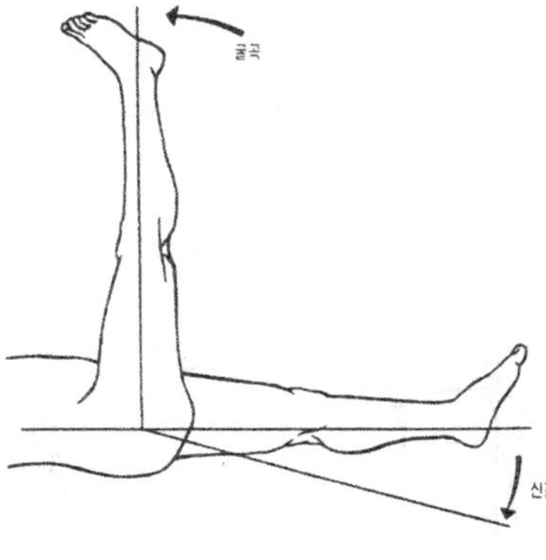

〈그림-3〉 페달을 돌릴 때

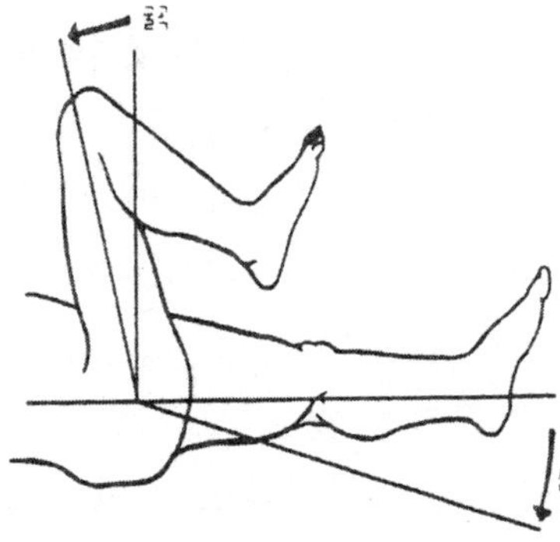

자전거 페달을 밟으므로 그림〈2〉·〈3〉과 같이 하지의 근 운동이 이루어짐을 알 수 있다.

〈2〉 하퇴의 운동 : 슬관절

- 신전: 대퇴 사두근
- 굴곡: 반 건양근, 반 막양근, 대퇴이두근, 박근, 봉공근

〈그림-4〉 무릎의 굴곡과 신전

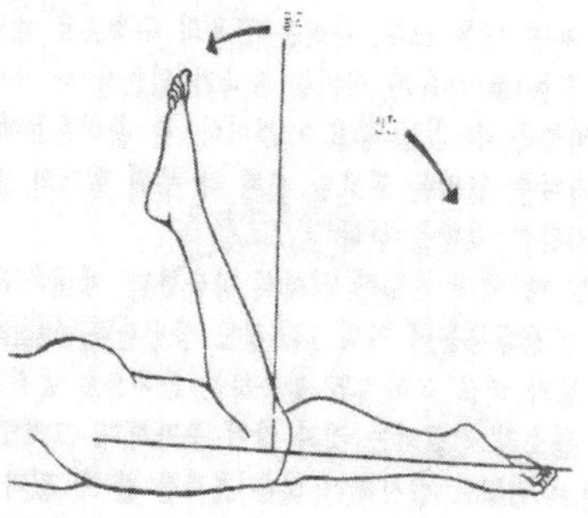

〈그림-5〉 대퇴의 외전과 내전

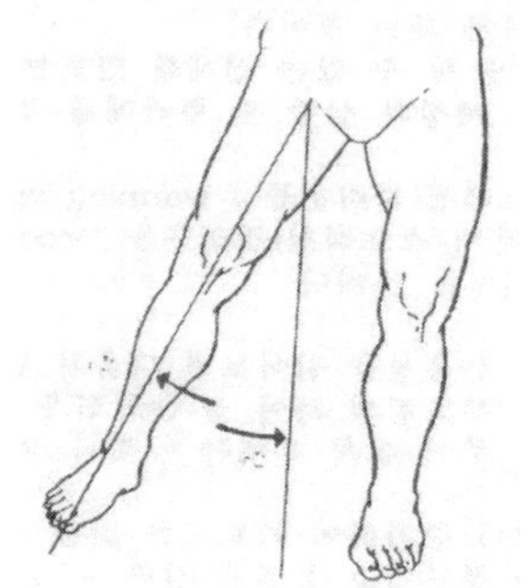

(2) 걷기의 운동 효과

걷기운동은 건강을 저축하는 것이다.

병원경력이 있는 환자들에게 일일 10,000보를 걷게 하였더니 3개월 후에는 병원을 찾는 횟수가 현저히 줄었다는 논문발표가 있었다.

특히 걷기는 죽음의 4중주를 멈추게 한다 하였다. (죽음의 사중주 - 비만증, 고지혈증, 당뇨병, 고혈압으로 4개의 요인이 갖추어진 상황의 위험성을 지적하는 명칭인데 미국의 학자들이 1980년경 발표하였다).

걷기는 신체의 골격을 튼튼히 해주고 걷기는 골격을 붙잡고 있는 근육을 튼튼히 해주는 건강의 운동이며 돈이 들지 않는 장점을 가지고 있다. 이 같은 걷기가 많은 사람에게 외면당하는 이유는 운동의 장소가 매우 빈약하거나 혹 있다하여도 지면이 고루지 못해 운동 상해 등을 걱정하게 되므로 운동을 거부하는 현실이다.

(3) 자전거 타기와 걷기 운동 비교

자전거 타기와 걷기의 운동량을 비교하면 다음과 같다.

〈표- 6〉 100kcal당 비교표

자전거타기	걷기
17-40분	7-15분

상기의 비교표는 100kcal의 에너지를 소모하기 위한 시간표다. 자전거 타기는 걷기의 비하여 그 효과가 약 40% 정도임을 알 수 있다.

운동량을 환산하면, 걷기로 1시간이면 소모되는 에너지(800-400kcal=600kcal)를 자전거타기로는(300-150kcal=225kcal) 약 2시간 30분이 소요된다.

(4) 비교분석

비교분석 결과는 다음과 같다.

〈표- 7〉 비교 분석표

자전거타기	장점	① 신체의 무리가 가지 않는다. ② 쾌감을 느낀다.
	단점	① 기구가 비싸다. ② 스피드로 위험하다. ③ 운동량이 작으므로 많은 시간을 투자해야 한다. ④ 부분 운동으로 끝난다.
걷기	장점	① 골격을 튼튼하게 해 준다. ② 근육의 퇴화를 막아준다. ③ 전신운동이 된다.
	단점	① 걷기는 다리에 고통을 주며, 걸을 때 한쪽 발에 실리는 무게는 체중의 2.3~2.8배에 달하므로 고관절에 무리가 올 수 있다. ② 1km을 파워 워킹 할 때 발이 받는 하중이 16t에 이른다.

자전거타기의 장점 중 장점은 스피드가 있고 특히 쾌감 준다. 그러나 운동량이 작고 일부분에만 효과가 있어 많은 시간을 투자하여야 필요한 운동량을 얻을 수 있는 단점이 있다.

이 같은 운동의 효과를 감안하더라도 그 장점을 보면 근력이 부족한 노인이나 비만으로 운동 중 고통을 호소하는 사람에게 매우 유효한 운동임을 알 수 있다.

여기에 비하여 걷기는 많은 비용을 지불하지 않고 노력하는 것만큼 운동량을 얻는다.

그러나 어떠한 결론을 내린다 해도 자전거타기가 본인 기호에 맞는 운동이라면 자전거타기를 계속 할 것이지만 그 운동량과 효과를 알고 실시하여야 한다. 모든 운동이 마찬가지이듯이 운동마다의 장단점 잘 고려하여 선택하고 특히 운동이 신체에 미치는 영향을 분석하여야 할 것이다.

4. 미래 사회체육과 역할

미래사회의 사회체육은 경제 고도성장으로 인하여 노동시간이 단축되었고, 여가 시간이 많아지므로 욕구를 발산 할 곳을 찾게 되어 그 발전 속도가 가속화 될 전망이다.

더욱은 저 출산(09년 1.15명)이 심화되고, 고령화(11년 506만 명)사회로 진입하여 노인들의 건강이 매우 중요한 부분을 차지하게 되므로 '노인이 우리의 미래'라는 용어가 등장하게 되어 이제는 노인들의 건강이 절실해졌기 때문이다.

미래사회에 있어서 운동의 의미와 가치에 대해서는 또 하나 신체를 둘러싼 문제의 해결 측면으로 나가야 하는데 그 이유로는 질병에서 벗어나는 문제와 인간적 커뮤니케이션의 문제이다.

신체적 측면에서 보면, 기계화문명으로 신체의 움직임이 적어져 건강을 위협받고 있어, 운동을 통하여 건강과 체력유지 및 증진을 가져와야 하고, 인간적 커뮤니케이션 측면에서 보면, 서로가 서로를 이해하고 협력하는 인간적 모습과 또 자연과의 접촉인 환경적 측면이 공유되어야 한다.

그러므로 사회체육을 중심으로 하는 생활은 결과적으로 건강유지 및 증진에 도움을 주므로 자신의 신체적인 상황에 적합한 종목을 선택하여 올바른 방법으로 지속하면, 삶의 질을 높이고 건강의 기쁨을 얻게 된다.

더 앞으로 나가보면, 우수한 엘리트 체육선수 선발이 사회체육에서 기인할 것이다. 이것이 21세기 선진국의 모습이다. 1896년 근대올림픽을 부활시킨 쿠베르탱의 올림피즘을 보면, '회원의 우수선수 즉 올림픽에 출전할 수 있는 자격을 갖춘 선수는 다수의 아마추어(사회체육)선수로부터 선발된다.' 하였다.

지금의 우리는 학교체육에서 선수가 선발되어 3년 이상 집중적 교육과 훈련을 받고 국가를 대표하는 선수가 되어 올림픽에 참가하는 현실인데 미래에는 서구사회와 같이 사회체육영역에서 선발이 이루어질 것이다.

그러므로 지금까지의 학교체육, 엘리트체육, 사회체육으로 나누어져 있던 영역이 학교체육에서도 엘리트체육인이 발굴되고, 사회체육에서도 선수가 선발되는 그래서 선수선발의 저변이 확대될 것이다.

사회체육집단이 만들어지고 운영되고 역할이 분화되고 구성원이 각각 요소를 담당하면서 상호간에 서로 영향을 주고 집단을 발전시켜 나가야 하기 때문이다.

이때 사회체육집단이 상당한 성과를 얻고 성원 모두에게 만족을 주기 위해서는 양질의 사회체육지도자가 요소요소에 배치되어야 하기 때문이다. 사회체육지도자의 특질을 설명하면 다음과 같다. 창조성이 있어야 하고, 책임감이 있어야 하고, 성실하고, 진실되며, 가치관이 뚜렷해야 할 것이다.

이러한 의미에서 볼 때 스포츠 종목을 중심으로 하는 사회체육지도자의 지도활동은 단순히 운동기술만을 지도함으로써 참여자들로 활동목표를 달성하게 하는 것이 아니라 정서적·사회적·심리적으로도 성과를 거두는 보람이 있어야 한다.

연구문제

1. 미래사회는 어떠한 모습일지를 상상하고 그 밑그림을 그려보시오.
2. 사회변동과 스포츠를 60년대부터 나열해보시오.
3. 사회변동이론을 체계적으로 설명하시오.
4. 자전거타기와 걷기를 참조하여 다른 프로그램을 만들어 보시오.
5. 미래 사회체육의 역할을 서술해 보시오.
6. 자기가 살고 있는 지역 걷기 코스를 점검하여 보시오
7. 익사이팅한 스포츠를 5가지 골라 그 개요를 설명하시오.

제9장 운동이론 및 운동방법

1. 운동이론
2. 운동방법
3. 운동 시 주의사항
4. 운동순서
5. 스트레칭

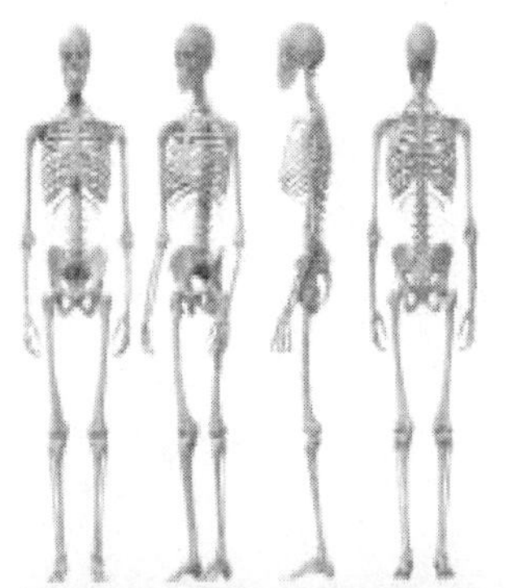

제9장 운동이론 및 운동방법

1. 운동이론

운동은 건강과 행복한 삶에서 없어서는 안 될 중요한 것이다. '천하를 얻고도 건강을 잃으면 아무 소용이 없다' 했듯이 운동은 건강의 바로미터이다. 그러나 운동에도 여러 가지 변수가 있다. 몸의 득이 되는 운동이 있는가 하면 운동으로 인하여 몸을 망가뜨리는 요소도 있기 때문이다. 그러므로 운동영역에서 일어나는 여러 가지 현상을 살펴본다.

1) 운동의 효과

운동은 최대산소섭취량을 증대시켜 준다는 효과의 근거하여 발달되어 왔다. 운동의 대한 효과로는 운동처방의 요소에서 언급되었던 운동의 강도 · 시간 · 빈도에 대하여 연구되어 왔으며, 1970년 중반 미국대학 스포츠의학회(ACSM)에서는 운동처방이라는 용어를 처음 사용하였다. 최근에는 운동이 질병에 대한 감염을 예방해주고 혈압 · 혈중지질 및 만성질환에 대한 위험인자를 예방해준다는 차원에서 연구되고 있다.

이러한 운동의 효과를 살펴보면 다음과 같다.

- 운동은 심리적으로 긍정적인 영향을 준다.
  - 자신감, 스트레스에 대한 저항력의 증가, 만족감 등
- 운동은 생리적으로 긍정적인 영향을 준다.
  - 신체 체형의 긍정적인 변화
  - 내분비계의 긍정적인 변화

- 에너지대사에서 긍정적인 변화
- 근력에서의 긍정적인 변화
- 순환혈관계에서의 효과
- 심폐지구력에서의 효과
- 전신지구력에서의 효과
- 생리적 노화의 지연
- 각종 질병에 대한 면역력 및 저항력 향상

운동의 효과를 살펴보면 이보다 더 다양하며 특히 운동은 우리의 행동체력 및 방위체력의 향상을 가져오며, 생리적인 노화의 속도를 늦추고 각종 질환에 대한 위험 요소를 제거하여 준다.

특히 성인병이나 기타 질병의 위험 요소를 제거하는 효과가 크며 질병에 대한 저항력도 강화시킨다. 물론 운동을 실시하다가 부상이나 상해의 위험은 있으나 이러한 부정적 효과는 운동을 바로 이해하고 실시할 때 최소화시킬 수 있다. 하지만 운동부족으로 인하여 생기는 문제점은 인간에게 매우 큰 위험을 가져 온다. 우리가 대충 알아왔던 운동의 효과는 긍정적이든지 부정적이든지 매우 포괄적이며 다양하다.

이러한 운동의 효과는 크게 정신적(심리적)인 면과 생리적(신체적)인 면으로 나누게 된다. 정신적 측면의 효과는 스트레스에 대한 내분비와 저항력 향상, 내분비계의 긍정적인 변화 등을 통하여 얻어지는 자신감, 피로저항력의 향상, 건강에 대한 만족감, 몸의 가벼움, 초조감 우울증 같은 부정적 심리요인의 저하와 운동을 통하여 얻어지는 육체의 만족감과 자신감 등 운동을 통하여 얻어지는 정신적 측면의 효과들이다.

운동의 생리적 측면에서 심혈관계 효과를 보면, 안정시의 심박수 감소, 최대 심박수 증가, 심박출량 증가와 같은 심장에 대한 운동효과는 심장을 더 효율적으로 박동하게 한다.

또한 운동은 심장의 모세 혈관의 향상을 가져와 허혈성 심장질환을 예방하고 치료하는데 효과적이다. 더 나아가서는 규칙적인 운동이 혈압을 안정시키는 것으로 연구자들에 의하여 밝혀졌다.

그러므로 운동은 혈관의 탄력성과 신축성을 증가시키고 안정시 혈압을 낮춰 혈압으로 인하여 발생하는 고혈압이나 심장기능 이상으로 발생하는 질환인 심장 및 혈관과 연관되어 있는 각종 질환 등을 예방하고 치료하는 데 이용되고 있다.

2) 운동부족병

운동부족병(hypokinetic disease :정형외과 의사 Hans Kraus와 순환기내과 의사 Wilhelm Rabb가 1961년 쓴 〈Hypokinetic Disease〉라는 저서에서 '운동부족병'이라는 개념을 최초로 제시하였다.)은 신체운동부족이 원인으로 작용한 일종의 질환이다.

이들은 비 신체 활동에 따른 신체적·정신적인 장애를 운동부족병이라 총칭했다. 그리고 우리나라에서는 1980년대부터 사용되었고, 이 질병으로 심혈관계의 이상인 고혈압성 질환, 허혈성 질환, 뇌혈관 질환, 심근경색, 동맥경화와 대사성 이상인 당뇨병, 비만, 근력계의 이상인 요통, 어깨 결림 등이 유발될 때가 많다. 고혈압의 원인으로는 염분의 과다섭취, 정신적 스트레스, 유전적인 원인 등과 관계가 있는 것으로 알려져 있으며 운동이 부족하면 교감신경의 긴장이 증가하여 혈류저항이 증가하고 이것은 혈압을 상승시키는 요인이 되지만 운동을 하게 되면 교감신경이 이완되고 혈류 저항이 증가하고 이것은 혈압을 내리는 작용을 한다.

운동부족은 요통을 발생시키는데 이제는 직장인은 물론 청소년까지도 요통증상이 만연하고 있다. 이러한 상태에서는 스트레칭을 겸한 근육이완 운동을 서서히 실시하면 척추를 바르게 하여 요통예방이 가능하다.

이 외에도 운동부족은 순환계의 기능저하와 골대사, 근육계, 내분비계와 생체 조절능력의 저하를 초래한다. 순환계 기능저하의 생리적 현상으로는 안정시와 운동시 심박수 증대, 심장의 용량과 1회 박출량의 감소, 최대산소섭취량의 감소, 혈장량과 전체 혈액량의 감소, 조혈기능의 저하와 적혈구의 감소 등을 들 수 있으며, 골대사의 저하로는 칼슘의 배설량 증가와 골밀도의 감소, 골의 약화로 인한 골절 가능성의 증가 등이 나타날 수 있고 근육의 위축과 근육의 지방화 등의 생리적인 부정적인 변화를 유발하게 된다.

현대인들의 생활양식은 이러한 운동부족으로 인하여 기초체력의 저하, 스트레스에 대한 저항력의 감소, 면역력의 감소, 체형의 변화, 비만을 포함한 많은 질병에 노출되어 있기 때문에 건강하고 행복한 삶을 위해서는 운동이 필수요소이므로 그 운동의 방법을 숙지하여야 한다.

3) 운동 과다증

운동을 무조건 많이 해서 나타나는 과도한 운동(over exercising)이나 신체를 무리하도록 사용하여 발생하는 운동과다증(hyperkinetic disease)은 만성적인 피로, 근육통의 지속, 수면장애, 안정 시 심박수의 상승과 같은 부작용을 초래한다. 또한 성장기에 있는 청소년에게는 특별한 주의를 요한다. 청소년기에 이러한 운동과다증은 골(骨)과 관절발달의 저해가 오며 각종 운동 상해를 일으킬 수 있으며, 여성에게는 여성 호르몬의 불균형현상으로 인하여 무 월경이나 불임증이 발생할 수 있다.

운동생리학자들은 여러 가지 생리적 변인들 '백혈구 수 변화, 젖산농도의 변화, 효소농도의 변화, 호르몬의 변화 등을 파악한다. 이러한 생리적 변인들은 일반인이 쉽게 이해할 수 있는 영역이 아니다. 그러므로 일반인은 과도한 운동을 방지하기 위해서 쉽게 알 수 있는 맥박수의 변화, 체중의 변화, 수면, 피로와 같은 것을 통해서 자신의 변화를 조절한다면 운동과다증을 예방할 수 있다.

4) 운동의 구분

(1) 유산소운동

유산소운동(aerobic exercise)은 일반적으로 건강증진을 위한 운동으로 권장하는데 그 이유는 다음과 같다.

첫째 : 운동시 호흡, 순환기능을 일정수준으로 유지할 수 있어 산소의 수요와 공급이 원활하게 균형을 이룰 수 있고 체내의 생리적 조건들이 평형상태를 유지하면서 지속적으로 운동을 할 수 있다.

이러한 운동을 항정상태의 운동(steady state exercise)이라고 하는데, 운동시 소비되는 에너지원은 산소를 필요로 하는 대사과정을 통하여 체내에 공급됨으로 항정상태 운동을 유산소운동이라 한다.

유산소 운동은 신체의 그다지 큰 부하를 주지 않고 원활하게 지속적으로 수행할 수 있는 운동을 말한다.

둘째 : 유산소운동을 지속적으로 실시하면 최대 산소섭취량과 무산소성 작업역치(anaerobic threshold, AT: 에너지 대사가 유산소대사에서 무산소대사로 전환되는 시점으로 장거리 달리기 선수들의 속도를 평가하여 경기력을 예측할 수 있음)가 높아져 유산소능력이 개선된다.

유산소능력의 향상은 전신지구력 향상과 연결되며 호흡, 순환, 근육의 기능향상과도 연계되어 복합적으로 나타난다. 이러한 효과들 외에도 유산소성 에너지인 지방을 산화시킴으로서 지방의 소비가 많아지고 우리 몸의 기초 대사량을 증가시켜 안정 시 에너지 소비율을 좋게 만들어 준다.

또한 무산소운동에 비하여 심장의 과도한 부담을 주지 않으며 운동 상해를 입을 확률이 낮아지므로 안정성이 매우 높은 운동으로 인정받고 있다. 유산소 운동은 여러 가지 질병이나 위험요인들로 인하여 유발되는 성인병과 같은 질환에 효과가 있다.

① 좋은 운동

좋은 운동이란 개개인 특성에 따라 구별되어야 하지만 성인을 대상으로 하는 유산소 운동의 기본 목표는 심폐 순환기능의 유지 및 향상에 도움을 주고 운동 형태로는 대근군(large muscle groups)을 사용하는 운동이다.

또 좋은 운동은 운동 실시자가 만들어 가는 것인데, 운동 초기 단계에는 운동의 강도를 주의 깊게 관찰하여 운동 강도를 서서히 변동시키는 것이다. 그러므로 급작스럽게 운동 강도를 올리거나 내리는 운동이 아닌 걷기, 등산, 수영, 하이킹, 자전거타기, 에어로빅댄스 등이 바람직하다.

특히 걷기, 자전거타기, 달리기, 수영 등의 운동을 통하여 최대 산소섭취량이 5~20% 정도 증가한다는 연구결과가 있다. 그 증가 정도는 연령, 건강상태, 체력수준에 있겠지만, 좌업 작업자가 6~12개월 유산소 운동을 실시한 결과 최대산소섭취량이 약40% 증가하였다고 발표되므로 유산소 운동의 좋은 점이 부각되었다.

그러므로 운동종목을 선택할 때 유산소운동 중 흥미와 즐거움이 있는 것으로 다양하게 선택함이 좋다.

운동 프로그램을 계획하고 작성할 때는 여러 가지 운동 효과를 고려해야 하는데 특히 유산소 운동은 강도에서 심한 격차가 있으므로 실시자에게 맞는 강도를 선택하여야 한다. 그러나 너무 약한 강도의 운동으로 구성하면 안 된다. 적당한 강도와 아울러 심폐지구력 유지 및 향상을 위한 합성된 프로그램이어야 좋다.

일반적으로 운동 프로그램에 참가하는 모든 사람들이 짧은 시간의 많은 것을 얻으려는 욕심이 있어 자짓하면 운동 상해를 입을 수 있음을 상기하여야 한다.

(2) 무산소운동

무산소운동(anaerobic exercise)은 대부분 운동 강도가 비교적 강해서 안정성의 문제가 있지만 무조건 해로운 운동이라고 할 수는 없다. 무산소운동의 긍정적인 효과 중 하나는 무 산소능력을 높여 준다는 것이다.

무 산소 능력이란 무 산소 에너지를 발생시키는 능력을 말하는데 이 능력이 좋아지면 전신 운동 시 힘이 충만해 진다. 즉 단시간에 폭발적으로 다량의 에너지를 낼 수 있어 운동수행에서 요구되는 파워(power)를 발휘하여 순간적으로 강력한 힘을 얻어 무거운 중량을 들어 올리는 것이다.

또한 무 산소 능력이 높은 사람은 젖산내성이 높아지는데 이것은 혈액 속에 피로물질인 젖산에 대해 신체가 극복할 수 있는 능력으로 높은 혈중 젖산농도에도 신체를 지탱하게 해준다. 근력강화를 목적으로 할 경우에는 근력강화 중량 운동을 하게 되는데 이러한 운동을 무산소운동으로 간주한다. 하지만 이러한 무산소운동은 호흡·순환계에는 유산소운동만큼은 효과를 기대할 수 없다.

특히 고령자나 운동에 익숙하지 않은 사람은 각별한 주의가 필요하고 지도자의 지도를 받는 것이 안전하다. 유산소운동이나 무산소운동 모두가 우리에게 운동의 효과를 주는 것이지만 일상생활의 주체가 되는 유산소운동을 주체로 하고 보조적으로 무산소운동을 병행하는 것이 좋다.

2. 운동방법

운동방법(처방)에서는 운동의 질, 운동의 방법, 운동량 등을 중시해야 한다. 운동의 질, 즉 운동을 실시하는 방법을 결정하고 나면, 다음은 그 운동을 어느 정도의 운동량으로 해야 하는지를 결정하고, 마지막으로 운동의 양을 결정하는 등 다음의 3가지 조건이 고려되어야 한다.

1) 운동의 강도(Intensity)

트레이닝의 효과는 일정시간(예: 1회, 일주일, 수개월)에 어느 정도 운동량으로 신체의 영향을 주느냐에 의해서 결정되는데 이때 가장 중요한 것은 운동의 강도이다. 이는 운동 강도가 트레이닝 목적과 또 운동시간과 운동 빈도를 규정하는 성질을 가지고 있기 때문이다.

운동 강도는 절대적 강도와 상대적 강도로 나누어진다.

- 절대적 강도: 트레이닝에 이용한 최대의 운동 강도의 단위에서 나타난다.
  근력의 경우 발휘한 근력은 kg단위이며, 빠르기를 나타낼 때는 초속 · 분속 · 시속의 단위로 나타난다.
- 상대적 강도: 최대치에 대한 비율로 나타나게 된다. 예를 들면 상대적 강도가 60% 라고 할 때 최대근력이 60kg이라면 36kg이 되고, 최대 산소섭취량이 3ℓ/분이라면 1.8ℓ/분이 각각의 트레이닝 강도가 된다.

절대적 강도는 체력에 따라서 상당한 차이가 있기 때문에 일률적으로 강도를 정하는 것은 매우 어려운 일이다. 또한 그 강도가 얼마라고 정해져도 신체의 어느 정도 부담을 주는가를 알지 못하는 결점이 있다. 그러나 상대적 강도는 상대를 통하여 최대치를 알 수 있고 그 강도가 정해지면 신체에 적용될 최고치를 정하고 신체에 주는 부담도를 일률적으로 행할 수 있는 이점이 있다.

2) 운동의 시간(Duration)

운동시간이란 그 운동부하를 견뎌내는 템포라든지 운동의 지속시간 혹은 유지시간을 말하며, 운동시간에는 휴식시간도 포함시켜 고려해야 한다. 운동효과는 자극을 부하할 때만 나타나는 것이 아니라 운동부하를 가한 후에도 나타난다는 사실이다. 지속유지는 초 · 분 · 시간의 단위로 나타난다. 이 운동시간은 단독으로 결정되는 것이 아니고 운동 강도와 관련하여 결정되는데 운동 강도가 높아지면 운동시간은 짧게 되어 양자는 정확히 반비례 관계에 있다.

3) 운동의 빈도(Frequency)

운동의 빈도란 반복운동의 횟수를 의미하는 것이며 1일 또는 1주일, 1개월에 몇 회를 행하였는가를 의미하는 것이다. 운동의 빈도에 있어서 중요한 것은 먼저 트레이닝 효과가 줄어드는 가운데 다음 단계의 트레이닝 효과를 효율적으로 축적 할 수 있는 운동의 횟수를 규정하는 것이다.

트레이닝의 효과가 줄어드는 가운데 다음의 트레이닝을 행하는 것을 생리학적으로 보면 1회의 과중부하라고 하는 물리적 자극을 신체에 주는 것에 의하여 그 효과가 근육 및 신체의 내부에서 몇 시간 내지 며칠 잠복하는가의 문제이다.

이상과 같이 운동부하조건에는 운동 강도, 운동시간, 운동의 빈도라는 3가지 요소가 있다. 이 세 요소가 개개인의 체력에 맞추어 합리적으로 혼합되어야 하는데 그것은 트레이닝에서 중요한 운동 강도와 시간이 합하여진 것이기 때문이다.

결론은 전신지구성 효과를 기대하면서 신체에 지나친 무리를 주지 않고 고통과 고난이 없도록 운동 강도와 시간을 적절히 배합한 운동의 빈도이다. 처음에는 가벼운 트레이닝으로, 그 후 중간정도의 트레이닝으로 발전하고 점차 강한 트레이닝으로 이어지는 것이 순리이다.

운동 강도와 시간, 빈도 면에서 처음부터 높은 강도로 책정하는 것이 얼마나 위험한지를 깊이 인지하여 신체를 갑자기 혹사시킬 정도의 운동은 피해야 한다. 이 같은 운동방법이 끝내는 운동 상해로 이어져서 신체의 밸런스가 무너지고 더 나아가서는 운동의욕이 상실됨으로 효과보다는 역효과로 어려움을 겪게 된다.

〈표- 8〉 운동 강도와 운동시간 혼합강도(최대산소섭취량의 비)

운동시간 / 종류	5분	10분	15분	30분	60분	비고
가벼운 트레이닝	70%	65%	60%	50%	40%	
중간정도 트레이닝	80%	75%	70%	60%	50%	
강한 트레이닝	90%	85%	805	70%	60%	

위의 내용을 보아 알 수 있듯이 운동은 계획 없이 무작정하는 것이 아니다. 운동을 전혀 하지 않던 사람이 무리한 운동을 장시간 하면 '근 피로와 근 파열 등의 운동 상해'를 입을 수 있다.

그러므로 운동에도 방법론이 있다. 좋은 운동과 몸의 해가 되는 운동이 있으므로 충분한 운동지식을 쌓아서 운동처방을 하여야 한다. 이러한 지식이 없다면 전문가의 도움을 요청하는 것이 현명하다.

몸이 불편한 사람의 식단을 영양사가 짜듯 운동을 처음 시작하는 초보자의 운동 프로그램은 운동처방 전문가가 처방하는 것이 마땅하다.

운동영역을 크게 나누어보면 유산소운동과 무산소운동 그리고 이 두 가지를 혼합한 운동방법이 있다.

유산소운동은 운동 중 산소섭취를 충분히 하면서 운동을 실시하는 것이고, 무산소운동은 운동 중 산소섭취를 하지 않고 운동 후 호흡을 하는 것을 말한다.

혼합운동은 유산소운동과 무산소운동의 혼합운동으로 운동 중에는 호흡을 중단하고 휴식 때 호흡을 하여 산소를 섭취하는 것을 반복하는 운동을 말한다. 단거리 운동선수가 달리기를 시작하면 호흡을 멈추고 주파가 완전히 끝나면 호흡을 하는 것과 역도선수가 준비 자세에서 크게 심호흡을 하고 역기를 들어 올릴 때는 호흡을 중단하는 것을 말한다.

3. 운동 시 주의사항

운동에는 항상 위험이 따른다. 그러므로 운동을 하는 사람이나 지도하는 사람은 운동의 위험 요소를 인지하고 실시자에게 맞는 운동종목, 강도, 운동시간 및 환경을 고려하고 위험 요소를 최소화하기 위한 운동지식을 사전에 습득하는 것이 필요하다. 운동 시 필요한 기본적인 주의 사항과 상식은 다음과 같다.

1) 운동 전

운동을 하기 위해서는 운동자의 능력을 파악하는 것이 매우 중요하다. 그리고 그의 건강상태도 파악하여야 한다. 그 밖의 감기증상이나 설사, 피로, 숙취, 극도의 긴장과 신체적 이상이 있을 경우에는 그날은 운동을 중지하거나 강도를 낮추어서 가벼운 운동으로 대처해야한다.

우리나라는 사계절이 있어 날씨의 변화로 인하여 운동 상해가 많이 발생하는데 추운 겨울에는 준비운동 시간을 늘려서 충분히 몸을 이완시킨 다음 본 운동을 하는 것이 좋으며, 특히 고혈압환자는 혈압에 주의하여야 한다.

그리고 처음에는 옷을 여러 개 입고 있었다면 체온상승에 따라 하나씩 벗는 것이 좋다. 반대로 여름에는 날씨가 더워 운동을 실시하면 체온이 상승하므로 각별한 주의를 기울려 일사병에 노출되지 않아야 한다.

식후에 바로 운동을 삼가 하라. 가벼운 운동을 계획 할지라도 식후 1시간이 좋고, 강한 강도일 경우에는 식후 2시간 경과 후가 바람직하다. 더욱 주의할 점은 배에 소화가 되지 않은 음식물이 있을 경우에는 더 많은 시간을 할애하라. 식후 바로 운동을 하면 소화기능은 물론 위하수의 원인이 되기도 한다.

2) 운동 중

운동 중에 가장 중요한 것은 신체의 리듬을 지키는 것이다. 리듬을 지켜야 한다는 것은 평소에 운동을 하지 않던 사람이 갑자기 운동을 시작하면 득보다는 실(失)이 많으므로 적당한 운동을 하는 것을 말한다. 오버 페이스를 하다보면 몇 분이 지나지 않아 고통이 오는데 이러한 고통은 복통, 가슴의 흉통, 다리의 통증으로 나타날 수 있는데 이 경우에는 운동을 중단하고 휴식을 취한 후 운동을 재개할 때는 이전보다 더 가벼운 강도의 운동을 하여야 한다.

유의할 점은 몸으로 느끼는 현상보다 운동 후에 나타나는 몸 전체의 이상유무가 더욱 중요하다.

신체적으로 나타나는 현상은 운동을 지속적으로 하면 이러한 고통은 사라지게 된다. 하지만 이러한 고통이 운동 강도를 낮추어도 계속되면 체의 이상으로 보아 의학검사나 운동부하 검사를 통하여 그 원인을 찾아야 한다. 사람의 몸은 항상성 원리에 의하여 항상 이상 현상에 대해 반응한다. 그러므로 신체마다의 운동능력의 한계와 리듬을 찾아야 한다.

3) 운동 후

운동 후에는 앞에서도 언급하였듯이 상승하였던 혈액의 온도를 아주 서서히 내리도록 마무리 운동이 필요하다.

앉거나 눕거나 음식을 먹는 행위는 절대 금물이다. 운동 후 땀이 식기도 전에 샤워나 목욕도 안 되며, 특히 갑작스레 냉수나 뜨거운 물을 몸에 끼얹는 것은 몸의 좋지 않은 영향을 주므로 피하는 것이 좋다.

그러므로 운동 중 땀을 많이 흘렸다면 잠시 휴식을 취한 후 실시하여야 한다. 샤워를 하면 피부혈관이 더욱 확장하여서 혈압이 내려가 반대의 상황이 발생하기 때문이다. 운동으로 인하여 피부혈관이 확장되어 있는 상태에서 냉수욕을 하면 급격히 혈관 수축이 일어나 혈압이 일시적으로 급상승된다.

이로 인하여 심장의 부담이 커지게 되며, 또 너무 뜨거운 물로 샤워를 하면 돌발적 상황이 일어날 가능성이 많다. 목욕은 40c°이하의 온욕을 20~30분 정도이면 좋다.

운동 직후에는 내장관계의 혈류량이 작아져 있기 때문에 운동 직후 바로 식사하는 것은 위장에 큰 부담으로 작용하므로 운동 강도에 따라 다르겠지만 30분 정도 휴식함이 적당하다.

좌와(坐臥)란 앉는 것과 눕는 것을 아울러 이르는 말이고, 불식(不食)은 음식을 먹지 않는 것을 의미한다.

4. 운동순서

사람의 몸은 안정 상태에서 운동을 하면 운동 시 생리적 요구를 충족시켜 주기 위하여 급격하게 변화한다.

이러한 변화는 운동을 시작하였다 하여도 순간적으로 바뀌는 것이 아니므로 운동시작 후 변화를 위한 몇 분간의 관찰이 필요하다. 이러한 생리적인 변화를 원활하게 하기 위한 일반적인 방법으로 준비운동, 본 운동, 정리운동 순서로 하는 것이 바람직하다.

준비운동(warming up)이란 운동시작 전에 하는 것으로 우리 몸이 운동으로 인해 급격하게 변화하는데 이 변화가 신체의 점진적으로 적응하도록 하는 과정이다. 따라서 준비운동을 하면 각 기관계의 적응성이 향상되어 안정 시 운동으로 인한 생리적 기능의 원활한 변화가 가능하게 되어 능률적으로 운동을 할 수 있도록 한다.

준비운동은 에너지대사를 운동의 필요한 대사로 변화시키고 체온상승, 호흡 순환계의 변화, 유연성의 증가 등과 같은 본 운동에 필요한 예비적 기능을 준비하게 한다. 준비운동 시간은 5~10분 정도로 몸에서 땀이 나올 만큼 하는 것이 좋다. 이 같은 준비운동 후 본 운동을 하면 좋은 컨디션에서 즐겁게 운동을 할 수 있고 특히 운동 상해를 예방 할 수 있다.

정리운동(cooling down)은 운동으로 인하여 변화된 생리적 반응을 안정 시로 회복하도록 하며, 피로회복을 촉진하는 역할을 한다. 이러한 정리운동으로 인하여 혈액변인들 젖산, 호르몬, 효소에너지원의 안정 회복과 신체 각 부분들의 회복을 촉진하므로 유연성이 증진되고 아주 편한 상태가 된다.

위의 내용을 살펴볼 때 준비운동으로는 신체를 고르게 이완시키면서 혈액의 온도를 상승하게 하여 본 운동을 수행하고, 정리운동에서는 상승한 온도를 조금씩 내려가도록 스트레칭체조를 5~10분 정도 할애함이 좋다.

5. 스트레칭

스트레칭(Stretching)체조는 근대 미국의 스포츠 의학자에 의하여 만들어졌으며, 기본자세 및 원리는 동양의 신비라고 일컫는 요가와 태극권의 영향을 받은 것으로 알려져 있다.

우리나라도 1980년대 보급되어 우리체형에 맞는 체조로 보완되어 엘리트체육인에게 보급되기 시작하였다.

이 스트레칭 체조는 이제 세계 어느 곳 인종에 구별 없이 자유로이 행할 수 있는 보편적인 것이 되었다. 스트레칭이란 Static Stretching의 약자로서 준비운동의 일종이다. 우리말로는 '유연을 위한 신전체조' 즉 신전 유연체조라 할 수 있다.

스트레치(Strech)란 '펴다' 또는 '잡아당기다' 라는 의미로서 우리 몸을 지탱하고 있는 근육이나 건을 의식적으로 펴서 그 상태를 잠시 동안 신장하는 것이다. 이 체조의 본래 목적은 스포츠맨들이 스포츠를 실시하기 전 긴장된 근육이나 건을 부드럽게 신장하여 유연성을 높이므로 신체부상을 예방하고 스포츠장애를 방지하고자 하였으나 정리운동으로도 큰 효과가 증명되어 실시하고 있다.

이 모든 것이 실증됨으로서 최근에는 피로회복(Rehabilition)이나 스포츠트레이너(Sports Trainer)에 의해 몸의 건강 조정법으로도 활용되고 있으며, 스포츠장애 치료법으로도 널리 사용되고 있다.

스트레칭 체조의 키포인트(key point)는 반동을 이용하지 않고 서서히 펴고 천천히 신전하는 것이다. 신전운동에는 두 가지 방법이 있다. 하나는 동적인 체조이고, 다른 하나는 정적인 체조인데, 동적신전은 탄력적으로 굴신체조를 하는 것이고, 정적신전은 충분히 신전된 상태를 유지하는 것이다. 스트레칭 체조가 요가나 태극권의 원리를 따랐다는 것이 이런 이유이다.

무리한 신전은 근육이나 건의 상해를 불러오므로 운동 전 후에 이 스트레칭 체조를 잘 활용하면 부상을 예방하고 몸을 유연하게 할 수 있다. 천천히 행하는 체조라 할지라도 그 효과는 매우 크다. 가벼운 근육 수축으로 내압을 높이고, 정맥 중의 혈류를 가속화 시키는 효과가 있다. 이 정맥의 환류촉진은 피로회복에서 뺄 수 없는 조건 중에 하나인데 심장에 대한 마사지와 같은 효과가 있는 것이다. 신전운동에 의한 근육의 율동적 수축이나 가벼운 압박은 피로한 신체 각 부위 혈맥의 흐름을 좋게 하고 피로물질을 제거하는 역할을 하기 때문이다.

신체가 육체적 · 정신적으로 피로해져 있을 때 안면이나 어깨, 팔이나 다리근육이 팽창되면서 긴장되는 것을 누구나 체험했을 것이다. 이 같은 긴장이나 피로를 제거하기 위해 천천히 펴는 스트레칭은 육체적 · 정신적 만족도를 얻는데 효과가 있다.

스트레칭체조는 '선 자세' '앉은 자세' '누운 자세' 구분한다. 선 자세를 실시할 경우에는 양 발을 어깨넓이로 벌려 균형을 유지하고 서서 실시하거나, 양손으로 벽을 지지하거나, 등을 기대어 서서 경우다.

스트레칭 체조가 신체에 미치는 영향은 다음과 같다.

- 긴장되고 경직된 근육을 부드럽게 하여 신체에 한층 가벼운 감을 준다.
- 협응력 향상에 도움을 주어 스트레칭 후 동작이 더욱 자유롭고 부드러운 유연성이 향상된다.
- 관절의 가동성을 준다.
- 근육상해와 같은 스포츠상해를 예방한다.
- 스트레칭으로 준비운동을 하면 격한 운동도 무리 없이 수행할 수 있다.
- 신체의 감각을 향상 시킨다. 때때로 신체의 각 부위를 스트레칭 할 때에 그 부위에 의식을 집중하여 그 부위의 상태를 느낄 수 있게 한다.
- 신체에 대한 정신적인 컨트롤을 할 수 있어 경쟁이나 다른 사람을 인식하지 않고 운동 수행을 할 수 있다.
- 혈액순환을 촉진하고, 기분이 상쾌해진다.

스트레칭 체조에도 좋은 방법과 나쁜 방법이 있는데, 좋은 방법은 신전근군에 의식을 집중시키면서 느슨하게 하는 방법이다. 나쁜 방법은 반동을 이용하거나 아픔이 있을 때까지 신전을 하는 것으로서 이 방법은 득보다는 실이 많다. 그러므로 스트레칭 체조는 정확하고 규칙적으로 행해야 몸동작이 부드럽고 유연하게 된다.

첫째 : 약한 스트레칭

최초는 부드럽고 편안한 동작으로 20초간 각 부위별로 실시한다. 이때 반동을 이용해서는 안 된다. 가벼운 긴장을 느낄 때까지 이를 유지하면서 느슨하게 행한다. 이때 늘어난 근육은 자세를 보완하는 사이에 부드럽게 된다. 만약 늘어난 근육이 부드러워지지 않으면 조금 강도를 올려 쭉 뻗는 느낌이 들도록 해야 한다. 이때의 근육의 딱딱한 곳과 뭉쳐진 곳을 풀어주며 발전된 신전을 위한 근육조직의 준비상태가 되는 것이다.

둘째 : 발전된 스트레칭

약한 신전 후 서서히 발전된 신전으로 동작을 변형함을 말한다. 여기서도 반동을 이용하지 않고, 첫 번째보다는 조금 강도를 올리고 부분마다 가볍게 뻗는다는 느낌이 들 때까지 약 20초간 스트레칭을 실시한다. 신전이 너무 길거나 지나치지 않도록 주의하여야 하며, 처음의 동작은 부드러워야 하고 몇 번을 반복함이 원칙이다.

셋째 : 호흡법

스트레칭은 유산소운동이다. 호흡을 가다듬고 편안히 쉬면서 동작은 리드미컬하게 행한다. 상체를 움직일 때는 제자리에 돌아온 후 천천히 호흡한다. 그러나 신전 중에 호흡을 중단하면 안 된다. 스트레칭 시 자연적으로 호흡이 안 된다면 강도와 몸의 균형이 맞지 않는다는 것이므로 강도를 조금 낮추어야 한다.

연구문제

1. 운동부족병에 대하여 설명하시오.
2. 운동과다증이 신체의 미치는 영향이 무엇인지 설명하시오.
3. 유산소운동이 왜 좋은지 설명하시오.
4. 운동의 방법에서 강도와 시간과 빈도를 혼합하여 실시 가능한 프로그램을 만들어 보시오
5. 운동순서를 자세히 프로그램 하시오.
6. 스트레칭의 방법론을 체계적으로 설명하시오.

제10장 사회체육의 행정관리

1. 체육행정
2. 사회체육 행정 및 관리의 의의
3. 사회체육 행정조직과 기능

제10장 사회체육의 행정관리

1. 체육행정

체육행정이라는 명칭은 행정부이고, 학교에서는 체육 관리로 구분하고 있다.

영어로 Administration의 의미는 행정과 관리를 뜻하고, Administration of Physical Education은 체육행정 또는 체육 관리로 해석한다.

미국에서는 이 두 가지 내용을 함께 포함하여 행정부나 학교 양측에서 사용한다. 그러나 일본이나 한국에서는 이것을 구별하여 행정부에서는 체육행정, 학교에서는 체육관리라 구별한다. 체육행정이나 체육 관리는 같은 의미를 내포하고 있지만 구체적으로 살펴보면 각각 다른 기능을 갖고 있다.

체육행정은 국가의 체육정책을 집행하는 행정의 업무로서 지도적 내용과 관리적 내용을 포함하며, 법에 의해서 정해진 행정기관의 집행부에 의해 행해진다.

체육 관리는 체육활동을 수행하는 조직 내의 작용으로서 직접적 지도라기보다 간접적으로 체육의 조건을 정비하는 것에 의하여 체육활동의 효과를 올릴 수 있도록 지원하는 기능이다.

체육 관리의 영역은 매우 폭이 넓고 분야가 다양하여 그 관리가 매우 어렵다. 즉 시설과 인원과 프로그램과 보조적 설비와 용구 등 모두를 관리하는 것이기 때문이다.

2. 사회체육 행정 및 관리의 의의

사회체육은 학교체육이나 엘리트체육과 같이 특수 목적을 갖고 행하여

지는 체육을 제외한 일반 사회인의 체육활동을 말한다.

현대사회에 있어서 사회체육은 건강증진과 체력향상을 도모하기 위하여 삶의 의욕과 질을 제고하는 한편 스포츠 참여를 통한 공동체 의식의 형성과 건전한 여가활동의 능력을 신장함으로서 폭력, 향락풍조, 청소년문제, 노인문제, 장애인문제 등 심각하게 대두되고 있는 사회문제를 해결하고 국민건강 복지사회를 건설한다는 데에 큰 의미와 목적이 있다.

사회체육의 행정은 국가나 지방자치단체에서 사회체육의 원활한 활동을 도모하기 위하여 정책을 수립하고 수행하는 모든 영역을 말한다. 따라서 국가나 지방자치단체의 입장에서 볼 때 사회체육 행정의 의의는 국민생활을 보다 건강하고 풍요롭게 하며, 복지사회 건설을 위하여 사회인 모두가 체육 및 스포츠 활동을 자유롭게 즐길 수 있도록 제 조건을 정비하고 지원하는데 있는 것이다.

사회체육관리에서도 지역주민이나 직장의 근로자, 주부, 노인, 장애인을 막론하고 모든 사람이 건전한 스포츠와 여가활동을 통하여 건강하고 가치있는 삶을 영위하고 나아가 복지사회를 이룩하는데 있다.

사회체육관리는 그 자체가 목적이 아니라 사회체육 목적을 달성하기 위하여 간접적으로 제 조건을 정비하는 작용이다. 즉 사회체육의 현상을 일으키고 유지 향상시키기 위하여 여러 가지 조건을 마련하고 지원하는데 의의가 있다 하겠다.

인구가 급증하고 사회체육단체 규모가 커지면서 합리적인 체육관리 방법이 필요하게 되었다. 그러므로 사회체육의 조직에서부터 시설, 프로그램, 재정, 행사, 기타 제반 관리 운영에 대한 연구가 더욱 필요한 하다 하겠다.

3. 사회체육 행정조직과 기능

1982년 체육부가 발족되기 이전에는 체육행정은 문교부 소관이었다. 정부수립 직후인 1948년 11월4일 문교부 신설과 함께 문화국 체육과에서 체육의 업무를 관장한 이래 문교부의 국(局)단위 또는 과(課)단위 등의 기관에서 그 업무를 분장해 왔다. 이 같은 형태로 이어져 오다가 '86 아시아 경기대회'와 '88 올림픽 대회'의 서울 유치를 계기로 체육행정의 획일화하고 더 나아가서는 '86아시아 경기대회' 및 '88올림픽' 양 대회를 준비하고 효율적으로 협력하고자 1982년 3월 20일 정부 조직법 중 개정법률(법률 제3540호)에 의거 체육부를 신설하고 초대장관에 노태우가 취임하였고, 중앙행정기관이 체육에 관한 업무를 관장하게 되었다.(1988년 7월1일 체육부에 청소년국이 신설되어 청소년업무를 관장하다가 1990년 12월 27일 체육청소년부로 개칭됨)

문민정부로 출범한 새 정부는 '작은 정부 구현' 의지에 따라 문화부와 체육청소년부를 통합하여 1993년 3월 6일 정부 조직법 중 개정법률(법률 제4541호)에 의거 문화체육부가 탄생한다. 그 후 다시 문화관광부로 명칭이 개칭되었다가 2011년 문화체육관광부로 바뀌었다.

1) 문화체육부

〈표- 9〉 1993년 문화체육부 체육관련 기구표

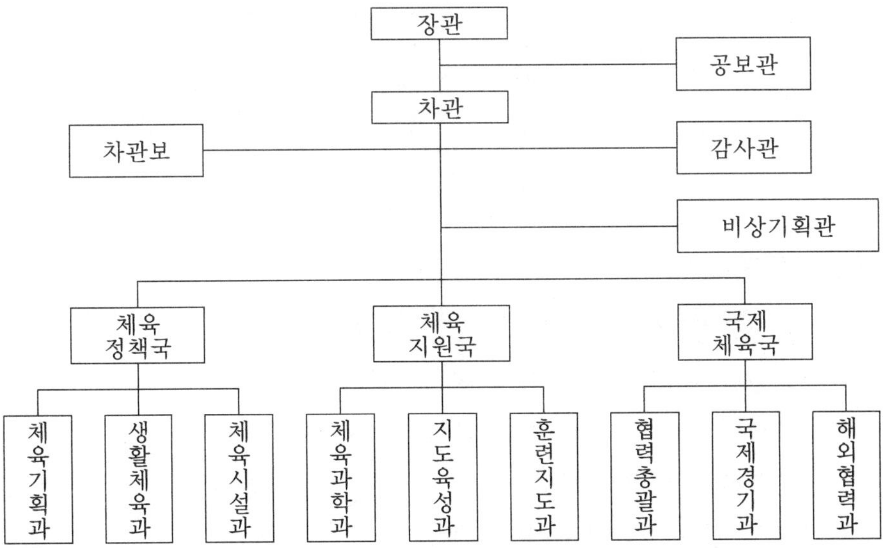

2) 문화체육관광부

(2월 29일 문화체육관광부 신설) 정부조직법 개정으로 문화체육관광부, 국정홍보처, 정보통신부(디지털콘텐츠 업무) 기능 통합

〈표- 10〉 2008년 문화체육관광부 체육관련 기구표

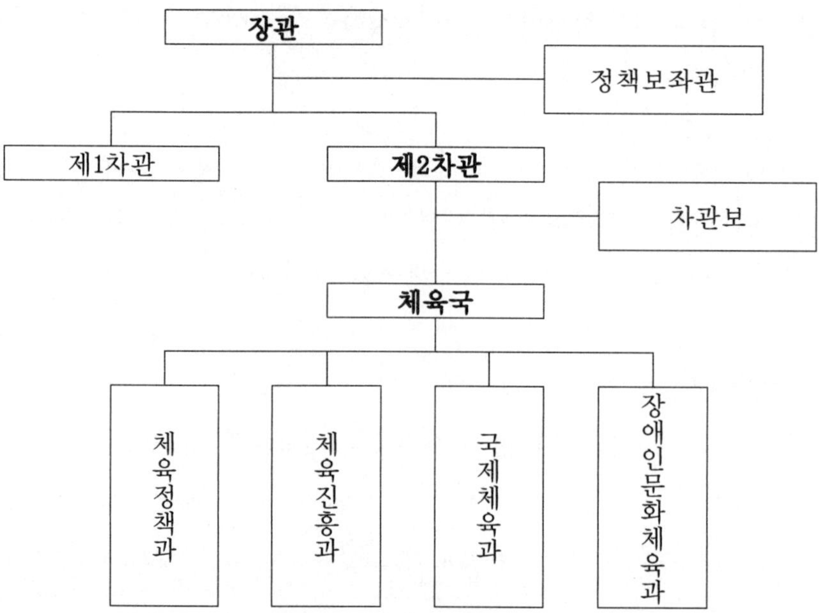

(1) 체육정책과

- 체육진흥정책에 관한 장 · 단기종합계획의 수립
- 체육종합계획의 추진상황 분석 및 평가
- 체육관련 통계자료의 수집 · 분석 및 체육지표 개발
- 체육정보화에 관한 사항
- 국민체육진흥기금의 조성 및 운용

- 체육진흥투표권 및 경륜 · 경정사업에 관한 사항
- 체육과학의 진흥 및 체육과학 연구기관의 육성 · 지원
- 체육주간 및 체육의 날 행사에 관한 사항
- 대한민국체육상 등 우수체육인 포상 및 체육유공자의 보호 · 육성
- 서울올림픽기념 국민체육진흥공단에 관련된 업무
- 후보선수 · 운동경기부 및 체육계 학교의 육성 · 지원
- 전국체육대회, 전국소년체육대회 및 종목별 국내경기대회의 개최 지원
- 전문체육 진흥을 위한 계획의 수립 및 시행
- 전문체육 관련 단체의 설립 및 육성 · 지원에 관한 사항
- 국가대표선수의 육성 · 지원에 관한 사항
- 국가대표선수 훈련시설의 확충 및 운영에 관한 사항
- 대한체육회 및 각종 경기단체와 관련된 업무
- 축구 · 양궁 · 테니스 · 배드민턴 · 체조 · 탁구 · 사격 · 핸드볼 · 하키 · 럭비 · 바둑 · 산악 · 정구 · 세팍타크로 종목에 관련된 업무
- 그 밖에 국내 다른 과 · 팀의 주관에 속하지 아니하는 사항

(2) 체육진흥과

- 생활체육 진흥을 위한 계획의 수립 및 시행
- 생활체육 관련단체의 설립 및 육성 · 지원에 관한 사항
- 체육지도자의 양성 · 배치에 관한 사항
- 직장 및 지역생활체육의 진흥에 관한 사항
- 생활체육종목의 육성에 관한 사항
- 전통 민속경기의 진흥 및 한민족축전에 관한 사항
- 스포츠클럽의 육성 · 지원에 관한 사항
- 국민생활체육회에 관련된 업무
- 공공체육시설 확충계획의 수립 및 추진
- 생활체육과 관련된 국제교류에 관한 사항
- 국민체력증진에 관련된 사항

- 스포츠산업 진흥을 위한 계획의 수립 및 시행
- 스포츠산업 진흥을 위한 조사 · 연구
- 스포츠산업관련 업체 그 밖의 단체 및 기구의 육성 · 지원
- 스포츠산업기술 개발에 관한 사항
- 스포츠산업관련 전문 인력 양성에 관한 사항
- 스포츠마케팅 활성화 및 국제교류 · 협력에 관한 사항
- 스포츠산업진흥의 기반 조성에 관한 사항
- 민간체육시설의 설치 · 이용 활성화에 관한 사항
- 스포츠용품 · 용구 · 기자재의 생산지원 및 장려
- 스포츠산업 국제교류 · 협력에 관한 사항
- 프로운동경기의 진흥 및 관련단체의 육성 · 지원에 관한 사항
- 레저스포츠 진흥을 위한 계획 수립 및 시행, 관련 단체의 육성 · 지원
- 전통무예 진흥에 관한 사항
- 농구 · 배구 · 근대5종 · 역도 · 펜싱 · 사이클 · 승마 · 트라이애슬론 · 야구 · 씨름 · 골프 · 궁도
- 택견 · 공수도 · 우슈 · 검도 종목에 관련된 업무

(3) 국제체육과

- 국제체육교류 진흥을 위한 계획의 수립 및 시행
- 국제경기대회 유치 · 개최 및 참가지원에 관한 사항
- 국제체육교류협정 체결 및 교류에 관한 사항
- 남북한 체육교류 및 협력에 관한 사항
- 국제체육관련 정보 및 자료의 수집 · 보급
- 국제체육기구와의 교류 · 협력 및 국제체육회의에 관한 사항
- 선수의 금지약물 투여 방지에 관한 정책 수립 및 그 시행의 지원에 관한 사항
- 태권도 등 전통스포츠의 세계보급에 관한 사항
- 국제 스포츠 교류 및 협력에 관한 사항

- 국내 체육단체의 국제 스포츠 경쟁력 강화에 관한 사항
- 국제 산악스포츠 활동의 지원에 관한 사항
- 대한올림픽위원회와 관련된 업무
- 태권도공원 조성 및 운영에 관한 사항
- 태권도진흥재단 및 국기원에 관련된 업무
- 육상·태권도·복싱·레슬링·유도·수영·요트·카누·조정·보디빌딩·당구·볼링·수상·스키·수중 종목에 관련된 업무

(4) 장애인 문화 체육과

- 장애인 체육진흥을 위한 장·단기 발전계획의 수립
- 장애인 체육환경의 조성 및 지원체계 개선 등에 관한 사항
- 장애인 체육활동 프로그램의 개발 및 스포츠클럽 육성·지원에 관한 사항
- 장애인체육지도자의 양성·배치 및 장애인체육 관련 전문 인력의 양성
- 전국장애인체육대회·종목별 경기대회 등 장애인 체육활동의 지원
- 국가대표 장애인선수의 육성·지원에 관한 사항
- 장애인 체육교류의 활성화 및 전문 인력의 양성
- 찾아가는 생활체육서비스 등 장애인 생활체육에 관한 사항
- 대한장애인올림픽위원회 및 대한장애인체육회에 관련된 업무
- 장애인 문화 관련 법령의 제·개정 및 제도개선에 관한 사항
- 장애인 문화 관련 자료 개발 및 지원계획 수립에 관한 사항
- 국내외 장애인 문화 관련 업무협력 및 교류 등에 관한 사항
- 장애인 문화예술정책에 관한 사항
- 일반종목 중 빙상·봅슬레이 스켈레톤·루지·스키·바이애슬론·아이스하키·컬링·소프트볼·스쿼시·인라인롤러·댄스스포츠·오리엔티어링 종목에 관련된 업무

3) 지방체육 행정

(1) 시(市) · 도(道)

각 시도의 체육 업무를 지방 형편에 따라 기획관리실장 밑에 체육지원담당관 또는 체육지원계를 두고 지방 체육진흥 시책의 수립, 추진, 지역진흥협의회나 지방체육회에 관한 체육시설의 유치, 관리, 기타 체육진흥에 관한 사항을 분장해 왔으나 체육행정 수요와 증가에 따라 1989년 9월1일 이후부터 시 · 도에 생활체육과를 설치하여 체육업무를 전담하고 있다.

서울시의 경우 각 구청에도 생활체육과가 설치되어 있고, 각 도의 시 · 군 · 구 단위에도 체육청소년계가 설치되어 지방의 체육업무를 담당하고 있다.

(2) 시 · 도 교육청

각 시 · 도 교육청에는 평생진로교육국 산하에 체육건강과를 두고 있다.

특히 서울시 교육청은 1실 · 3국 · 6담당관 · 12과로 구성되어 있으며, 체육은 평생진로교육국 산하에 체육건강과를 두고 다음과 같은 업무를 담당하고 있다.

- 학교체육 관련 업무 및 수련수학여행 업무 추진
- 학생건강관리 및 학교환경위생 관리 업무 추진
- 학교급식 운영 · 관리 업무 추진
- 친환경 무상급식 업무 추진 체육시설 운영

경기도 교육청은 1실 · 2국 · 3담당관 · 12과로 구성되어 있고, 체육은 교육국 산하에 평생체육건강과를 두고 다음의 업무를 담당하고 있다.

- 평생체육건강과 업무 총괄

4) 민간체육단체

민간체육단체를 두 영역으로 구분하면 다음과 같다. 그 하나는 국고의 지원을 받아 운영하거나 주무부서인 문화체육관광부의 감독을 받는 단체로는 대한체육회, 서울올림픽기념 국민체육진흥공단, 국민생활체육협의회, 한국체육과학연구원 등이다. 또 다른 하나는 자생단체로서 한국사회체육진흥회, 학회, 각종 단체, 스포츠센터 · 클럽 등이다.

(1) 대한체육회 및 대한 올림픽위원회

1920년 7월 13일 우리나라의 사회체육의 시작이라 할 수 있는 조선체육회가 기미독립운동의 정신을 이어 받아 항일투쟁 수단의 하나로 창립되었다. 1938년 7월 7일 일제의 강요로 일본인 단체인 조선체육협회에 흡수되어 해체되었다.

1945년 광복과 더불어 11월 26일 조선체육회가 부활되고, 대한체육회로 개칭되었으며 1954년 3월 16일 사단법인의 인가를 받았다.

1982년 12월 31일 국민체육진흥법의 전문개정에 따라 대한체육회는 특수법인체가 되었다. 대한체육회의 주무부처는 문화체육부로 감독기능에 근거하여 임원의 취임 인준은 물론 예산 · 결산, 사업계획에 대한 승인과 지시사항에 대한 이행의무를 가지고 있다.

대한체육회의 주요 사업은 다음과 같다.

① 경기단체의 사업과 활동에 대한 지도 및 지원

② 체육 경기대회의 개최와 국제교류

③ 선수양성 및 경기력향상 등 전문체육진흥을 위한 사업

④ 체육인의 복지향상

⑤ 기타 체육진흥을 위하여 필요한 사업

한편 대한체육회 정관 제33조에 의거하여 대한올림픽위원회(KOC)를 설치하였고, 대한올림픽위원회는 대한체육회의 직무권한이 미치지 못하는 독자적인 직무영역을 가지고 있다.

대한올림픽위원회는 특별위원회로서 대한대학스포츠위원회(KUSB)와 문화위원회를 산하에 두고 있다. 대학스포츠위원회는 세계대학스포츠연맹(FISB)과 제휴하여 유니버시아드대회 참가를 주 임무로 하고 있고, 문화위원회는 예술 · 문화 · 회화 등의 전문가로 구성하여 올림픽대회의 예술문화 행사에 참여한다.

(2) 서울올림픽기념 국민체육진흥공단

1988년 '88 서울올림픽 대회의 성공적 개최로 약 3,300억 원의 잉여금이 발생하여 이를 관리 · 운영할 기구가 필요하게 되자 정부는 국민체육 진흥과 스포츠 경기수준의 향상 및 청소년 육성사업을 지원하고 서울올림픽 기념사업을 수행하기 위한 기금을 조성 · 관리하는 것을 목적으로 1989년 4월 20일 서울올림픽기념 국민체육진흥공단을 설립하였다.

진흥공단의 기금은 다음 사항으로 재원을 조성한다.

① 정부 및 정부외의 자의 출연금
② 담배 값 포장지를 이용한 광고 및 기타 문회체육부장관이 승인하는 광고사업의 수익금
③ 운동장 · 체육관 · 수영장 · 골프장 기타 대통령이 정하는 체육시설의 입장료에 대한 부가 모금액
④ 기금의 운용으로 생기는 수익금
⑤ 체육복표 발행의 수익금
⑥ 기금의 일부를 사업에의 출자 등에 따른 수익금
⑦ 기타 대통령이 정하는 수익금

진흥공단의 기금은 다음의 사업을 위하여 사용한다.

① 국민체육진흥을 위한 연구 · 개발 및 보급사업
② 국민체육시설 확충을 위한 사업
③ 선수 및 체육지도자 양성을 위한 사업
④ 선수 · 체육지도자 및 체육인의 복지향상을 위한 사업

⑤ 광고 기타 기금조성을 위한 사업
⑥ 우수선수 · 지도자 및 원로 체육인의 생활보조금의 사업
⑦ 체육용구 등의 우수업체나 체육시설의 설치를 위하여 인정하는 경우 자금의 융자
⑧ 제24회 서울 올림픽대회를 기념하기 위한 사업
⑨ 학교의 운동 경기부 육상을 위한 사업
⑩ 대한체육회 · 생활체육관련 체육단체와 체육과학의 연구기관의 운영 · 지원
⑪ 기타 체육진흥을 위한 사업으로서 대통령이 정하는 사업

(3) 국민생활체육협의회

생활체육협의회는 국민의 체육생활화 운동을 민간차원에서 전담하여 범국민 생활체육 운동으로 확산하고, 다양한 생활체육단체 활동의 지원 및 지도를 목적으로 하고 있는바 주요사업은 다음과 같다.

① 지역생활체육협의회 및 종목별 연합회의 관리 · 지원
② 각종 생활체육대회 개최 및 운영
③ 생활체육교실 운영
④ 생활체육 프로그램 개발 · 보급
⑤ 범국민 체육생활화 운동 전개
⑥ 국민 생활체육시설의 운영
⑦ 청소년 생활체육 연구 · 보급

(4) 한국사회체육진흥회

한국사회체육진흥회는 사회체육 활동을 바탕으로 범국민적 평생체육을 실시함으로써 국민의 건전한 심신발달을 도모하며, 밝고 풍요로운 국민생활을 영위하게 하고 특히 지역사회 체육활동의 활성화를 통하여 복지사회 건설과 민족문화 창달에 이바지 하며, 국민화합에 기여함을 목적으로 1985년 4월2일 사단법인으로 설립되었으며, 주요사업은 다음과 같다.

① 모든 국민의 사회체육 활동 참여운동 전개
② 스포츠 동호인 회 등 자생적 클럽의 지도 육성
③ 레저스포츠, 레크리에이션 등 가족스포츠 진흥사업
④ 사회체육시설에 설치 및 운영
⑤ 사회체육진흥을 위한 조사, 연구개발 및 보급
⑥ 사회체육지도자 양성 및 프로그램의 연구 개발
⑦ 각종 사회인 체육대회 및 국민건강 증진을 위한 대회 개최
⑧ 사회체육을 통한 국제교류
⑨ 국민건강의 중요성 인식증대 및 사회체육 홍보
⑩ 사회체육에 관한 제반 자료수집
⑪ 기타 국민건강 증진과 본회 목적달성에 필요한 사업

(5) 한국체육과학연구원

한국체육과학연구원은 최초 스포츠과학연구소로부터 출발하였다. 1980년 12월 29일 스포츠분야에 과학적인 기법을 도입하여 활용함으로서 경기력을 향상시키기 위한 목적으로 태릉선수촌에서 스포츠과학연구소를 발족시켰다. 그 후 1989년 7월 재단법인 한국체육과학연구원을 설립하였다.

연구원은 체육의 내용, 방법, 환경 등에 관한 체계적이고 종합적인 연구를 수행·보급하여 체육과학의 발전을 도모하고 우수한 연구일력 및 체육지도자의 양성, 경기력의 대외경쟁력 강화를 위한 스포츠 훈련 현장에 적극적인 지원, 국민체력 증진을 위한 생활체육의 개발 및 보급 등을 통하여 선진 체육문화 창달에 기여함을 목적으로 한다.

1989년 11월에는 1급 경기지도자 연수원 지정 및 생활체육연구부가 신설되고, 1991년 7월과 10월에는 각각 3급 생활체육지도자 업무총괄 및 2급 생활체육지도자 연수원으로 지정되었다.

주요 업무는 다음과 같다.

① 국민체력 향상에 관한 연구 및 프로그램 개발·보급
② 경기력 향상에 관한 연구 및 지원

③ 우수선수 발굴에 관한 연구 및 지원
④ 체육지도자 및 체육과학자 양성
⑤ 체육과학 진흥을 위한 국제협력 및 비교연구
⑥ 체육과학 정보자료의 조사 · 분석 · 정리 · 보존 및 배포
⑦ 체육시설 및 체육용기구 개발에 관한 연구

(6) 한국체육학회

한국체육학회는 1955년에 창립된 체육에 관한 학술단체로서 회원의 학술활동과 현장연구로 체육학 발전과 국민체육실천에 도움을 주고 아울러 체육진흥과 민족문화 창달에 기여함을 목적으로 한다.

다음과 같은 사업을 한다.

① 체육에 관한 학술연구 및 현장연구
② 체육에 관한 연구발표, 강연회 및 현장연구
③ 국제체육 단체와의 유대강화 및 학술교류
④ 체육에 관한 정부 자문에 응하고 정부 및 기타 기관에 대한 건의 및 협조
⑤ 정부 및 공공단체에서 실시하는 체육에 관한 연구논문 수합심사
⑥ 체육에 관한 도서간행
⑦ 체육시설 및 체육기구에 대한 심의 공인
⑧ 회보, 학회지 및 학술지 발행
⑨ 기타 본회 목적달성에 필요한 사업

(7) 한국사회체육학회

한국사회체육학회는 1990년 8월 24일 창립하였고, 사회체육에 관한 학술단체로서 회원들의 연구 활동을 장려하여 사회체육학의 발전을 도모하고 나아가 체육의 학문적 발전과 사회체육발전에 기여함을 목적으로 다음과 같은 사업을 시행한다.

① 사회체육학의 연구 및 발전
② 회보 및 학술지 발간
③ 관련 학술정보의 수집 및 교환
④ 학술발표회의 개최
⑤ 기타 본회의 목적달성에 필요한 사업

(8) 사회체육지도 활동 단체

한국사회체육센터 · YMCA · 국민체육진흥공단 · 한국여가레크리에이션협회 · 한국청소년연맹 등에서는 레크리에이션 및 민속무용, 놀이강습회, 수영강가, 수상안전요원, 응급처치요원 강습회, 야외활동지도자, 에어로빅지도자 등과 같은 활동을 실시하고 있다.

연구문제

1. 체육부 창립일과 역대 장관명을 나열하시오.
2. 체육행정의 의의를 자세히 설명하시오.
3. 문화체육관광부 4과의 중요업무를 설명하시오.
4. 시 · 도 교육청의 체육 행정을 살펴보시오.
5. 대한체육회를 체계적으로 설명하시오.
6. 민간체육단체에서 한국사회체육진흥회를 설명하시오.

참고문헌

강동원(1990), 체육사, 보경문화사

고동영(1993), 한국상고무예사, ᄒᆞᆫ뿌리

공응대(1996), 운동생리, 형설출판사

김광득(2003), 여가와 현대사회, 백산

김두현(1997), 예절과 의전, 출판 반

김성배(1991), 생활체육, 21세기교육사

권육상(1998), 정신건강론, 유풍출판

박병국(2005), 사회체육학개론, UUP

박영규(1996), 고려왕조실록, 들녘

__________, 조선왕조실록, 들녘

성동진(1989), 운동처방과 생리학, 형설출판사

송기택(1991), 스포츠마사지, 도서출판 동남

송상욱(2009), 생활과 스포츠, 진영사

신채호(1994), 조선상고사, 형설출판사

사회체육지도자 연수교재(2003), 사회체육지도자연수원

스포츠과학연구소(1983), 트레이닝이론과 방법, 대한체육회

오치선 외(2000), 청소년지도학, 학지사

이선기(2011), 학교보건학, 진영사

이윤기(2001), 그리스로마신화, 웅진닷컴

이진수(1996), 한국고대스포츠연구, 교학연구사

이희선(1998), 댄스의 원리, 한학문화

이홍진(1999), 무예사범학개론, 도서출판 토보콤

_____ (2007), 뉴 응급처치, 교학연구사

임동규(1993), 한국의 전통무예, 학민사

임승국(2000), 한단고기, 정신세계사

조명열(1995), 체육사회학, 형설

조현철(2004), 운동과 건강, 라이프사이언스

하 성(2000), 신체활동과 체력트레이닝, 도서출판 홍경

한국사회체육학회(1992), 사회체육학개론, 교학연구사

한국역사연구회(1998), 조선시대사람들 어떻게 살았을까?, 청년사

한국유아체육협회(2006), 유아체육과 운동발달, 보경문화사

체육총서편찬위원회(1980), 체육사, 체육총서간행회

Cooper(1982) the Aerobic program for Total Well-Being, Bantam Books

Kari von Raumer, "physical Education" American Journal of Education. (March, 1860)

저자 소개

이흥진 • 명지대학교 교수

• 교육학박사

• 사) 한국사회체육진흥회 부회장

• 한국합기도연합회 회장

• 한국경호무예총연합회 회장

• 사) 청소년행복세상 이사장

• 저서 「무예사범학개론」외 무예관련 5권.
「new응급처치」외 전공관련 4권

• 논문 「무예수련 청소년의 무예수련정도와 자기효능감 수준이 진로 결정유형에 미치는 영향 분석」외 8편

김희연 • 명지대학교 경호체육과 객원교수

• 명지대학교 체육학 학사·석사

• 국제문화대학원대학교 대학원 청소년지도전공 박사과정 수료

• 홍익문화예술아카데미 교육본부장 겸 평생교육사

• 저서 「신체훈련론」 동작연구 참여

• 논문 「무도수련이 경호업무 직무만족에 미치는 영향」외 1편